职业教育会计专业精品教材

# 纳 税 实 务

## （第 3 版）

主　编　王翠玉
副主编　王晓铭　张　琴

电子工业出版社

**Publishing House of Electronics Industry**

北京 · BEIJING

## 内 容 简 介

本书是根据职业学校会计等财经类专业学生的培养目标和中小企业的报税业务编写的，以最新的税收法规为依据。本书内容包括：税收基础知识、流转税类（增值税、消费税）、所得税类（企业所得税、个人所得税）、资源税类、财产税类和行为税类。

各章内容包括现行税制中各主要税种的基本知识点介绍、纳税申报与缴纳实训，叙述简明，注重操作技能，实用性强，易于掌握，学习本书后能初步具备办税人员的知识和能力。

本书既可作为高职、中职财经类专业教材，也可作为其他办税人员的工作指南。

**图书在版编目（CIP）数据**

纳税实务/王翠玉主编. —3 版. —北京：电子工业出版社，2017.8
ISBN 978-7-121-32505-2

Ⅰ.①纳…　Ⅱ.①王…　Ⅲ.①纳税—中国—教材　Ⅳ.①F812.42

中国版本图书馆 CIP 数据核字（2017）第 200091 号

策划编辑：陈　虹
责任编辑：陈　虹　　　特约编辑：安家宁
印　　刷：北京虎彩文化传播有限公司
装　　订：北京虎彩文化传播有限公司
出版发行：电子工业出版社
　　　　　北京市海淀区万寿路 173 信箱　邮编 100036
开　　本：787×1 092　1/16　印张：16　字数：410 千字
版　　次：2014 年 6 月第 1 版
　　　　　2017 年 8 月第 3 版
印　　次：2023 年 8 月第 9 次印刷
定　　价：35.00 元

凡所购买电子工业出版社图书有缺损问题，请向购买书店调换。若书店售缺，请与本社发行部联系，联系及邮购电话：（010）88254888，88258888。

质量投诉请发邮件至 zlts@phei.com.cn，盗版侵权举报请发邮件至 dbqq@phei.com.cn。

本书咨询联系方式：（010）88254470。

# 前　言

本书是根据中等职业学校会计等财经类专业学生的培养目标、教学大纲和企业单位的办税业务需要，在前一版的基础上以最新的税收法规为依据修订编写的，是中等职业教育财经类专业规划教材之一。

全书共分八章，包括税收基础知识、现行税制中的增值税、消费税、企业所得税、个人所得税、资源税类、财产税类和行为税类等主要税种的基本知识点介绍、纳税申报与缴纳实训。每章都设有"学习目标"、"本章重点"、"本章难点"、"强化训练"等内容，为教学提供方便，增强学习的针对性和有效性。本书将营业税全面改征增值税以及其他新出台的各项税收法规吸纳入新教材中，对教材中过时的内容进行了调整，同时对部分内容进行了适当精简。

本书的编写，以理论够用为基准，以培养学生分析问题和解决问题的能力为宗旨，以新颁布或修正的税收法律、法规为依据，全面反映最新的税收立法成果。内容设计上，坚持理论联系实际，精简实用，以税额计算、纳税申报为重点，注重计税方法的具体应用，注重学习、课堂实训与实际应用的衔接；通过知识窗、小提示、拓展阅读、知识链接等活泼形式吸引学生学习掌握；每个税种都增加了纳税实训的内容，以期通过真实的纳税申报表填写，实现理论学习与实际工作的零距离对接，从而使本书具有新颖性、实用性、操作性等鲜明的中职教育课程特色。

根据专业教学的基本要求，本课程教学参考学时如下：

| 章　节 | 课程内容 | 学　时　数 | | | |
|---|---|---|---|---|---|
| | | 合计 | 讲授 | 实训 | 机动 |
| 第一章 | 税收基础知识 | 8 | 6 | 2 | |
| 第二章 | 增值税 | 14 | 8 | 6 | |
| 第三章 | 消费税 | 8 | 4 | 4 | |
| 第四章 | 企业所得税 | 12 | 6 | 6 | |
| 第五章 | 个人所得税 | 10 | 6 | 4 | |
| 第六章 | 资源税类 | 6 | 3 | 3 | |
| 第七章 | 财产税类 | 4 | 2 | 2 | |
| 第八章 | 行为税类 | 6 | 3 | 3 | |
| 机　动 | | 4 | | | 4 |
| 合　计 | | 72 | 38 | 30 | 4 |

本书由王翠玉主编，王晓铭、张琴副主编，参与编写的人员还有（按姓氏笔画为序）：田晓静、刘大红、张桂华、李晓东、李爱华、单玉萍、高爽、高淑玲。

本书在编写过程中借鉴了国内同仁的有关资料，在此一并表示感谢。

由于编者水平有限，书中不妥之处在所难免，敬请读者不吝赐教。

编　者

# 目　　录

# 第一章 税收基础知识

**【学习目标】**

**1. 知识目标**

➤ 掌握税收的概念、特征和职能作用。

➤ 掌握纳税人、征税对象、税率等税收的构成要素，了解税收的法律级次。

➤ 了解税收优惠的方式，熟悉现行税收优惠政策的基本内容。

➤ 了解税收的分类，以及目前开征的税种。

➤ 了解纳税人在税收活动中所享有的权利和应尽的义务。

➤ 掌握设立税务登记、变更税务登记、注销税务登记等税务登记的要点。

➤ 了解税收征管中对账簿、凭证的管理要求。

➤ 掌握发票管理基本内容和要求，了解金税工程的内容。

➤ 掌握纳税申报和税款征收的方式及要求。

➤ 了解税务检查的规范要求和程序。

**2. 能力目标**

➤ 能够独立、熟练地办理各种税务登记手续。

➤ 掌握纳税申报的方法。

➤ 掌握税收法规的基本内容，增强分析解决税收问题的基本能力。

**3. 情感目标**

➤ 培养纳税人良好的权利义务意识。

➤ 树立爱国护税、依法纳税的观念，做一名合格的公民。

➤ 培养优秀的职业素养，做一名按时纳税的优秀办税员。

**【本章重点】**

➤ 税收制度及其构成要素。

➤ 纳税人在税收活动中所享有的权利和应尽的义务。

➤ 税务登记。

➤ 发票管理基本内容和要求。

➤ 纳税申报和税款征收的方式。

**【本章难点】**

➤ 税收方式和优惠政策。

➤ 设立税务登记、变更税务登记、注销税务登记的办理。

➤ 发票管理的基本内容。

# 第一节　税收的意义、要素与分类

2016 年，全国一般公共预算收入中的税收收入 130 354 亿元，同比增长 4.3%。其中：国内增值税 40 712 亿元，同比增长 30.9%，其中改征增值税增长 2.7 倍（1—5 月增长 33%，全面推开营改增试点后的 6—12 月增长 4.5 倍）；营业税 11 502 亿元，同比下降 40.4%（1—5 月增长 37.3%，6—12 月下降 95.9%），主要是全面推开营改增试点后，原营业税纳税人改缴增值税形成收入转移，体现增值税增收、营业税减收；国内消费税 10 217 亿元，同比下降 3.1%；企业所得税 28 850 亿元，同比增长 6.3%；个人所得税 10 089 亿元，同比增长 17.1%；进口货物增值税、消费税 12 781 亿元，同比增长 2%；关税 2 603 亿元，同比增长 1.7%；出口退税 12 154 亿元，同比下降 5.5%；城市维护建设税 4 034 亿元，同比增长 3.8%；车辆购置税 2 674 亿元，同比下降 4.2%；印花税 2 209 亿元，同比下降 35.8%；资源税 951 亿元，同比下降 8.1%；土地和房地产相关税收中，受部分地区商品房销售较快增长等影响，契税 4 300 亿元，同比增长 10.3%；土地增值税 4 212 亿元，同比增长 9.9%；房产税 2 221 亿元，同比增长 8.3%；耕地占用税 2 029 亿元，同比下降 3.3%；城镇土地使用税 2 256 亿元，同比增长 5.3%；车船税、船舶吨税、烟叶税等税收收入 870 亿元，同比增长 8.2%。

## 一、税收的意义

### （一）税收的含义

税收，又称国家税收，是国家为满足社会公共需要，凭借公共权力，按照法律所规定的标准和程序，参与国民收入分配，强制地、无偿地取得财政收入的一种方式。

**小提示**

税收的内涵可以这样来理解：①国家征税的目的是满足社会成员获得公共产品的需要；②国家征税凭借的是公共权力（政治权力），税收征收的主体只能是代表社会全体成员行使公共权力的政府，其他任何社会组织和个人都无权征税，与公共权力相对应的必然是政府管理社会和为民众提供公共产品的义务；③税收是国家筹集财政收入的主要方式；④税收必须借助法律形式进行。

### （二）税收的特征

#### 1. 税收的强制性

税收的强制性是指国家凭借其公共权力以法律、法令形式对税收征纳双方的权利（权力）与义务进行制约，既不是由纳税主体按照个人意志自愿缴纳，也不是征税主体随意征税，而是依据法律进行征税。我国宪法明确规定我国公民有依照法律纳税的义务，纳税人必须依法纳税，否则就要受到法律的制裁。税收的强制性主要体现在征税过程中。

**2. 税收的无偿性**

税收的无偿性是指国家征税后，税款一律纳入国家财政预算，由财政统一分配，而不直接向具体纳税人返还或支付报酬。税收的无偿性是对个体纳税人而言的，其享有的公共利益与其缴纳的税款并非一对一对等，但就纳税人的整体而言则是对等的，政府使用税款的目的是向社会全体成员（包括具体纳税人）提供社会需要的公共产品和公共服务。因此，税收的无偿性表现为个体的无偿性、整体的有偿性。

**3. 税收的固定性**

税收的固定性是指国家征税预先规定了统一的征税标准，包括纳税人、课税对象、税率、纳税期限、纳税地点等。这些标准一经确定，在一定时间内是相对稳定的。

税收的固定性包括两层含义：第一，税收征收总量的有限性。由于预先规定了征税的标准，政府在一定时期内的征税数量就要以此为限，从而保证税收在国民经济总量中的适当比例。第二，税收征收具体操作的确定性。税法确定了课税对象及征收比例或数额，具有相对稳定、连续的特点。既要求纳税人必须按税法规定的标准缴纳税额，也要求税务机关只能按税法规定的标准对纳税人征税，不能任意降低或提高。

当然，税收的固定性是相对于某一个时期而言的。国家可以根据经济和社会发展需要适时地修订税法，但这与税收整体的相对固定性并不矛盾。

> **小提示**
>
> 　　税收的三个特征是统一的整体，相互联系，缺一不可。无偿性是税收这种特殊分配手段本质的体现，强制性是实现税收无偿征收的保证，固定性是无偿性和强制性的必然要求。三者相互配合，保证了政府财政收入的稳定。

## （三）税收的职能作用

税收职能是指税收所具有的内在功能，税收作用则是税收职能在一定条件下的具体体现。税收的职能作用主要表现在以下几个方面。

（1）税收是财政收入的主要来源。组织财政收入是税收的基本职能。税收具有强制性、无偿性、固定性的特点，筹集财政收入稳定可靠。税收的这些特点，使其成为世界各国政府组织财政收入的基本形式。目前，我国税收收入已占国家财政收入的90%左右。

（2）税收是调控经济运行的重要手段。经济决定税收，税收反作用于经济。这既反映了经济是税收的来源，也体现了税收对经济的调控作用。税收作为经济杠杆，通过增税与减免税等手段来影响社会成员的经济利益，引导企业、个人的经济行为，对资源配置和社会经济发展产生影响，从而达到调控宏观经济运行的目的。政府运用税收手段，既可以调节宏观经济总量，也可以调节经济结构。

（3）税收是调节收入分配的重要工具。从总体来说，税收作为国家参与国民收入分配最主要、最规范的形式，规范政府、企业和个人之间的分配关系。不同税种在分配领域发挥着不同的作用。例如，个人所得税实行超额累进税率，具有高收入者适用高税率、低收入者适用低税率或不征税的特点，有助于调节个人收入分配，促进社会公平；消费税对特定的消费品征税，能达到调节收入分配和引导消费的目的。

（4）税收还具有监督经济活动的作用。税收涉及社会生产、流通、分配、消费各个领域，能够综合反映国家经济运行的质量和效率。既可以通过税收收入的增减及税源的变化，及时掌握宏观经济的发展变化趋势，也可以在税收征管活动中了解微观经济状况，发现并纠正纳税人在生产经营及财务管理中存在的问题，从而促进国民经济持续健康发展。

此外，由于税收管辖权是国家主权的组成部分，是国家权益的重要体现，所以在对外交往中，税收还具有维护国家权益的重要作用。

从各国政府的税收实践来看，税收具有"返还"的性质，最终还是要通过国家财政预算，提供社会公共产品和服务等方式用之于纳税人。我国社会主义制度下，国家、集体和个人之间的根本利益是一致的，税收的本质是"取之于民，用之于民"。

> **小提示**
>
> 税务部门代表国家行使税收权利，依照法律筹集财政收入，国家通过预算安排用于财政支出，提供社会公共产品和公共服务；纳税人依法经营，照章纳税，既是履行国家法律规定应尽的义务，又是享有国家提供的公共产品和公共服务的前提和基础。

## 二、税收制度

税收制度，是国家以法律形式规定的各种税收法律、法规的总称。

### （一）税收的构成要素

税收的构成要素，就是国家设立一项税收时，应该予以规定的内容。税收的构成要素一般包括以下内容。

### 1. 纳税义务人

纳税义务人简称纳税人，又称纳税主体，是税法中规定的直接负有纳税义务的单位和个人。纳税义务人包括自然人和法人。

（1）自然人：依法享有民事权利，并承担民事义务的公民个人。例如，在我国从事工商活动的个人，以及工资和劳务报酬的获得者等，都是以个人身份来承担法律规定的民事责任及纳税义务。

（2）法人：依法成立，有一定的组织机构，具有能够独立支配的财产，并能以自己的名义享受民事权利和承担民事义务的社会组织。例如，企业、社会组织和社会团体，都是以其社会组织的名义承担民事责任的。法人是符合一定条件的社会组织在法律关系中的人格化。法人和自然人一样，负有依法向国家纳税的义务。

**拓展阅读**

与纳税人相关的概念有代扣代缴义务人、负税人、纳税单位。

● 代扣代缴义务人，是指有义务从纳税人收入中扣除其应纳税款，并代为缴纳的企业或单位。对税法规定的扣缴义务人，税务机关会向其颁发代扣代缴证书，明确其代扣代缴义务。代扣代缴义务人必须严格履行扣缴义务，对不履行扣缴义务的，税务机关应视情节轻重予以适当处置，并责令其补缴税款。例如，个人所得税规定：个人所得税以所得人为纳税义务人，以支付所得的单位或个人为扣缴义务人。

● 负税人，是指税款的最终承担者或实际负担者。纳税人和负税人是两个既有联系又有区别的概念。纳税人并不一定就是税款的实际负担者，即负税人。纳税人和负税人是否一致是以税负能否转嫁为依据进行划分的，主要取决于税种的性质。例如，对烟、酒等采取高税政策，结果是将一部分负担转移到消费者身上；当某些商品供不应求时，纳税人可以通过提高价格将税款转嫁给消费者，从而使纳税人和负税人不一致。但在某些情况下，如个人所得税和企业所得税，由于不存在税负转嫁的可能，纳税人就是负税人。

● 纳税单位，是指申报缴纳税款的单位，是纳税人的有效集合。所谓有效就是为了征管和缴纳税款的方便，可以允许在法律上负有纳税义务的同类型纳税人作为一个纳税单位，填写一份申请表纳税。例如，个人所得税可以个人为纳税单位，也可以夫妻俩为一个纳税单位，还可以一个家庭为一个纳税单位；公司所得税可以每个分公司为一个纳税单位，也可以总公司为一个纳税单位。

**2. 征税对象**

征税对象，又称"客税对象""客税客体"，是税法规定征纳双方权利义务所指向的目的物或行为，指明对什么征税。与征税对象相关的概念有计税依据和税目。

（1）计税依据又称税基，是计算税款的依据。不同税种的计税依据不同，其表现形态有两种：①价值形态，即以征税对象的价值作为计税依据；②实物形态，即以征税对象的实物量如数量、面积、质量等作为计税依据。

（2）税目是各个税种所规定的具体征税项目。它是征税对象的具体化，反映具体的征税范围。

**3. 税率**

税率是税法规定的对征税对象的征收比率或征收额度。我国现行税率的基本形式有三种：比例税率、累进税率和定额税率。

（1）比例税率：对同一征税对象不分数额大小，规定相同的征收比例的税率。具体运用上，比例税率又分为统一比例税率和差别比例税率，其中后者包括产品差别比例税率、行业差别比例税率、地区差别比例税率、幅度比例税率四种。我国现行的增值税、营业税、企业所得税等采用的就是比例税率。

（2）累进税率：按照征税对象数额的大小规定不同等级的税率，即对同一征税对象随着数量的增加，征收比例也随之提高的税率。其将征税对象按数额大小划分为若干等级，对不同等级规定由低到高的不同税率，征税对象数额越大，税率越高。累进税率按征税对象——应纳税所得额的数额，由少到多地划分为若干等级，这些等级称为累进级次，有几个级次就相应称之为几级累进税率。这种税率在调节纳税人的收入方面作用更直接、更明显，而且适应性强、灵活性大，多适用于收益税类的征税。

### 拓展阅读

　　累进税率，按其累进依据，可分为依额累进（即按征税对象的绝对额累进）和依率累进（即按征收对象的相对数量累进），简称"额累"和"率累"。额累按课税对象数量的绝对额分级累进，如所得税一般按所得额大小分级累进；率累按与课税对象有关的某一比率分级累进。累进税率的累进方式也有两种，即按征税对象的全部数量累进和只对征税对象超过一定量的部分累进。将不同的累进依据和不同的累进方式交叉组合，可形成全额累进、超额累进、全率累进、超率累进等多种累进税率。目前常用的累进税率有超额累进税率和超率累进税率两种。我国现行的工资薪金个人所得税采用的是超额累进税率，土地增值税采用的是超率累进税率。

　　（3）定额税率：又称固定税额，它是按照征税对象的一定的实物量，直接规定固定的征税税额。它适用于从量计征的税种，在具体运用上，定额税率又分为地区差别定额税率、幅度定额税率、分类分级定额税率三种形式。我国现行的城镇土地使用税、资源税等采用的是定额税率。

### 4. 附加、加成

附加和加成属于加重纳税人负担的措施（减税、免税在税收优惠制度中单独说明）。附加是地方附加的简称，是地方政府在正税以外，附加征收的一部分税款；加成是加成征税的简称，是对特定纳税人实行的一种加征几成税额的措施。

### 5. 纳税环节

纳税环节是税法规定的征税对象在从生产到消费的流转过程中应当缴纳税款的环节。流转税在生产和流通环节纳税；所得税在分配环节纳税。

### 6. 纳税期限

纳税期限是指税法规定的纳税人向国家缴纳税款的法定期限。我国现行税制的纳税期限有三种形式。

（1）按期纳税：根据纳税义务的发生时间，通过确定纳税间隔期，实行按期纳税。按期纳税间隔期分为1日、3日、5日、10日、15日和1个月6种。纳税人的具体纳税间隔期由其主管税务机关核定。

以1个月为一期纳税的，自期满之日起10日或15日内申报纳税；以其他间隔期为纳税期限的，自期满之日起5日内预缴税款，于次月1日起10日内申报纳税并结清上月税款。

（2）按次纳税：根据纳税行为的发生次数确定纳税期限，如印花税、车辆购置税、耕地占用税等。

（3）按年计征、分期预缴：按规定的期限预缴税款，年度结束后汇算清缴，多退少补。这是对按年度计算税款的税种，为了及时平衡地取得税收收入而采取的一种纳税期限。分期预缴一般是按月或按季预缴，如企业所得税、房产税、城镇土地使用税等。

### 7. 纳税地点

纳税地点是指纳税人向国家缴纳税款的具体地点。纳税地点的确定，便于缴纳税款和防止偷税、漏税等行为的发生。

### 8. 违章处理

违章处理即税法中规定的对纳税人违反税收法规行为所采取的处罚措施。它是用来保证税法的贯彻执行的。

纳税人的违章行为通常包括偷税、欠税、抗税和违反税收征管法等。针对纳税人的这些违章行为，视其情节轻重不同，分别采用批评教育、强行扣款、加收滞纳金、处以罚款和追究刑事责任等方式进行处罚。

## （二）税收优惠

### 1. 减税

减税即依据税法规定减除纳税义务人一部分应纳税款。它是对某些纳税人进行扶持或照顾，以减轻其税收负担的一种特殊规定，一般分为法定减税、特定减税和临时减税三种方式。

### 2. 免税

免税即对某些特殊纳税人免征某种（或某几种）税收的全部税款。一般分为法定免税、特定免税和临时免税三种方式。

### 3. 延期纳税

延期纳税是对纳税人应纳税款的部分或全部税款的缴纳期限适当延长的一种特殊规定。

### 4. 出口退税

出口退税是指为了扩大出口贸易，增强出口货物在国际市场上的竞争力，按国际惯例对企业已经出口的产品退还在出口前各环节缴纳的国内流转税（主要是增值税和消费税）税款。

### 5. 再投资退税

再投资退税是指当对特定的投资者将取得的利润再投资于本企业或新办企业时，退还已纳税款。

### 6. 即征即退

即征即退是指对按税法规定缴纳的税款，由税务机关在征税时部分或全部退还纳税人。它与出口退税先征后退、投资退税一并属于退税的范畴，其实质是一种特殊方式的免税和减税规定。目前，中国采取即征即退政策的对象仅限于缴纳增值税的个别纳税人。

### 7. 先征后退

先征后退是指对按税法规定缴纳的税款，由税务机关征收入库后，再由税务机关或财政部门按规定的程序给予部分或全部退税或返还已纳税款，属退税范畴，其实质也是一种特定方式的免税或减免规定。目前，中国采取先征后退的对象主要是缴纳流转税和企业所得税的纳税人。

**8. 税收抵免**

税收抵免即对纳税人来源于国内外的全部所得或财产课征所得税时，允许以其在国外缴纳的所得税或财产税税款抵免应纳税额，它是解决国际间所得或财产重复课税的一种措施。税收抵免是世界各国的一种通行做法。

**9. 加计扣除**

加计扣除是对企业为开发新技术、新产品、新工艺发生的研究开发费用和企业安置残疾人员及其他国家鼓励安置就业人员所支付的工资，在实际发生数额的基础上，再加成一定比例，作为计算应纳税所得额时的扣除数的一种优惠政策。

**10. 加速折旧**

加速折旧即按税法规定对缴纳所得税的纳税人，准予采取缩短固定资产折旧年限、提高折旧率的办法，加快折旧速度，减少当期应纳税所得额。

**11. 减计收入**

减计收入是指对企业综合利用资源取得的收入按一定比例计减应税收入。

**12. 投资抵免**

投资抵免是指对创业投资企业从事创业投资的投资额和企业购置用于环境保护、节能节水、安全生产等专用设备的投资额，按一定比例抵免应纳税所得额。

**13. 起征点**

起征点即对征税对象开始征税的起点规定一定的数额。征税对象达到起征点的就全额征税，未达到起征点的不征税。税法对某些税种规定了起征点，如我国现行增值税政策规定，个人销售货物和应税劳务的起征点幅度为月销售额5 000～20 000元；按次纳税的，起征点为每次（日）销售额300～500元。确定起征点，主要是为了照顾经营规模小、收入少的纳税人采取的税收优惠。

**14. 免征额**

免征额即按一定标准从课税对象全部数额中扣除一定的数额，扣除部分不征税，只对超过的部分征税。

**（三）税收制度的法律级次**

目前，中国有权制定税收法律法规和政策的国家机关主要有全国人民代表大会及其常务委员会、国务院、财政部、国家税务总局、海关总署、国务院关税税则委员会等。

**1. 全国人民代表大会及其常务委员会制定的法律和有关规范性文件**

《中华人民共和国宪法》规定：全国人民代表大会和全国人民代表大会常务委员会行使国家立法权。《中华人民共和国立法法》第8条规定：税收事项属于基本制度，只能由全国人民代表大会及其常务委员会通过制定法律方式确立。税收法律在中华人民共和国主权范围内普遍适用，具有最高法律效力。目前，由全国人民代表大会及其常务委员会制定的税收实体法有三部，即《中华人民共和国个人所得税法》《中华人民共和国企业所得税法》《中华人民共和国车船税法》；税收程序法只有一部，即《中华人民共和国税收征收管理法》。

全国人民代表大会及其常务委员会做出的规范性决议、决定及全国人民代表大会常务委员会的法律解释，同其制定的法律具有同等法律效力。例如，1993 年 12 月全国人民代表大会常务委员会审议通过的《关于外商投资企业和外国企业适用增值税、消费税、营业税等税收暂行条例的决定》，等等。

**2. 国务院制定的行政法规和有关规范性文件**

我国现行税法绝大部分都是国务院制定的行政法规和规范性文件。归纳起来，可以区分为以下几种类型。

（1）税收的基本制度。全国人民代表大会及其常务委员会尚未制定法律的，授权国务院制定行政法规。例如，现行增值税、消费税、车辆购置税、土地增值税、房产税、城镇土地使用税、耕地占用税、契税、资源税、船舶吨税、印花税、城市维护建设税、烟叶税、关税等诸多税种，都是国务院制定的税收条例。

（2）法律实施条例或细则。全国人民代表大会及其常务委员会制定的个人所得税法、企业所得税法、车船税法、税收征管法等，国务院相应制定实施条例或实施细则。

（3）税收的非基本制度。国务院根据实际工作需要制定的规范性文件，包括国务院或者国务院办公厅发布的通知、决定等。例如，2006 年 5 月国务院办公厅转发财政部、建设部等部门《关于调整住房供应结构稳定住房价格意见的通知》中有关房地产交易营业税政策的规定。

（4）对税收行政法规具体规定所做的解释。例如，2004 年 2 月国务院办公厅对《中华人民共和国城市维护建设税暂行条例》第五条解释的复函（国办函（2004）23 号）。

（5）国务院所属部门发布的，经国务院批准的规范性文件，视同国务院文件。例如，2006 年 3 月财政部、国家税务总局经国务院批准发布的《关于调整和完善消费税政策的通知》。

**3. 国务院财税主管部门制定的规章和有关规范性文件**

国务院财税主管部门，主要是财政部、国家税务总局、海关总署和国务院关税税则委员会。它们根据法律和国务院行政法规或者规范性文件的要求，在本部门权限范围内发布的有关税收事项的规章和规范性文件，包括命令、通知、公告、通告、批复、意见、函等文件形式。

具体为，一是根据行政法规的授权，制定行政法规的实施细则；二是对税收法律或者行政法规在具体适用过程中，为进一步明确界限或者补充内容，以及如何具体运用做出的解释；三是在部门权限范围内发布对税收政策和税收征管具体事项做出规定的规章和规范性文件。

**4. 地方人民代表大会及其常务委员会制定的地方性法规和有关规范性文件，地方人民政府制定的地方政府规章和有关规范性文件**

省、自治区、直辖市人民代表大会及其常务委员会和省、自治区人民政府所在地的市，以及经国务院批准的较大的市的人民代表大会及其常务委员会，可以制定地方性法规。省、自治区、直辖市人民政府，以及省、自治区人民政府所在地的市及经国务院批准的较大的市的人民政府，可以根据法律和国务院行政法规制定规章。

根据中国现行立法体制，无论中央税、中央地方共享税还是地方税，税收立法权都集中在中央，地方只能根据法律、行政法规的授权制定地方性税收法规、规章或者规范性文件，对某些税制要素进行调整。例如，《城镇土地使用税暂行条例》规定，税额标准由省、自治区、直辖市人民政府在规定幅度内确定。再如，《民族区域自治法》有关条文规定，在民族自治地方，自治机关（省级人民代表大会和省级人民政府）在国家统一审批减免税项目之外，对属于地方财政收入的某些需要从税收上加以照顾和鼓励的，可以实行减税或者免税，自治州、自治县决定减税或者免税，须报省或者自治区人民政府批准。

### 5. 省以下税务机关制定的规范性文件

省以下税务机关制定的规范性文件是指省或者省以下税务机关在其权限范围内制定的适用于其管辖区域内的具体税收规定。通常是有关税收征管的规定，在特定区域内生效。这些规范性文件的制定依据，是税收法律、行政法规、规章及上级税务机关的规范性文件。

> **小提示**
>
> 目前，中央人民政府不在特别行政区征税，特别行政区实行独立税收制度，参照原在香港、澳门实行的税收政策，自行立法规定税种、税率、税收宽免和其他税务事项。立法会是特别行政区的立法机关，其制定的税收法律在特别行政区内具有仅次于基本法的法律效力。特别行政区法律须报全国人民代表大会常务委员会备案，但备案不影响生效。

### 6. 中国政府与特别行政区及外国政府签订的税收协定

税收协定是两个或两个以上的主权国家，为了协调相互之间在处理跨国纳税人征税事务和其他涉税事项，依据国际关系准则，签订的协议或条约。税收协定属于国际法中"条约法"的范畴，是划分国际税收管辖权的重要法律依据，对当事国具有同国内法效力相当的法律约束力。中国自20世纪80年代初开始对外谈签税收协定。至2016年11月，我国已对外正式签署102个避免双重征税协定，其中98个协定已生效；签署了10项税收情报交换协定；和香港、澳门两个特别行政区签署了税收安排，与中国台湾地区签署了税收协议。这些协定和安排在避免双重征税、吸引外资、促进"走出去"战略的实施，以及维护国家税收权益等方面发挥着重要作用。

《中华人民共和国税收征收管理法》规定，中华人民共和国同外国缔结的有关税收的条约、协定同本法有不同规定的，依照条约、协定的规定办理。

**拓展阅读**

改革开放以来，经过几次较大的改革，我国税收制度日趋完善。改革开放初期的税制改革是以适应对外开放需要，建立涉外税收制度为突破口的。1983年、1984年又先后分两步实施国营企业"利改税"改革，把国家与企业的分配关系以税收的形式固定下来。1994年，国家实施了新中国成立以来规模最大、范围最广、成效最显著、影响最深远的一次税制改革。这次改革围绕建立社会主义市场经济体制的目标，积极构建适应社会主义市场经济体制要求的税制体系。2003年以来，按照科学发展观的要求，围绕完善社会主义市场经济体制和全面建设小康社会的目标，分步实施了改革农村税费、完善货物和劳务税制、所得税制、财产税制等一系列税制改革和出口退税机制改革。几经变革，目前，我国共有增值税、消费税、企业所得税、个人所得税、资源税、城镇土地使用税、房产税、城市维护建设税、耕地占用税、土地增值税、车辆购置税、车船税、印花税、契税、烟叶税、关税、船舶吨税17个税种。其中，关税和船舶吨税由海关部门征收其他15个税种由税务部门负责征收；另外，进口货物的增值税、消费税也由海关部门代征。

## 三、税收分类

税收分类是指按照一定标准，对各个不同税种隶属税类所做的一种划分。税收分类主要有以下几种。

### （一）按征税对象的性质划分

按征税对象的性质划分，可分为流转税、所得税、资源税、行为税和财产税。

**1. 流转税**

流转税是对销售商品或提供劳务的流转额征收的一类税。这类税与商品生产、流通，以及与此相关的商品价格、营业额紧密相连。

我国的流转税主要有增值税、消费税和关税等。

> **知识链接**
>
> 经国务院批准，自 2016 年 5 月 1 日起，在全国范围内全面推开营业税改征增值税（简称"营改增"）试点，建筑业、房地产业、金融业、生活服务业等全部营业税纳税人，纳入试点范围，由原来缴纳营业税改为缴纳增值税。

**2. 所得税**

所得税是对纳税人在一定期间获取的应纳税所得额（收益）征收的一类税。所得额一般指有合法来源的所得，如利润、工资、劳务报酬、股息、利息、特许权使用费收入、财产租赁所得等。

我国的所得税主要有企业所得税和个人所得税。

**3. 资源税**

资源税是对开发和利用各种自然资源获取的收入征收的一类税。

我国现行税收中属于资源税的主要有资源税、城镇土地使用税、土地增值税和耕地占用税等。

**4. 行为税**

行为税是对纳税人的某些特定行为征收的一类税。

我国现行税收中属于行为税的主要有印花税、车辆购置税和城市维护建设税等。

**5. 财产税**

财产税是对纳税人所有或属其支配的财产数量或价值额征收的一类税。

我国现行税收中属于财产税的主要有房产税、车船税和契税等。

### （二）按税收管理和使用权限划分

按税收管理和使用权限划分，可分为中央税、地方税和中央地方共享税。

中央税是指由中央人民政府征收管理，收入归中央人民政府所有的税种。目前，中央税主要有关税和消费税。

地方税是指由中央统一立法，或由中央授予地方一定立法权，收入归地方，并由地方人民政府管理的税种。目前，地方税主要有个人所得税、房产税、车船税、城镇土地使用税和契税等。

中央地方共享税，属于中央地方分享的收入。立法和管理都归中央，但其收入由中央地方分享。目前，中央地方共享税主要有增值税、资源税和企业所得税等。

### （三）按税收与价格的关系划分

按税收与价格的关系划分，可分为价内税和价外税。价内税是指税金是价格的组成部分。价外税是指税金是价格的一个附加或附加比例。价内税的计税依据为含税价格，如消费税；价外税的计税依据为不含税价格，如增值税。

### （四）按计税标准划分

按计税标准划分，可分为从价税和从量税。从价税是指以征税对象的价值为计税依据征收的各种税，如我国现行的增值税、企业所得税和关税等。从量税是以征收对象的自然实物量（如重量、数量、面积、体积等）为计税依据的各种税，如我国现行的耕地占用税和车船税等。

> **知识链接**
>
> 尽管我国税法规定的税种有近20种，但并不是每个纳税人都要缴纳所有的税种。纳税人只有发生了税法规定的应税行为时，才需要缴纳相应的税收；如果没有发生这些应税行为，就不需要缴纳相应的税收。从实际情况来看，规模比较大、经营范围比较广的企业涉及的税种一般在10个左右，而大多数企业缴纳的税种为5~7个。

# 第二节　纳税人的权利和义务

## 一、纳税人的权利

### （一）税收知情权

纳税人有权向税务机关了解国家税收法律、行政法规的规定，以及与纳税程序有关的情况，享有被告知与自身纳税义务有关信息的权利。纳税人的知情权主要包括：现行税收法律、行政法规和税收政策规定；办理税收事项的时间、方式、步骤及需要提交的资料；应纳税额核定及其他税务行政处理决定的法律依据、事实依据和计算方法；与税务机关在纳税、处罚和采取强制执行措施时发生争议或纠纷时，纳税人可以采取的法律救济途径及需要满足的条件。

### （二）保密权

纳税人有权要求税务机关对其商业秘密及个人隐私保密。包括纳税人的技术信息、经营信息和纳税人、主要投资人及经营者不愿公开的个人事项。上述事项，若无法律、行政法规明确规定或者纳税人的许可，税务机关将不会对外部门、社会公众和其他个人提供。但根据法律规定，税收违法行为信息不属于保密范围。

　　纳税人的权利是指纳税人在依法履行纳税义务时，由法律确认、保障与尊重的权利和利益，以及当纳税人的合法权益受到侵犯时，纳税人所应获得的救助与补偿权利。我国现行税法规定，纳税人及扣缴义务人（统称纳税人）享有多方面的权利。

### （三）税收监督权

　　纳税人有权控告和检举税务机关、税务人员的违法违纪行为。例如，索贿受贿、徇私舞弊、玩忽职守，不征或者少征应征税款，滥用职权多征税款或者故意刁难纳税人等。同时，纳税人也有权检举其他纳税人的税收违法行为。

### （四）纳税申报方式选择权

　　纳税人可以直接到办税服务厅办理纳税申报或者报送代扣代缴、代收代缴税款报告表，也可以按照规定采取邮寄、数据电文或者其他方式办理上述申报、报送事项。但采取邮寄或数据电文方式办理上述申报、报送事项的，须经主管税务机关批准。

　　纳税人如采取邮寄方式办理纳税申报，应当使用统一的纳税申报专用信封，并以邮政部门收据作为申报凭据。邮寄申报以寄出的邮戳日期为实际申报日期。

　　数据电文方式是指税务机关确定的电话语音、电子数据交换和网络传输等电子方式。纳税人如采用电子方式办理纳税申报，应当按照税务机关规定的期限和要求保存有关资料，并定期书面报送给主管税务机关。

### （五）申请延期申报权

　　纳税人不能按期办理纳税申报或者报送代扣代缴、代收代缴税款报告表的，应当在规定的期限内向税务机关提出书面延期申请，经核准，可在核准的期限内办理。经核准延期办理申报、报送事项的，应当在税法规定的纳税期内按照上期实际缴纳的税额或者税务机关核定的税额预缴税款，并在核准的延期内办理税款结算。

### （六）申请延期缴纳税款权

　　纳税人因有特殊困难，不能按期缴纳税款的，经省、自治区、直辖市国家税务局、地方税务局批准，可以延期缴纳税款，但是最长不得超过三个月。

　　纳税人的特殊困难，主要是指：①因不可抗力，导致纳税人发生较大损失，正常生产经营活动受到较大影响的；②当期货币资金在扣除应付职工工资、社会保险费用后，不足以缴纳税款的。纳税人满足以上任何一个条件都可以申请延期缴纳税款，税务机关应当自收到申请延期缴纳税款报告之日起20日内做出批准或者不予批准的决定；不予批准的，从缴纳税款期限届满之日起加收滞纳金。

### （七）申请退还多缴税款权

纳税人超过应纳税额缴纳的税款，税务机关发现后应当立即退还；纳税人自结算缴纳税款之日起 3 年内发现的，可以向税务机关要求退还多缴的税款并加算银行同期存款利息，税务机关及时查实后应当立即退还；涉及从国库中退库的，依照法律、行政法规有关国库管理的规定退还。税务机关发现纳税人多缴纳税款的，应当自发现之日起 10 日内办理退库；纳税人发现多缴税款的，税务机关应当自接到纳税人退还申请之日起 30 日内查实并办理退库手续。

### （八）依法享受税收优惠权

纳税人依法享有申请减税、免税、退税的权利，即纳税人有权根据法律、行政法规的规定向税务机关申请享受税收优惠的权利。但必须按照法定程序进行申请、审批。减税、免税期满，纳税人应当自期满次日起恢复纳税。减税、免税条件发生变化的，应当自发生变化之日起 15 日内向税务机关报告；不再符合减税、免税条件的，应当依法履行纳税义务。

纳税人享受的税收优惠需要备案的，应当按照税收法律、行政法规和有关政策规定，及时办理事前或事后备案。

> **小提示**　行使享受税收优惠权的申请人，必须是纳税义务人，不能是代扣代缴义务人。纳税人同时符合同一税种两个或两个以上优惠条件的，只能选择其中一个享受，不能重复享受。

### （九）委托税务代理权

纳税人可以委托税务代理人代为办理以下事项：办理、变更或者注销税务登记、除增值税专用发票外的发票领购手续、纳税申报或扣缴税款报告、税款缴纳和申请退税、制作涉税文书、审查纳税情况、建账建制、办理财务、税务咨询、申请税务行政复议、提起税务行政诉讼，以及国家税务总局规定的其他业务。按规定必须由纳税人自行办理的其他税务事宜，税务代理人不得办理。

### （十）陈述与申辩权

纳税人对税务机关所做出的行政处罚决定，享有陈述权、申辩权。

陈述权是指纳税人对税务机关做出的决定所享有的陈述自己意见的权利。申辩权是指纳税人认为对税务机关做出的决定所主张的事实、理由和依据享有申诉和解释说明的权利。如果纳税人有充分的证据证明自己的行为合法，税务机关就无权对其实行行政处罚，即使纳税人的陈述或申辩不充分合理，税务机关也应当解释其行政处罚行为的原因，并将纳税人的陈述内容和申辩理由记录在案，以便在行政复议或司法审查过程中能有所依据。

### （十一）对未出示税务检查证和税务检查通知书的拒绝检查权

纳税人在接受税务检查时，有权要求检查人员出示税务检查证和税务检查通知书，未出示税务检查证和税务检查通知书的，纳税人有权拒绝检查。

### （十二）税收法律救济权

纳税人对税务机关做出的决定，依法享有申请行政复议、提起行政诉讼、请求国家赔偿等权利。

纳税人、纳税担保人同税务机关在纳税上发生争议时，必须先依照税务机关的纳税决定缴纳或者解缴税款及滞纳金或者提供相应的担保，然后可以依法申请行政复议；对行政复议决定不服的，可以依法向人民法院起诉。当税务机关的职务违法行为给纳税人和其他税务当事人的合法权益造成侵害时，纳税人和其他税务当事人可以要求税务行政赔偿。

### （十三）依法要求听证权

在对纳税人做出规定金额以上罚款的行政处罚之前，税务机关会向纳税人送达《税务行政处罚事项告知书》，告知纳税人已经查明的违法事实、证据、行政处罚的法律依据和拟将给予的行政处罚。对此，纳税人有权要求举行听证。税务机关应组织听证。若纳税人认为税务机关指定的听证主持人与本案有直接利害关系，有权申请主持人回避。

对应当进行听证的案件，税务机关不组织听证，行政处罚决定不能成立，但纳税人放弃听证权利或者被正当取消听证权利的除外。

### （十四）索取有关税收凭证权

税务机关征收税款时，必须给纳税人开具完税凭证。扣缴义务人代扣、代收税款时，纳税人要求扣缴义务人开具代扣、代收税款凭证时，扣缴义务人应当开具。

税务机关扣押商品、货物或者其他财产时，必须开付收据；查封商品、货物或者其他财产时，必须开付清单。

## 二、纳税人的义务

> **小提示**
>
> "没有无权利的义务，也没有无义务的权利"。纳税人的权利和义务是均衡的，纳税人义务是指依照宪法、法律、行政法规规定，纳税人在税收征纳各环节中应承担的义务。

依照宪法、法律和行政法规规定，纳税人在纳税过程中负有以下义务。

### （一）依法进行税务登记的义务

纳税人应当自领取营业执照之日起 30 日内，持有关证件，向税务机关申报办理税务登记。税务登记主要包括领取营业执照后的设立登记、税务登记内容发生变化后的变更登记、依法申请停业、复业登记、依法终止纳税义务的注销登记等。

在各类税务登记管理中，纳税人应该根据税务机关的规定分别提交相关资料，及时办理。同时，纳税人应当按照税务机关的规定使用税务登记证件。税务登记证件不得转借、涂改、损毁、买卖或者伪造。

### （二）依法设置账簿、保管账簿和有关资料及依法开具、使用、取得和保管发票的义务

纳税人应当按照有关法律、行政法规和国务院财政、税务主管部门的规定设置账簿，根据

合法、有效凭证记账，进行核算；从事生产、经营的，必须按照国务院财政、税务主管部门规定的保管期限保管账簿、记账凭证、完税凭证及其他有关资料；账簿、记账凭证、完税凭证及其他有关资料不得伪造、变造或者擅自损毁。

此外，纳税人在购销商品、提供或者接受经营服务，以及从事其他经营活动中，应当依法开具、使用、取得和保管发票。

### （三）财务会计制度和会计核算软件备案的义务

纳税人的财务、会计制度或者财务、会计处理办法和会计核算软件，应当报送税务机关备案。纳税人的财务、会计制度或者财务、会计处理办法与国务院或者国务院财政、税务主管部门有关税收的规定相抵触的，应依照国务院或者国务院财政、税务主管部门有关税收的规定计算应纳税款、代扣代缴和代收代缴税款。

### （四）按照规定安装、使用税控装置的义务

国家根据税收征收管理的需要，积极推广使用税控装置。纳税人应当按照规定安装、使用税控装置，不得损毁或者擅自改动税控装置。若纳税人未按规定安装、使用税控装置，或者损毁或者擅自改动税控装置的，税务机关将责令纳税人限期改正，并可根据情节轻重处以规定数额内的罚款。

### （五）按时、如实申报的义务

纳税人必须依照法律、行政法规规定或者税务机关依照法律、行政法规的规定确定的申报期限、申报内容如实办理纳税申报，报送纳税申报表、财务会计报表，以及税务机关根据实际需要要求纳税人报送的其他纳税资料。

扣缴义务人必须依照法律、行政法规规定或者税务机关依照法律、行政法规的规定确定的申报期限、申报内容如实报送代扣代缴、代收代缴税款报告表，以及税务机关根据实际需要要求扣缴义务人报送的其他有关资料。

纳税人即使在纳税期内没有应纳税款，也应当按照规定办理纳税申报。享受减税、免税待遇的，在减税、免税期间应当按照规定办理纳税申报。

### （六）按时缴纳税款的义务

纳税人应当按照法律、行政法规规定或者税务机关依照法律、行政法规的规定确定的期限，缴纳或者解缴税款。

未按照规定期限缴纳税款或者未按照规定期限解缴税款的，税务机关除责令限期缴纳外，从滞纳税款之日起，按日加收滞纳税款万分之五的滞纳金。

### （七）代扣、代收税款的义务

法律、行政法规规定负有代扣代缴、代收代缴税款义务的扣缴义务人，必须依照法律、行政法规的规定履行代扣、代收税款的义务。扣缴义务人依法履行代扣、代收税款义务时，纳税人不得拒绝。纳税人拒绝的，扣缴义务人应当及时报告税务机关处理。

## （八）接受依法检查的义务

纳税人、扣缴义务人有接受税务机关依法进行税务检查的义务，应主动配合税务机关按法定程序进行税务检查，如实地向税务机关反映自己的生产经营情况和执行财务制度的情况，并按有关规定提供报表和资料，不得隐瞒和弄虚作假，不能阻挠、刁难税务机关及其工作人员的检查和监督。

## （九）及时提供信息的义务

纳税人除通过税务登记和纳税申报向税务机关提供与纳税有关的信息外，还应及时提供其他信息。如纳税人有歇业、经营情况变化、遭受各种灾害等特殊情况的，应及时向税务机关说明，以便税务机关依法妥善处理。

## （十）报告其他涉税信息的义务

为了保障国家税收能够及时、足额征收入库，税收法律还规定了纳税人有义务向税务机关报告如下涉税信息：

（1）纳税人有义务就与关联企业之间的业务往来，向当地税务机关提供有关价格、费用标准等资料。纳税人有欠税情形而以财产设定抵押、质押的，应当向抵押权人、质权人说明欠税情况。

（2）企业合并、分立的报告义务。纳税人有合并、分立情形的，应当向税务机关报告，并依法缴清税款。合并时未缴清税款的，应当由合并后的纳税人继续履行未履行的纳税义务；分立时未缴清税款的，分立后的纳税人对未履行的纳税义务应当承担连带责任。

（3）报告全部账号的义务。如纳税人从事生产、经营，应当按照国家有关规定，持税务登记证件，在银行或者其他金融机构开立基本存款账户和其他存款账户，并自开立基本存款账户或者其他存款账户之日起 15 日内，向主管税务机关书面报告全部账号；发生变化的，应当自变化之日起 15 日内，向主管税务机关书面报告。

（4）处分大额财产报告的义务。如纳税人的欠缴税款数额在 5 万元以上，处分不动产或者大额资产之前，应当向税务机关报告。

### 拓展阅读

纳税人履行纳税义务的基本程序：进行企业登记或在规定的时限内进行税务登记，同时进行纳税核定（亦称初始登记）及增值税一般纳税人认定，建立健全账簿、凭证及发票管理制度。然后从事生产、经营，购买、使用发票，申请减、免税及需要税务机关审核的事宜，在规定的纳税期限内及时申报纳税，并按照规定的方式缴纳税款和对涉税业务及时进行会计核算，事后再自行进行或接受税务机关的检查，如有违反税收规定的行为，应依法承担法律责任，纳税人对税务机关的处罚不服时可以通过复议或者诉讼解决。当纳税人税务登记内容发生变化时，要及时办理变更税务登记。当纳税人终止其业务经营时要办理注销税务登记，然后注销工商登记。

# 第三节  税  务  登  记

　　税收征管的一般程序包括公司（税务）登记、账簿和凭证管理、发票管理、纳税申报、税款征收、税务检查等环节。税收征管法对税务机关和纳税人在各环节的权利、义务进行了规范，并明确了不履行义务的行政或法律责任。

## 一、税务登记的概念

　　税务登记是指纳税人为依法履行纳税义务，就有关纳税事宜向登记主管机关办理登记的一种法定手续。

　　税务登记是整个税收征收管理的首要环节，是税务机关对纳税人的基本情况及生产经营项目进行登记管理的一项基本制度，也是纳税人已经纳入税务机关监督管理的一项证明。根据法律、法规规定具有应税收入、应税财产或应税行为的各类纳税人，都应依照有关规定办理税务登记。

　　税务登记包括设立税务登记、变更税务登记、停业与复业税务登记和注销税务登记等。

　　如果未按照规定期限办理设立税务登记、变更税务登记、注销税务登记手续的，税务机关会在发现之日起3日内责令限期改正，并可以处2 000元以下的罚款，情节严重的，处2 000元以上10 000元以下的罚款；如果未按照规定使用税务登记证件，或者转借、涂改、损毁、买卖、伪造税务登记证件的，直接处以2 000元以上10 000元以下的罚款，情节严重的，将处10 000元以上50 000元以下的罚款。

## 二、设立税务登记

　　设立登记，又称开业税务登记，或初始税务登记，是指负有纳税义务的从事生产经营的纳税人依法取得纳税主体资格时办理的税务登记。

　　为深化商事登记制度改革，便利企业注册、维护交易安全、消除监管盲区，自2015年10月1日起，在全国全面推行"三证合一、一照一码"登记改革，实行新的公司登记办法。

### （一）"三证合一"登记

**1. "三证合一"登记制度的意义**

　　"三证合一"登记制度是指将企业登记时依次申请，分别由工商行政管理部门核发工商营业执照、质量技术监督部门核发组织机构代码证、税务部门核发税务登记证，改为一次申请、由工商行政管理部门核发一个加载法人和其他组织统一社会信用代码营业执照的登记制度，即"一照一码"登记模式。

　　企业在办理变更登记时，对已领取组织机构代码证的，核发加载嵌入原9位组织机构代码的统一代码的营业执照，收缴其原发营业执照、组织机构代码证、税务登记证；没有领取组织机构代码证的，按照"三证合一、一照一码"登记模式核发加载统一代码的营业执照，收缴其相关证照。

实行"三证合一"登记制度改革后，企业和农民专业合作社的组织机构代码证和税务登记证不再发放。企业原需要使用组织机构代码证、税务登记证办理相关事务的，一律改为使用"三证合一"后的营业执照办理。

短期内现有机构代码向统一代码过渡难以完成的部门可设立过渡期，在2017年年底前完成。有特殊困难的个别领域，最迟不得晚于2020年年底。在过渡期内，未换发的证照（包括各地探索试点的"一照三号"营业执照、"一照一号"营业执照）可继续使用；过渡期结束后，一律使用加载统一代码的营业执照办理相关业务，原发证照不再有效。

**2. 办理"三证合一"登记需提交的材料**

（1）公司登记（备案）申请书。

（2）《指定代表或者共同委托代理人授权委托书》及指定代表或委托代理人的身份证件复印件。

（3）全体股东签署的公司章程。

（4）股东的主体资格证明或者自然人身份证件复印件。

股东为企业的，提交营业执照复印件；股东为事业法人的，提交事业法人登记证书复印件；股东为社团法人的，提交社团法人登记证复印件；股东为民办非企业单位的，提交民办非企业单位证书复印件；股东为自然人的，提交身份证件复印件；其他股东提交有关法律法规规定的资格证明。

（5）董事、监事和经理的任职文件（股东会决议由股东签署，董事会决议由公司董事签字）及身份证件复印件。

（6）法定代表人任职文件（股东会决议由股东签署，董事会决议由公司董事签字）及身份证件复印件。

（7）住所使用证明。

（8）《企业名称预先核准通知书》。

（9）法律、行政法规和国务院决定规定设立有限责任公司必须报经批准的，提交有关的批准文件或者许可证件复印件。

（10）公司申请登记的经营范围中有法律、行政法规和国务院决定规定必须在登记前报经批准的项目，提交有关批准文件或者许可证件的复印件。

**3. 公司登记（备案）的办理**

（1）公司登记（备案）申请书的填写。公司申请设立、变更登记及有关事项备案，应填写公司登记（备案）申请书（见表1-1）到工商行政管理机关办理。

（2）公司登记（备案）申请书填写说明。

①本申请书适用于有限责任公司、股份有限公司向公司登记机关申请设立、变更登记及有关事项备案。

②向登记机关提交的申请书只填写与本次申请有关的栏目。

## 表1-1　公司登记（备案）申请书

（注：请仔细阅读本申请书《填写说明》，按要求填写）

| □基本信息 | |
|---|---|
| 名　称 | |
| 预先核准文号/注册号/统一社会信用代码 | |
| 住　所 | _____省（市/自治区）_____市（地区/盟/自治州）_____县（自治县/旗/自治旗/市/区）乡（民族乡/镇/街道）_____村（路/社区）_____号 |
| 生产经营地 | _____省（市/自治区）_____市（地区/盟/自治州）_____县（自治县/旗/自治旗/市/区）乡（民族乡/镇/街道）_____村（路/社区）_____号 |
| 联系电话 | 　　　　　邮政编码 |

| □设立 | | |
|---|---|---|
| 法定代表人姓名 | 职　务 | □董事长 □执行董事 □经理 |
| 注册资本 | _____万元　公司类型 | |
| 设立方式（股份公司填写） | □发起设立 | □募集设立 |
| 经营范围 | | |
| 经营期限 | □ _____年 □长期　申请执照副本数量 | _____个 |

| □变更 | | |
|---|---|---|
| 变更项目 | 原登记内容 | 申请变更登记内容 |
| | | |
| | | |
| | | |
| | | |
| | | |

| □备案 | | | |
|---|---|---|---|
| 分公司 □增设 □注销 | 名　称 | 注册号/统一社会信用代码 | |
| | 登记机关 | 登记日期 | |
| 清算组 | 成　员 | | |
| | 负责人 | 联系电话 | |
| 其　他 | □董事 □监事 □经理 □章程 □章程修正案 □财务负责人 □联络员 | | |

| □申请人声明 |
|---|
| 　　本公司依照《公司法》、《公司登记管理条例》相关规定申请登记、备案，提交材料真实有效。通过联络员登录企业信用信息公示系统向登记机关报送、向社会公示的企业信息为本企业提供、发布的信息，信息真实、有效。<br><br>　　法定代表人签字：　　　　　　　　　　　公司盖章<br><br>　　（清算组负责人）签字：　　　　　　　年　　月　　日 |

（备注：填报本申请书时，同时要填报"法定代表人信息""董事、监事、经理信息""股东（或发起人）出资情况""财务负责人信息""联络员信息"等五个附表。）

③公司申请设立登记，填写"基本信息"栏、"设立"栏和"备案"栏有关内容及"法定代表人信息""董事、监事、经理信息""股东（发起人）出资情况""财务负责人信息""联络员信息"五个附表。"申请人声明"由公司拟任法定代表人签署。

④公司申请变更登记，填写"基本信息"栏及"变更"栏有关内容。"申请人声明"由公司原法定代表人或者拟任法定代表人签署并加盖公司公章。申请变更同时需要备案的，同时填写"备案"栏有关内容。申请公司名称变更的，在名称中增加"集团或（集团）"字样的，应当填写集团名称、集团简称（无集团简称的可不填）；申请公司法定代表人变更的，应填写、提交拟任法定代表人信息（附表1"法定代表人信息"）；申请股东变更的，应填写、提交附表3"股东（发起人）出资情况"。变更项目可加行续写或附页续写。

⑤公司增设分公司应向原登记机关备案，注销分公司可向原登记机关备案，填写"基本信息"栏及"备案"栏有关内容。"申请人声明"由法定代表人签署并加盖公司公章。"分公司增设/注销"项可加行续写或附页续写。

⑥公司申请章程修订或其他事项备案，填写"基本信息"栏、"备案"栏及相关附表所需填写的有关内容。申请联络员备案的，应填写附表5"联络员信息"。"申请人声明"由公司法定代表人签署并加盖公司公章；申请清算组备案的，"申请人声明"由公司清算组负责人签署。

⑦办理公司设立登记填写名称预先核准文号，不填写注册号或统一社会信用代码。办理变更登记、备案填写公司注册号或统一社会信用代码，不填写名称预先核准文号。

⑧公司类型应当填写"有限责任公司"或"股份有限公司"。其中，国有独资公司应当填写"有限责任公司（国有独资）"；一人有限责任公司应当注明"一人有限责任公司（自然人独资）"或"一人有限责任公司（法人独资）"。

⑨股份有限公司应在"设立方式"栏选择填写"发起设立"或者"募集设立"。有限责任公司无须填写此项。

⑩"经营范围"栏应根据公司章程、参照《国民经济行业分类》国家标准及有关规定填写。

⑪申请人提交的申请书应当使用A4型纸。依本表打印生成的，使用黑色钢笔或签字笔签署；手工填写的，使用黑色钢笔或签字笔工整填写、签署。

### （二）非"三证合一"纳税人的设立税务登记

#### 1. 设立税务登记的范围和办理时限

单位纳税人、合伙企业、个人独资企业、一人有限责任公司、外国企业常驻代表机构（持有加载统一社会信用代码的营业执照纳税人除外），到所在地主管税务机关办税服务厅（场所）申报办理税务登记。

从事生产、经营的纳税人未办理工商营业执照但经有关部门批准设立的，应当自有关部门批准设立之日起30日内申报办理税务登记。

税务机关办理时限：报送资料齐全、符合法定形式、填写内容完整的，受理后即时办结。

想一想

个人经营、临时经营需要办理税务登记吗？

**2. 纳税人办理税务登记应提供的证件和资料**

办理税务登记必须出示、提供以下证件和资料：

（1）税务登记表（适用单位纳税人）原件。

（2）其他核准执业证件原件及复印件。

（3）组织机构代码证书原件及复印件。

（4）有关合同、章程、协议书复印件。

（5）法定代表人（负责人）居民身份证、护照或其他证明身份的合法证件原件及复印件。

（6）税务机关要求提供的其他资料。

**3. 设立税务登记流程**

（1）纳税人在规定的期限内向税务机关提出办理税务登记的书面申请，提交《税务登记报告书》，并提供上述资料和证件。

（2）税务机关在纳税人提交登记资料完备的情况下，根据纳税人的经济类型发放《税务登记表》《纳税人税种登记表》（初始申报表），对符合增值税一般纳税人条件的纳税人，还应发给《增值税一般纳税人认定表》等。纳税人填写完毕后报送主管税务机关。

（3）税务机关对纳税人填报的《税务登记表》《纳税人税种登记表》（初始申报表）及提供的有关证件和资料进行审核，符合规定的予以登记，并发给税务登记证件。

税务登记证件正本放在镜框中应悬挂在生产经营场所的明显位置；副本套夹在塑料证夹中，以便外出生产经营或办理涉税事项时用。

**4. 税务登记表填写方法**

（1）税务登记表的填写。目前，不同类型的纳税人在税务机关进行税务登记时，所需要填写的税务登记表有所不同，单位纳税人适用格式如表 1-2 所示。

（2）税务登记表填写说明。

纳税人向税务机关申报办理税务登记时，应使用碳素或蓝黑墨水完整、真实、准确、按时地填写税务登记表。以单位纳税人为例，其登记表一式二份（国税、地税联办税务登记证的本表一式三份），税务机关留存一份（国税、地税联办税务登记的，国、地税机关各一份），退回纳税人一份，由纳税人保管，验/换证时需携带查验。单位纳税人适用的税务登记表中有关栏目应按下列要求填写。

①"纳税人名称"栏：指《企业法人营业执照》或《营业执照》或有关核准执业证书上的"名称"。

②"身份证件"栏：一般填写"居民身份证"，如无身份证，则填写"军官证""士兵证""护照"等有效身份证件。

③"注册地址"栏：填写工商营业执照或其他有关核准开业证照上的地址。

④"生产经营地址"栏：填写办理税务登记的机构生产经营地地址。

⑤"国籍或地址"栏：外国投资者填国籍，中国投资者填地址。

⑥"登记注册类型"栏：即经济类型，按《营业执照》的内容填写；不需要领取《营业执照》的，选择"非企业单位"或者"港、澳、台商企业常驻代表机构及其他""外国企业"；如为分支机构，按总机构的经济类型填写。

⑦"投资方经济性质"栏：单位投资的按其登记注册类型填写；个人投资的填写自然人。

## 表 1-2　税务登记表

### （适用单位纳税人）

填表日期：

| 纳税人名称 | | | | 纳税人识别号 | | |
|---|---|---|---|---|---|---|
| 登记注册类型 | | | | 批准设立机关 | | |
| 组织机构代码 | | | | 批准设立证明或文件号 | | |
| 开业（设立）日期 | | 生产经营期限 | | 证照名称 | 证照号码 | |
| 注册地址 | | | 邮政编码 | | 联系电话 | |
| 生产经营地址 | | | 邮政编码 | | 联系电话 | |
| 核算方式 | 请选择对应项目打"√"　□ 独立核算　□ 非独立核算 | | | | 从业人数 | ___人，其中外籍人数__ |
| 单位性质 | 请选择对应项目打"√"　□ 企业　□ 事业单位　□ 社会团体　□ 民办非企业单位　□ 其他 | | | | | |
| 网站网址 | | | 国标行业 | □□□□　□□□□　□□□□　□□□□ | | |
| 适用会计制度 | 请选择对应项目打"√"　□ 企业会计制度　□ 小企业会计制度　□ 金融企业会计制度　□ 行政事业单位会计制度 | | | | | |
| 经营范围 | 请将法定代表人（负责人）身份证件复印件粘贴在此处 | | | | | |

| 内容＼项目　联系人 | 姓 名 | 身份证件 | | 固定电话 | 移动电话 | 电子邮箱 |
|---|---|---|---|---|---|---|
| | | 种 类 | 号 码 | | | |
| 法定代表人（负责人） | | | | | | |
| 财务负责人 | | | | | | |
| 办税人 | | | | | | |

| 税务代理人名称 | 纳税人识别号 | | 联系电话 | | 电子邮箱 |
|---|---|---|---|---|---|
| | | | | | |

| 注册资本或投资总额（人民币） | 币 种 | 金 额 | 币 种 | 金 额 | 币 种 | 金 额 |
|---|---|---|---|---|---|---|
| | | | | | | |

| 投资方名称 | 投资方经济性质 | 投资比例 | 证件种类 | 证件号码 | 国籍或地址 |
|---|---|---|---|---|---|
| | | | | | |
| | | | | | |
| | | | | | |
| | | | | | |

| 自然人投资比例 | | 外资投资比例 | | 国有投资比例 | |
|---|---|---|---|---|---|
| | | | | | |

| 分支机构名称 | 注册地址 | 纳税人识别号 |
|---|---|---|
| | | |
| | | |
| | | |
| | | |

| 总机构名称 | | 纳税人识别号 | |
|---|---|---|---|
| 注册地址 | | 经营范围 | |
| 法定代表人姓名 | 联系电话 | 注册地址 | |
| | | 邮政编码 | |

| 代扣代缴、代收代缴税款业务情况 | 代扣代缴、代收代缴税款业务内容 | 代扣代缴、代收代缴税种 |
|---|---|---|
| | | |
| | | |

附报资料：

| 经办人签章：<br>　　　年　　月　　日 | 法定代表人（负责人）签章：<br>　　　年　　月　　日 | 纳税人公章：<br>　　　年　　月　　日 |
|---|---|---|

（续表）

以下由税务机关填写：

| 纳税人所处街乡 | | | | 隶属关系 | |
|---|---|---|---|---|---|
| 国税主管税务局 | | 国税主管税务所（科） | | 是否属于国税、地税共管户 | |
| 地税主管税务局 | | 地税主管税务所（科） | | | |
| 经办人（签章）：<br>国税经办人：＿＿＿＿＿＿<br>地税经办人：＿＿＿＿＿＿<br>受理日期：<br>＿＿＿年＿＿月＿＿日 | | 国家税务登记机关<br>（税务登记专用章）：<br>核准日期：<br>＿＿＿年＿＿月＿＿日<br>国税主管税务机关： | | 地方税务登记机关<br>（税务登记专用章）：<br>核准日期：<br>＿＿＿年＿＿月＿＿日<br>地税主管税务机关： | |
| 国税核发《税务登记证副本》数量：　　本　发证日期：＿＿＿＿＿年＿＿＿月＿＿＿日 | | | | | |
| 地税核发《税务登记证副本》数量：　　本　发证日期：＿＿＿＿＿年＿＿＿月＿＿＿日 | | | | | |

国家税务总局监制

⑧"证件种类"栏：单位投资的填写其组织机构代码证；个人投资的填写其身份证件名称。

⑨"国标行业"栏：按纳税人从事生产经营行业的主次顺序填写，其中第一个行业填写纳税人的主行业。

## 三、其他税务登记事项

### （一）变更税务登记

变更税务登记是指纳税人办理税务登记后，需要对原登记内容进行更改，而向税务机关申报办理的税务登记。

### （二）注销税务登记

纳税人发生解散、破产、撤销及其他情形，依法终止纳税义务的，应当填写《注销税务登记申请审批表》，持有关证件和资料向原税务登记机关申报办理注销税务登记。

### （三）停业税务登记

实行定期定额征收方式的个体工商户需要停业的，应当向税务登记机关办理停业登记。

### （四）复业税务登记

办理停业登记的个体工商户，应当在恢复生产经营之前向税务登记机关申报办理复业登记。

### （五）重新税务登记

对已经税务机关批准注销的纳税人由于恢复生产经营，或非正常注销的纳税人又重新纳入管理，或跨区迁移纳税人迁入时，需填写《重新税务登记申请核准表》进行重新税务登记。

### （六）税务登记验证、换证

税务机关对税务登记证件实行定期验证和换证制度，纳税人应当在规定的期限内填写《税务登记表》，持有关证件到主管税务机关办理验证或者换证手续。

**拓展阅读**

税务登记的其他事项

- 外埠经营登记：指从事生产、经营的纳税人到外县（市）临时从事生产、经营活动的，应当持税务登记证副本和所在地税务机关填开的外出经营活动税收管理证明，向营业地税务机关报验登记，接受税务管理。在经营活动结束后向外出经营地税务机关申报核销。

- 遗失税务证件报告：指纳税人、扣缴义务人遗失税务登记证件的，应当自遗失税务登记证件之日起 15 日内，书面报告主管税务机关，如实填写《税务登记证件遗失报告表》，并将纳税人的名称、税务登记证件名称、税务登记证件号码、税务登记证件有效期、发证机关名称在税务机关认可的报刊上作遗失声明，凭报刊上刊登的遗失声明向主管税务机关申请补办税务登记证件。

- 证件重新发放：指纳税人、扣缴义务人税务证件遗失后可向主管税务机关申请补办，税务机关在核实相关材料后对遗失证件重新发放。

- 扣缴义务人登记：指已办理税务登记的扣缴义务人应当在扣缴义务发生之日起 30 日内，向税务登记地税务机关申报办理扣缴税款登记。税务机关在其税务登记证件上登记扣缴税款事项，税务机关不再发给扣缴税款登记证件。

  根据税收法律、行政法规的规定可不办理税务登记的扣缴义务人，应当在扣缴义务发生之日起 30 日内，向机构所在地税务机关申报办理扣缴税款登记。税务机关核发扣缴税款登记证件。

- 存款账户账号报告：指从事生产、经营的纳税人应当按照国家有关规定，应当持税务登记证件，自开立基本存款账户或者其他存款账户之日起 15 日内，向主管税务机关书面报告其全部账号；账户发生变化的，应当自变化之日起 15 日内，向主管税务机关书面报告。

- 纳税人跨县（区）迁出：指纳税人因住所、经营地点变动，涉及改变税务登记机关的，应当在向工商行政管理机关或者其他机关申请办理变更、注销登记前，或者住所、经营地点变动前，持有关证件和资料，向原税务登记机关申报办理注销税务登记后迁出。

- 纳税人跨县（区）迁入：指纳税人因住所、经营地点变动，涉及改变税务登记机关的，应当在向工商行政管理机关或者其他机关申请办理变更、注销登记前，或者住所、经营地点变动前，持有关证件和资料，向原税务登记机关申报办理注销税务登记，并自注销税务登记之日起 30 日内向迁达地税务机关申报办理税务登记。

## 四、税务登记证管理与违法处理

### （一）税务登记证管理

**1. 定期换证制度**

税务机关实行税务登记证定期换证制度，一般三年一次。

**2. 年检制度**

税务机关实行税务登记证年检制度，一般一年一次。

**3. 国、地税局联合办理税务登记制度**

税务机关积极推行国税局、地税局联合办理税务登记制度，方便纳税人，加强管户配合。

**4. 部门配合制度**

为推进社会综合治税，税收征管法规定工商行政管理机关应当将办理登记注册、核发《营业执照》情况，定期向税务部门通报；银行或其他金融机构应在从事生产、经营的纳税人的账户中登录税务登记证件号码，并为税务部门依法查询纳税人开户情况予以协助。

**5. 遗证补办制度**

纳税人、扣缴义务人遗失税务登记证件的，应在规定期限内按程序向主管税务机关申请补办税务登记证件。

### （二）违法处理

纳税人未按规定办理、使用登记证；纳税人的开户银行和其他金融机构未按税收征管法的规定在从事生产、经营的纳税人账户中登录税务登记证号码，或者未按规定在税务登记证中登录纳税人账号的，由税务机关责令限期改正，并视情节给予相应罚款等行政处罚。

# 第四节　账簿、凭证与发票的管理

纳税人、扣缴义务人应按照有关法律、行政法规和国务院财政、税务主管部门的规定设置账簿，根据合法、有效凭证记账，进行核算。

## 一、设置账簿的范围

（1）纳税人在办理公司（税务）登记后，需要在 15 日内将财务、会计制度或者财务、会计处理办法报送主管税务机关备案。

（2）扣缴义务人应当自税收法律、行政法规规定的扣缴义务发生之日起 10 日内，按照所代扣、代收的税种，分别设置代扣代缴、代收代缴税款账簿。

纳税人、扣缴义务人会计制度健全，能够通过计算机正确、完整地计算其收入和所得或者提供代扣代缴、代收代缴税款情况的，其计算机输出的完整的书面会计记录，可视同会计账簿。

纳税人、扣缴义务人会计制度不健全，不能通过计算机正确、完整地计算其收入和所得或者代扣代缴、代收代缴税款情况的，应当建立总账及与纳税或者代扣代缴、代收代缴税款有关的其他账簿。

（3）生产经营规模小又确无建账能力的纳税人，可以聘请经批准从事会计代理记账业务的专业机构或者经税务机关认可的财会人员代为建账和办理账务，聘请上述机构或者人员有实际困难的，经县级以上税务机关批准，可以按照税务机关的规定，建立收支凭证粘贴簿、进货销货登记簿或税控装置。

## 二、对纳税人财务会计制度及其处理办法的管理

从事生产、经营的纳税人应当自领取税务登记证件之日起 15 日内，将其财务、会计制度或者财务、会计处理办法和会计核算软件报送税务机关备案。纳税人使用计算机记账的，应当在使用前将会计电算化系统的会计核算软件、使用说明书及有关资料报送主管税务机关备案。纳税人建立的会计电算化系统应当符合国家有关规定，并能正确、完整核算其收入或者所得。

从事生产、经营的纳税人、扣缴义务人的财务、会计制度或者财务、会计处理办法与国务院或者国务院财政、税务主管部门有关税收的规定抵触的，依照国务院或者国务院财政、税务主管部门有关税收的规定计算应纳税款、代扣代缴和代收代缴税款。

## 三、账簿、凭证的保存和管理

从事生产、经营的纳税人、扣缴义务人必须按照国务院财政、税务主管部门规定的保管期限保管账簿、记账凭证、完税凭证及其他有关资料。除法律、行政法规另有规定外，账簿、会计凭证、报表、完税凭证及其他有关资料应当保存 10 年。账簿、记账凭证、报表、完税凭证、发票、出口凭证及其他有关涉税资料应当合法、真实、完整，不得伪造、变造或者擅自损毁。

## 四、发票管理

发票是生产、经营单位和个人在购销商品、提供和接受服务，以及从事其他经营活动中，开具、收取的收付款凭证，其种类、联次、内容及使用范围由国务院税务主管部门规定。按照发票使用范围，分为增值税专用发票和普通发票两大类。税务机关是发票主管机关，负责发票印制、领购、开具、取得、保管、缴销的管理和监督。

### （一）发票印制

发票一般由税务机关统一设计式样，设专人负责办理印制和管理，并套印全国统一发票印制章。其中，增值税专用发票由国家税务总局指定的企业印制；普通发票，分别由各省、自治区、直辖市国家税务局、地方税务局指定企业印制，对某些特殊经营行业，可由各主管部门统一设计发票格式、内容，报请主管税务机关审核同意，发给《发票印制通知书》。

未经上述税务机关指定，任何单位和个人不得擅自印制发票。

### （二）发票领购

（1）需要领购发票的单位和个人，在依法办理税务登记领取税务登记证件后，应当持税务登记证件、经办人身份证明、按照国务院税务主管部门规定式样制作的发票专用章的印模，向主管税务机关办理发票领购手续。主管税务机关根据领购单位和个人的经营范围和规模，确认领购发票的种类、数量及领购方式，在 5 个工作日内发给发票领购簿。单位和个人领购发票时，应当按照税务机关的规定报告发票使用情况，税务机关应当按照规定进行查验。

需要临时使用发票的单位和个人，可以凭购销商品、提供或者接受服务，以及从事其他经营活动的书面证明、经办人身份证明，直接向经营地税务机关申请代开发票。依照税收法律、行政法规规定应当缴纳税款的，税务机关应当先征收税款，再开具发票。税务机关根据发票管理的需要，可以按照国务院税务主管部门的规定委托其他单位代开发票。

（2）纳税人可以根据自己的需要，履行必要的手续后，申请领购普通发票。申请领购增值税专用发票的单位和个人必须是增值税一般纳税人。但增值税一般纳税人会计核算不健全，不能向税务机关准确提供增值税销项税额、进项税额、应纳税额及其他有关增值税税务资料的；销售货物全部属于免税项目的；有税收征管法规定的税收违法行为、拒不接受税务机关处理的，或者有下列行为之一，经税务机关责令限期改正而仍未改正的，不得领购增值税专用发票：虚开增值税专用发票；私自印制专用发票；向税务机关以外的单位和个人买取专用发票；借用他人专用发票；未按规定开具专用发票；未按规定保管专用发票和专用设备；未按规定申请办理防伪税控系统变更发行；未按规定接受税务机关检查。

（3）临时到本省、自治区、直辖市以外从事经营活动的单位或者个人，除了具备领购发票的一般条件外，应当凭所在地税务机关开具的外出经营证明，并按规定提供保证人或者根据所领购发票的票面限额，以及数量缴纳不超过1万元的保证金，向经营地主管税务机关申请领购经营地发票，并限期缴销发票。按期缴销发票的，解除保证人的担保义务或者退还保证金；未按期缴销发票的，由保证人或者以保证金承担法律责任。

（4）税务部门对纳税人领购发票实行交旧领新、验旧领新、批量供应等方式。

### （三）发票开具

销售商品、提供服务，以及从事其他经营活动的单位和个人，对外发生经营业务收取款项，收款方应当向付款方开具发票；特殊情况下，由付款方向收款方开具发票。开具发票应当按照规定的时限、顺序、栏目，全部联次一次性如实开具，并加盖"有其名称、税务登记号、发票专用章字样"的发票专用章。任何单位和个人不得有虚开发票行为；纳税人进行电子商务必须开具或取得发票；发票限于领购单位和个人在本省、自治区、直辖市内开具；不得跨国家税务总局和省税务机关规定的使用区域携带、邮寄、运输空白发票；禁止携带、邮寄或者运输空白发票出入境；开具发票后，如发生销货退回需要开红字发票的，必须收回原发票并注明"作废"字样或取得对方有效证明；发生销货折让的，必须在收回原发票并注明"作废"后重新开具发票或取得对方有效证明后开具红字发票。

安装税控装置的单位和个人，应当按照规定使用税控装置开具发票，并按期向主管税务机关报送开具发票的数据；使用非税控电子器具开具发票的，应当将非税控电子器具使用的软件程序说明资料报主管税务机关备案，并按照规定保存、报送开具发票的数据；国家推广使用网络发票管理系统开具发票。

增值税一般纳税人销售货物和应税劳务，除另有规定外，必须向购买方开具增值税专用发票。

> **知识链接**
>
> 下列情况由付款方向收款方开具发票：
> （1）收购单位和扣缴义务人支付个人款项时；
> （2）国家税务总局认为其他需要由付款方向收款方开具发票时。

### （四）取得发票的管理

所有单位和从事生产、经营活动的个人在购买商品、接受服务，以及从事其他经营活动支付款项后，应当向收款方取得发票。取得发票时，不得要求变更品名和金额。对不符合规定的发票，包括发票本身不符合规定（白条或伪造的假发票、作废的发票等）、发票开具不符合规定、发票来源不符合规定的，不得作为财务报销凭证，任何单位和个人有权拒收。

### （五）发票的保管和缴销

税务机关内部或者用票单位和个人必须建立严格的发票专人保管制度、专库保管制度、专账登记制度、保管交接、定期盘点制度，保证发票安全。用票单位和个人应按规定向税务机关上缴已经使用或未使用的发票，税务机关应按规定统一将已经使用或未使用的发票进行销毁。

### （六）发票的检查

税务机关在发票管理中有权进行下列检查：①检查印制、领购、开具、取得、保管和缴销发票的情况；②调出发票查验；③查阅、复制与发票有关的凭证、资料；④向当事各方询问与发票有关的问题和情况；⑤在查处发票案件时，对与案件有关的情况和资料，可以记录、录音、录像、照相和复制。印制、使用发票的单位和个人，必须接受税务机关依法检查，如实反映情况，提供有关资料，不得拒绝、隐瞒。税务人员进行检查时，应当出示税务检查证。税务机关需要将已开具的发票调出查验时，应当向被查验的单位和个人开具发票换票证。发票换票证与所调出查验的发票有同等的效力。被调出查验发票的单位和个人不得拒绝接受。税务机关需要将空白发票调出查验时，应当开具收据；经查无问题的，应当及时返还。

单位和个人从中国境外取得的与纳税有关的发票或者凭证，税务机关在纳税审查时有疑义的，可以要求其提供境外公证机构或者注册会计师的确认证明，经税务机关审核认可后，方可作为记账核算的凭证。税务机关在发票检查中需要核对发票存根联与发票联填写情况时，可以向持有发票或者发票存根联的单位发出发票填写情况核对卡，有关单位应当如实填写，按期报回。

### （七）违法处理

违反发票管理规定，未按规定印制发票或者生产防伪专用品，未按规定领购、开具、取得、保管发票，非法携带、邮寄、运输或者存放空白发票，私自印制、伪造变造、倒买倒卖发票等行为，税务机关可以查封、扣押或者销毁，没收非法所得和作案工具，并处以相应罚款等行政处罚，情节严重构成犯罪的，依法追究刑事责任。

**拓展阅读**

"金税工程"是以计算机网络为依托，实现税务机关互联互通、相关部门信息共享，采用先进技术，覆盖税收各税种、各管理环节的信息管理系统工程的总称。

为切实保障发票的真实性，在增值税防伪税控系统中率先采用数字密码技术和"黑匣子"技术实现发票防伪；集成数字密码技术和高速光电扫描识别技术实现发票识伪。同时采用多道防线实现严密税控：在开具发票时，系统自动将发票信息存入税控"黑匣子"中；在每个月的报税期必须通过IC卡向税务机关进行申报，否则将锁死金税卡，使之不能继续开具发票；通过IC卡和"黑匣子"对增值税专用发票的领、用、存进行管理和控制，"黑匣子"中的数据只能读取，不能更改；通过系统授权，控制企业的最大开票限额和每月开票数量。此外，在增值税防伪税控系统中还建立了严格的密码管理机制，按照最小权力分配原则，实现对密码产品的严格控制和管理，在税务端，国家、省、地、县四级逐级授权，分级管理；在企业端，实现一卡一密钥、一票一密文。整个增值税防伪税控系统融数字密码技术、高速光电扫描识别技术、微控制器技术、大容量半导体存储技术及智能 IC 卡技术为一体，以增值税专用发票为核心，从发售发票时的源头控制、发票填开时的防伪与计税，到发票抵扣时的识伪，以及增值税专用发票的抄报税等各个环节提供强有力的监控手段，达到对增值税专用发票防伪、识伪和税控的多重功效。

"金税工程"是在中国特色的增值税管理模式下建立起来的，是我国完全拥有自主知识产权的一套复杂、高效的信息管理系统，具有起点高、技术先进、应用面广等特点，经过 20 多年的应用、改进和推广，已经建立服务全国增值税一般纳税人和税务机关的税收征管网络，保证了我国税制改革的成功，保证了增值税收入的稳定增长，对公平税负、整顿和规范市场经济秩序起到了重大作用，为我国税收连续几年稳定增长做出了重大贡献。

# 第五节　纳税申报与税款征收

## 一、纳税申报

### （一）纳税申报的概念

纳税申报是纳税人按照税法规定的期限和内容,向税务机关提交有关纳税事项书面报告的法律行为，是纳税人履行纳税义务、承担法律责任的主要依据，是税务机关税收管理信息的主要来源和税务管理的一项重要制度。

> **小提示**　纳税人或者扣缴义务人无论本期有无应缴纳或者解缴的税款，都必须按税法规定的申报期限、申报内容，如实向主管税务机关办理纳税申报。

### （二）纳税申报的内容

纳税人必须依照法律、行政法规的规定或者税务机关依照法律、行政法规的规定确定的申报期限、申报内容如实办理纳税申报，报送纳税申报表、财务会计报表，以及税务机关根据实际需要要求纳税人报送的其他纳税资料。

扣缴义务人必须依照法律、行政法规的规定或者税务机关依照法律、行政法规的规定确定的申报期限、申报内容如实报送代扣代缴、代收代缴税款报告表，以及税务机关根据实际需要要求扣缴义务人报送的其他有关资料。

纳税申报的内容主要体现在纳税申报表或代扣代缴税款报告表中，主要项目包括：税种、税目，应纳税项目或者应代扣代缴、代收代缴税款项目，计税依据，扣除项目及标准，适用税率或者单位税额，应退税项目及税额、应减免税项目及税额，应纳税额或者应代扣代缴、代收代缴税额，税款所属期限、延期缴纳税款、欠税、滞纳金等。

纳税人办理纳税申报时，除如实填写纳税申报表外，还要根据情况报送有关证件、资料。

### （三）纳税申报的方式

经税务机关批准，纳税人、扣缴义务人可以直接到税务机关办理纳税申报或者报送代扣代缴、代收代缴税款报告表，也可以按照规定采取邮寄、数据电文方式办理上述申报、报送事项。

**1. 自行申报**

自行申报是指纳税人、扣缴义务人按照规定的期限自行到主管税务机关办理纳税申报手续。

**2. 邮寄申报**

邮寄申报是指经税务机关批准的纳税人、扣缴义务人使用统一规定的纳税申报特快专递专用信封，与邮政部门办理交寄手续，通过邮局寄送主管税务机关，并向邮政部门索取收据作为申报凭据的方式。邮寄申报以寄出的邮戳日期为实际申报日期。

**3. 电子申报**

电子申报是指经税务机关批准的纳税人，通过电话语音、电子数据交换和网络传输等方式办理纳税申报的一种方式。纳税人采用电子方式办理纳税申报的，要按照税务机关规定的期限和要求保存有关资料，并定期书面报送主管税务机关。

**4. 银行网点申报**

银行网点申报是指税务机关委托银行代收代缴税款，纳税人在法定的申报期限内到银行网点进行申报。

**5. 代理申报**

代理申报是指纳税人、扣缴义务人可以委托注册税务师等中介机构税务代理人员，代为办理纳税申报。

**6. 简易申报**

简易申报是指实行定期定额征收方式的纳税人，经税务机关批准，通过以缴纳税款凭证代替申报。

### （四）延期申报

纳税人、扣缴义务人不能按期办理纳税申报或者报送代扣代缴、代收代缴税款报告表的，经税务机关核准，可以延期申报，但要在纳税期内按照上期实际缴纳的税额或者税务机关核定的税额预缴税款，并在核准的延期内办理税款结算。

### （五）纳税申报的具体要求

（1）纳税人、扣缴义务人，不论当期是否发生纳税义务，除经税务机关批准外，均应按规定办理纳税申报或者报送代扣代缴、代收代缴税款报告表。

（2）实行定期定额方式缴纳税款的纳税人，可以实行简易申报、简并征期等申报纳税方式。

（3）纳税人享受减税、免税待遇的，在减税、免税期间应当按照规定办理纳税申报。

（4）纳税人、扣缴义务人按照规定的期限办理纳税申报或者报送代扣代缴、代收代缴税款报告表确有困难，需要延期的，应当在规定的期限内向税务机关提出书面延期申请，经税务机关核准，在核准的期限内办理。

纳税人、扣缴义务人因不可抗力，不能按期办理纳税申报或者报送代扣代缴、代收代缴税款报告表的，可以延期办理。但是，应当在不可抗力情形消除后立即向税务机关报告。税务机关应当查明事实，予以批准。

经核准延期办理纳税申报、报送事项的，应当在纳税期内按照上期实际缴纳的税额或者税务机关核定的税额预缴税款，并在核准的延期内办理税款结算。

## 二、税款征收

### （一）税款征收的概念

税款征收是税务机关依据国家税收法律、行政法规确定的标准和范围，通过法定程序将纳税人应纳税款组织征收入库的一系列活动。税款征收是税收征管活动的中心环节，也是纳税人履行纳税义务的体现，在整个税收征收管理工作中占有极其重要的地位。

### （二）税款征收方式

**1. 查账征收**

查账征收是指税务机关根据纳税人会计账簿等财务核算资料，依照税法规定计算征收税款的方式。一般适用于财务制度健全、核算严格规范、纳税意识较强的纳税人。

**2. 查定征收**

查定征收是指税务机关根据纳税人从业人数、生产设备、耗用原材料、经营成本、平均利润率等因素，查定核实其应纳税所得额，据以征收税款的方式。一般适用于经营规模较小、实行简易记账或会计核算不健全的纳税人。

**3. 查验征收**

查验征收是指税务机关对纳税人的应税商品、产品，通过查验数量，按市场一般销售单价计算其销售收入，并据以计算应纳税款的一种征收方式。一般适用于在市场、车站、码头等场外临时经营的零星、流动性税源。

**4. 定期定额征收**

定期定额征收是指税务机关根据纳税人自报和一定的审核评议程序，核定其一定时期应税收入和应纳税额，并按月或季度征收税款的方式。一般适用于生产经营规模小、不能准确计算营业额和所得额的小规模纳税人或个体工商户。

**5. 代扣代缴**

代扣代缴是指按照税法规定，负有扣缴税款义务的单位和个人，负责对纳税人应纳的税款进行代扣代缴的一种方式，即由支付人在向纳税人支付款项时，从所支付的款项中依法直接扣收税款并代为缴纳。

**6. 代收代缴**

代收代缴是指按照税法规定，负有收缴税款义务的单位和个人，负责对纳税人应纳的税款进行代收代缴的一种方式,即由与纳税人有经济业务往来的个人在向纳税人收取款项时依法收取税款。

### 7. 委托代征

委托代征是指受委托的有关单位按照税务机关核发的代征证书的要求,以税务机关的名义向纳税人征收零散税款的一种征收方式。一般适用于零星、分散、流动性大的税款征收,如集贸市场税收、车船税等。

### (三)纳税期限与延期缴纳

纳税人、扣缴义务人必须依法按照规定的期限,缴纳或者解缴税款。未按照规定期限缴纳或解缴税款的,税务机关除责令限期缴纳外,从滞纳税款之日起,按日加收滞纳税款万分之五的滞纳金。

对纳税人因不可抗力,导致发生较大损失、正常生产经营活动受到较大影响,或当期货币资金在扣除应付职工工资、社会保险费后,不足以缴纳税款的,经省、自治区、直辖市国家税务局、地方税务局批准,可以延期缴纳税款,但最长不能超过 3 个月。经批准延期缴纳的税款不加收滞纳金。

### (四)税款减免

税款减免是税务机关依据税收法律、行政法规和国家有关税收的规定,给予纳税人的减税或免税。

按法律、法规规定或者经法定的审批机关批准减税、免税的纳税人,要持有关文件到主管税务机关办理减税、免税手续。减税、免税期满,应当自期满之日次日起恢复纳税。

享受减税、免税优惠的纳税人,如果减税、免税条件发生变化的,要自发生变化之日起15 日内向税务机关报告;不再符合减税、免税条件的,要依法履行纳税义务,否则税务机关予以追缴。

### (五)税款退还和追征

对计算错误、税率适用不当等原因造成纳税人超过应纳税额多缴的税款,税务机关应及时退还。纳税人超过应纳税额缴纳的税款,税务机关发现后应立即退还;纳税人自结算缴纳税款之日起 3 年内发现的,可以向税务机关要求退还多缴的税款并加算银行同期存款利息,税务机关及时查实后要立即退还。

> **小提示**
>
> 对因税务机关的责任,致使纳税人、扣缴义务人未缴或者少缴税款的,税务机关在 3 年内可以要求纳税人、扣缴义务人补缴税款,不得加收滞纳金;因纳税人、扣缴义务人计算错误等失误,未缴或者少缴税款的,税务机关在 3 年内可以追征税款、滞纳金;有特殊情况的,追征期可以延长到 5 年;对偷税、抗税、骗税的,税务机关追征其未缴或者少缴的税款、滞纳金或者所骗取的税款,不受上述规定期限的限制。

### （六）税收保全和强制执行

税收保全措施是税务机关为了保证税款能够及时足额入库，对逃避纳税义务的纳税人的财产的使用权和处分权予以限制的一种行政保全措施，是保证税收征管活动正常进行的一种强制手段，主要包括书面通知纳税人开户银行或者其他金融机构冻结纳税人的相当于应纳税款的存款，以及扣押、查封纳税人的价值相当于应纳税款的商品、货物或者其他财产两方面内容。

税收强制执行是税务机关依照法定的程序和权限，强迫纳税人、扣缴义务人、纳税担保人和其他当事人缴纳拖欠的税款和罚款的一种强制措施，主要包括两方面内容，即书面通知纳税人的开户银行或者其他金融机构从其存款中扣缴税款；扣押、查封、依法拍卖或者变卖其相当于应纳税款的商品、货物或者其他财产。

税务机关采取税收保全、强制执行措施必须符合法定的条件和程序，如违法采用，将承担相应的行政赔偿责任。同时，一旦税收得到实现，相应的税收保全、强制执行措施应立即解除。

## 三、税务检查

税务检查是税务机关依照国家有关税收法律、法规、规章和财务会计制度的规定，对纳税人、代扣代缴义务人履行纳税义务、扣缴义务情况进行审查监督的一种行政检查。税务检查是确保国家财政收入和税收法律、行政法规、规章贯彻落实的重要手段，是国家经济监督体系中不可缺少的组成部分。

### （一）税务机关在税务检查中的权力

为保证税务机关能通过检查全面真实地掌握纳税人和扣缴义务人生产、经营及财务情况，税收征管法明确规定了税务机关在税务检查中的权力，包括查账权、场地检查权、责成提供资料权、调查取证权、查证权、检查存款账户权，并对各项权力的行使规定了明确的条件和程序。

### （二）税务检查形式

按实施主体分类，税务检查可分为税务稽查和征管部门的日常检查。税务稽查是由税务稽查部门依法组织实施的，对纳税人、扣缴义务人履行纳税义务、扣缴义务的情况进行的全面、综合的专业检查，主要是对涉及偷税、逃税、抗税和骗税的大案要案的检查。征收管理部门的检查是征管机构在履行职责时对征管中的某一环节出现的问题或者防止在征管某一环节出现问题而进行的税务检查。

### （三）税务检查的规范

#### 1. 对税务机关行使税务检查权的规范

（1）控制检查次数。税务机关建立科学的检查制度，统筹安排检查工作，严格控制对纳税人、扣缴义务人的检查次数。国家税务总局规定，由稽查部门牵头，统一布置部署各类检查，建立国税、地税联合检查和检查结果共享制度，减少重复检查。

（2）实行检查回避制度。税务人员进行税务检查，查处税收违法案件，实施税务行政处罚，与纳税人、扣缴义务人存在下列关系之一的应当回避：夫妻关系，直系血亲关系，三代以内旁系血亲关系，近姻亲关系，可能影响公正执法的其他利害关系。对税务人员应回避而没有回避的情况，对直接负责的主管人员和其他直接责任人员，依法给予行政处分。

（3）应当出示相关税务证件。税务机关派出人员进行税务检查时，应当出示《税务检查证》和《税务检查通知书》。

（4）税务机关实施税务检查，应当有两人以上参加。

（5）检查存款账户在审批、使用、人员等方面有严格限制。例如，税务机关查询从事生产经营的纳税人、扣缴义务人在银行或者其他金融机构的存款账户，应经县以上税务局（分局）局长批准，凭全国统一格式的检查存款账户许可证明进行检查。税务机关在调查税收违法案件时，必须经设区的市、自治州以上税务局（分局）局长批准，才可以查询案件涉嫌人员的储蓄存款，并不得将查询存款所获得的资料用于税收以外的用途。

（6）调账检查有严格的审批和时间限制。经县以上税务局（分局）局长批准，可以将纳税人、扣缴义务人以前会计年度的账簿、记账凭证、报表，以及其他有关资料调回税务机关进行检查，但是税务机关必须向纳税人、扣缴义务人开付清单，并在3个月内完整退还。有特殊情况的，经设区的市、自治州以上税务局局长批准，税务机关可以将纳税人、扣缴义务人当年的账簿、记账凭证、报表和其他资料调回检查，但必须在30日内退还。

（7）应保守被检查人的秘密。

**2. 对纳税人和有关部门配合税务检查的规范**

纳税人、扣缴义务人必须接受税务机关依法进行的税务检查，如实反映情况，提供有关资料，不得拒绝、隐瞒。有关部门和单位应当支持、协助税务机关依法进行的税务检查，如实向税务机关反映纳税人、扣缴义务人和其他当事人与纳税或者代扣代缴、代收代缴税款有关的情况，提供有关资料或证明材料。

**（四）税务检查的程序**

**1. 选案**

主要通过采用计算机选案分析系统进行筛选，采取人工归集分类、比例选择或随机抽样进行筛选，根据公民举报、上级交办、有关部门转办、交叉协查、情报交换等资料确定检查对象。其中，公民举报是查处涉税违法案件的重要来源之一。

**2. 检查**

税务检查机构一般应提前以书面形式通知被查对象，向被查的单位和个人下达《税务检查通知书》，告知其检查时间、需要准备的资料、情况等，但有下列情况不得事先通知：公民举报有税收违法行为的；稽查机关有根据认为纳税人有违法行为的；预先通知有碍稽查的。税务人员在检查过程中，应依照法定权限和程序向被查对象、证人及利害关系人了解情况，提取和索取物证、书证，进行实物或实地检查等。

**3. 审理**

在实施检查完毕的基础上，由税务机关专门组织人员核准案件事实，审查鉴别证据、分析认定案件性质，做出处理决定。对数额较大、情节复杂或征纳双方争议较大的重大案件，税务检查机构及时提请所属税务机关的重大税务案件审理委员会进行集体审理，确保案件定性和处理的准确、适当。

**4. 执行**

税务检查事项完毕后，税务部门应及时将《税务处理决定书》送达纳税人，并督促被查对象将查补税款、滞纳金及罚款及时、足额缴入国库。

# 强化训练

## 一、单项选择题

1. 税收的主体是（　　）。
    A. 国家和政府 　　　　　　　　　B. 企业单位
    C. 个人 　　　　　　　　　　　　D. 税务机关

2. 在国家财政收入中占比重最大的是（　　）。
    A. 税收 　　　　　　　　　　　　B. 国债收入
    C. 政府规费收入 　　　　　　　　D. 国有资产经营收入

3. 税收凭借的是（　　）。
    A. 财产所有权 　　　　　　　　　B. 政治权力
    C. 政治权力和财产所有权 　　　　D. 财产使用权

4. 国家征税的法律依据是（　　）。
    A. 刑法 　　　　　　　　　　　　B. 经济法规
    C. 税法 　　　　　　　　　　　　D. 物权法

5. 税收最基本的职能是（　　）。
    A. 组织收入 　　　　　　　　　　B. 调节经济
    C. 社会管理 　　　　　　　　　　D. 调节收入分配

6. 税收按（　　）可分为流转税、所得税、资源税、行为税和财产税。
    A. 税收管理权限 　　　　　　　　B. 税负是否转嫁
    C. 征税对象的性质 　　　　　　　D. 计税标准

7. 下列税种中（　　）是价外税。
    A. 消费税 　　　　　　　　　　　B. 增值税
    C. 营业税 　　　　　　　　　　　D. 资源税

8. 下列属于减免税形式的有（　　）。
    A. 起征点 　　　　　　　　　　　B. 加成
    C. 加征额 　　　　　　　　　　　D. 附加

9. 税收减免权是根据（　　）有关政策对某些纳税人和征税对象给予优惠的权力。
    A. 国家 　　　　　　　　　　　　B. 地方政府
    C. 市政府 　　　　　　　　　　　D. 省政府

10. 从事生产、经营的纳税人应当自领取营业执照之日起（　　）内，设置总账、明细账、日记账及其他辅助税收账簿。
    A. 10日 　　　　　　　　　　　　B. 15日
    C. 20日 　　　　　　　　　　　　D. 25日

11. 税收征收管理法规定，企业自领取营业执照之日起（　　）内，应持有关证件，向税务机关申报办理纳税登记。
    A. 5日 　　　　　　　　　　　　B. 10日

C．15 日            D．30 日

12．税务机关对税务登记实行定期验证制度，一般（    ）验证一次。

    A．1～1.5 年            B．1～2 年

    C．1～2.5 年            D．1～3 年

13．纳税人未按规定期限办理税务登记、变更或注销登记的，税务机关责令限期改正并处（    ）以下罚款。

    A．500 元            B．1 000 元

    C．1 500 元            D．2 000 元

14．宏达商贸股份有限公司为已办理税务登记的纳税人，2017 年 5 月经有关部门批准增加注册资本，该企业应当办理（    ）。

    A．开业税务登记            B．注销税务登记

    C．变更税务登记            D．注册税务登记

15．以暴力、威胁方法拒不缴纳税款的，是（    ）。

    A．偷税            B．逃税

    C．骗税            D．抗税

16．经有权税务机关批准延期缴纳税款的，在批准的期限内（    ）。

    A．不加收滞纳金            B．应加收滞纳金

    C．不收利息            D．应收利息

## 二、多项选择题

1．国家征税的目的是（      ）。

    A．参与社会产品的分配，取得物质财富，用于行使国家职能

    B．满足公民物质文化生活的需要和各项法定权利的实现

    C．积累资金用于工农业基础建设、公共设施建设、发展科学教育文化卫生等事业

    D．积累资金，用于国防建设

2．税收具有（      ）的特点。

    A．强制性            B．固定性

    C．无偿性            D．自愿性

3．税收一般具有（      ）职能。

    A．组织财政收入            B．调控经济运行

    C．社会管理            D．调节收入分配

4．下列关于纳税人的说法正确的有（      ）。

    A．纳税人即纳税主体

    B．纳税人是纳税义务人的简称

    C．纳税人包括法人和自然人

    D．纳税人就是负税人

5．我国现行的税率主要有（      ）等形式。

    A．比例税率            B．累进税率

    C．定额税率            D．实物税率

6. 现行税制中（　　　　）属于流转税。

    A. 增值税                 B. 消费税

    C. 营业税                 D. 车辆购置税

7. 下列税种中（　　　　）属于中央税。

    A. 关税                   B. 增值税

    C. 消费税                 D. 资源税

8. 我国现行征收管理税收的机构有（　　　　）。

    A. 国家税务局           B. 地方税务局

    C. 海关                   D. 国有资产管理局

9. 我国的立法权属于全国最高权力机关，即（　　　　）。

    A. 全国人民代表大会     B. 财政部

    C. 全国人民代表大会常务委员会     D. 国家税务总局

10. 税收征管的程序，一般可分为（　　　　）等步骤。

    A. 纳税登记、纳税申报     B. 税务稽查、税款征收

    C. 行政复议、补退税款     D. 自报、公议

## 三、判断题

1. 所有的财政收入都是国家通过无偿的和强制的方式取得的。 （　　　）

2. 经济发展水平是制约财政收入规模最基础、最重要的因素。 （　　　）

3. 税收是一种无偿取得财政收入的形式。 （　　　）

4. 国家征税的目的是为了实现其职能。 （　　　）

5. 税收的无偿性是核心，强制性是保证。 （　　　）

6. 征税对象是一个税种区别于另一个税种的主要区别。 （　　　）

7. 国家税务总局是国务院的直属部门，是全国税务工作的领导机关。 （　　　）

8. 纳税人改变单位名称或法人代表不需要办理税务登记。 （　　　）

9. 纳税人在向税务机关报送纳税申报表时，不需要附送财务会计报表。 （　　　）

10. 税款征收是税务机关依据税收法律从事的征收税款活动。 （　　　）

11. 纳税人因不可抗力，导致货币资金短缺，不足以缴纳税款的，经省、自治区、直辖市国家税务局、地方税务局批准，可以延期6个月缴纳税款。 （　　　）

12. 纳税人、扣缴义务人或者其他当事人认为税务机关具体行政行为侵犯其合法权益的，可以向税务机关提出行政复议申请。 （　　　）

13. 税务机关和税务人员在征纳税过程中违法行使职权，侵犯纳税人合法权益造成损害的，受害人可以依法取得赔偿。 （　　　）

14. 取得税务师资格，从事税务代理业务，是一种很好的职业选择。 （　　　）

15. 取得税务师资格证书者，就可从事税务代理业务。 （　　　）

## 四、简答题

1. 什么是税收？其特征有哪些？如何理解税收的职能作用？

2. 什么是税收制度？税收制度的构成要素有哪些？

3．什么是纳税义务人、代扣代缴人？

4．什么是征税对象？

5．什么是税率？税率有哪几种形式？

6．税收的优惠形式有哪些？

7．税收有哪些分类？按征税对象的性质，税收可划分为几种？

8．纳税人在税收活动中享有哪些权利？应履行哪些纳税义务？

9．什么是"三证合一"登记？什么是税务登记？其有哪些种类？

10．简述设立税务登记的要求。

11．税收法规对会计账簿的设置有什么要求？

12．简述发票管理的主要内容。

13．什么是纳税申报？纳税申报有哪几种方式？

14．纳税申报的内容主要有哪些？纳税申报的具体要求有哪些？

15．什么是税款征收？税款征收的方式有哪些？

16．对税务机关行使税务检查权有哪些规范要求？

17．熟悉《中华人民共和国税收征收管理法》中对违反税收征管法的处罚规定，谈谈自己对纳税人应严格履行依法纳税义务的理解。

### 五、综合实训题

1．税务登记表的填写

（1）济南宏达经贸公司营业执照所记载的内容如下：

注册号：3701021286359；发证机关：济南市工商行政管理局；成立日期：2017年1月18日；企业名称：济南宏达经贸有限公司；地址：济南市历下区明湖东路68号；法定代表人：李宝贵；注册资金：人民币180万元；经济性质：有限责任；经营方式和经营范围：生产加工、批发、零售快速食品；经营期限：长期。

（2）开户银行：中国工商银行济南明湖支行。

（3）账号：9620022839120065389。

（4）从业人数：62人；财务负责人：刘娜；办税人员：李丽；电话：86567638；邮编：250011。

（5）低值易耗品采用一次摊销法摊销；固定资产折旧采用平均年限法。该公司无分支机构。

（6）投资者及其各方投资金额分别为：

李宝贵（身份证号码370111196609262537）：90万元；范丽红（身份证号码370102195910172626）：50万元；赵欣（身份证号码370105196810155762）：40万元。

要求：根据以上资料填写税务登记表。

2．变更税务登记表的填写

接题1，2012年6月1日，济南宏达经贸有限公司（纳税人识别号为370101026338169）股东会决定注册资金增加到220万元，已在工商行政管理部门办妥增资手续；同时经营地址变更为经十东路256号。

要求：根据以上资料填写变更税务登记表。

# 第二章 增 值 税

【学习目标】

## 1. 知识目标

- ➤ 理解增值税的征收范围、纳税人和税率。
- ➤ 理解增值税的纳税义务时间、纳税期限和纳税地点。
- ➤ 掌握增值税专用发票的管理。
- ➤ 掌握增值税一般纳税人应纳税额的计算。
- ➤ 掌握增值税小规模纳税人应纳税额的计算。

## 2. 能力目标

- ➤ 能够独立完成增值税一般纳税人纳税申报表的填写。
- ➤ 能够独立完成增值税小规模纳税人纳税申报表的填写。
- ➤ 学会作为优秀办税员应如何按时申报与缴纳增值税。

## 3. 情感目标

- ➤ 培养良好的职业道德，管理好增值税专用发票。
- ➤ 树立爱国护税的观念，争做一名诚信纳税、依法按时纳税的优秀办税员。

【本章重点】

- ➤ 增值税一般纳税人应纳税额的计算。
- ➤ 增值税小规模纳税人应纳税额的计算。
- ➤ 增值税的申报与缴纳。

【本章难点】

- ➤ 不得抵扣的进项税额的确定。
- ➤ 视同销售、混合销售和兼营销售方式下销售额的确定。
- ➤ 增值税应纳税额的计算。
- ➤ 增值税纳税申报表的填写与使用。

# 第一节 增值税的基本知识

**拓展阅读**

第一次世界大战之前，各国普遍征收的是多环节、阶梯式商品税，但这种商品税存在多种弊病，如重叠征税、税收随生产经营环节的变化而变化等。1954 年，法国率先进行了商品税的改革，创立了增值税，并很快引起国际上的广泛关注和效仿。20 世纪 60 年代为西欧各国纷纷采纳，70 年代在拉丁美洲风靡一时并波及一部分亚洲国家，80 年代以来其实施范围已遍布世界各大洲。我国从 1979 年开始在部分地区试点实行增值税，到 1994 年已全面实行生产型增值税。自 2004 年 7 月 1 日起，先后在东北三省、中部六省 26 个老工业基地城市、内蒙古自治区东部五个盟市和四川汶川地震受灾严重地区等部分地区的部分行业进行生产型增值税转变为消费型增值税试点。历经四年试点后，国务院于 2008 年 11 月 25 日通过了新修订的《中华人民共和国增值税暂行条例》，从 2009 年 1 月 1 日起在全国所有地区、所有行业开始执行。

2011 年 11 月，财政部、国家税务总局制定了《营业税改征增值税试点方案》，经国务院批准，在上海等省市于 2012 年 1 月 1 日起陆续进行交通运输业和部分现代服务业营业税改征增值税（简称"营改增"）的试点。2013 年 5 月，财政部、国家税务总局发出《关于在全国开展交通运输业和部分现代服务业营业税改征增值税试点税收政策的通知》，自 2013 年 8 月 1 日起，在全国范围内开展交通运输业、邮政业和部分现代服务业"营改增"试点。2016 年 3 月 23 日，财政部、国家税务总局发出《关于全面推开营业税改征增值税试点的通知》，经国务院批准，自 2016 年 5 月 1 日起，在全国范围内全面推开营业税改征增值税（"营改增"）试点，建筑业、房地产业、金融业、生活服务业等全部营业税纳税人，纳入试点范围，由原来缴纳营业税改为缴纳增值税。

## 一、增值税的概念

增值税是对销售货物或者提供加工、修理修配劳务、进口货物，以及销售服务、无形资产或者不动产的单位和个人取得的增值额征收的一种税。

从计税原理来看，增值税是对商品生产和流通中各环节的新增价值或商品附加值进行征税，所以称为"增值税"。增值额是指纳税人在生产、经营或劳务活动中所创造的新增价值，即纳税人在一定时期内销售货物或提供劳务所取得的收入大于其购进货物或取得劳务时所支付金额的差额。例如，某企业生产某产品，耗费原材料、燃料、动力等外购项目金额为 1 000 元，该产品的销售价格为 1 500 元，若不考虑其他因素，则增值额为 500 元。

## 二、增值税的征收范围

在中华人民共和国境内销售货物或提供加工、修理修配劳务、进口货物，以及销售服务、无形资产或者不动产都属于增值税的征税范围。

## （一）销售货物

### 1. 基本规定

销售货物，是指在中华人民共和国境内有偿转让货物的所有权。这里的"货物"是指除去土地、房屋和其他建筑物等不动产之外的有形动产，包括电力、热力和气体在内。

> **想一想**
>
> 下列销售行为需要交增值税吗？
> （1）销售土地；（2）销售房屋；（3）转让专利权；（4）转让商标权。

### 2. 视同销售货物

视同销售就是将不属于销售范围或尚未实现销售的货物，视同销售处理，纳入增值税征收范围。单位或个体经营者的下列行为，视同为销售货物，按规定计算销售额并征收增值税：

（1）将货物交付其他单位或者个人代销；

（2）销售代销货物；

（3）设有两个以上机构并实行统一核算的纳税人，将货物从一个机构移送至其他机构用于销售，但相关机构设在同一县（市）的除外；

（4）将自产或委托加工的货物用于非增值税应税项目；

（5）将自产或委托加工的货物用于集体福利或个人消费；

（6）将自产、委托加工或购买的货物作为投资，提供给其他单位或个体工商户；

（7）将自产、委托加工或购买的货物分配给股东或投资者；

（8）将自产、委托加工或购买的货物无偿赠送给其他单位或者个人。

> **想一想**
>
> 纳税人下列行为属于视同销售吗？
> （1）某饮料厂将自产的饮料当作福利发给本厂职工；
> （2）某户外用品生产企业将生产的600顶帐篷无偿赠送给灾区；
> （3）某公司将购入的钢材用于修建本单位办公楼。

### 3. 混合销售行为

一项销售行为如果既涉及服务又涉及货物，为混合销售。从事货物的生产、批发或者零售的单位和个体工商户的混合销售行为，按照销售货物缴纳增值税；其他单位和个体工商户的混合销售行为，按照销售服务缴纳增值税。

从事货物的生产、批发或者零售的单位和个体工商户，包括以从事货物的生产、批发或者零售为主，并兼营销售服务的单位和个体工商户在内。

### 4. 兼营行为

纳税人兼营销售货物、劳务、服务、无形资产或者不动产，适用不同税率或者征收率的，应当分别核算适用不同税率或者征收率的销售额；未分别核算的，从高适用税率。

纳税人兼营减税、免税项目的，应当分别核算减税、免税项目的销售额；未分别核算的，不得减税、免税。

> **想一想**
>
> （1）某空调厂向外地某商场批发 200 台空调，为保证及时供货，空调厂用自己的车队向商场运去这 200 台空调，除收取货款外还收取运输费。这种销售行为是混合销售吗？
>
> （2）某酒店在提供住宿和餐饮服务时，又在酒店内开设商品销售部，该酒店应如何纳税？

### （二）提供加工、修理修配劳务

这里所说的加工，是指受托加工货物，即委托方提供原料及主要材料，受托方按照委托方的要求制造并收取加工费的业务；修理修配是指受托对损伤和丧失功能的货物进行修复，使其恢复功能的业务。

> **想一想**
>
> 纳税人下列行为需要缴纳增值税吗？
>
> （1）某房地产公司销售自建的商品楼一栋取得收入 1 500 万元；
>
> （2）某旅行社组团境外旅游收入 33 万元；
>
> （3）某电信公司取得长途电话业务收入 40 万元。

### （三）进口货物

进口货物，是指将货物从中华人民共和国境外移送到中华人民共和国境内的行为。凡进入我国国境或关境的货物（除免税的以外），进口者在报关进口时，应向海关缴纳增值税。

### （四）销售服务、无形资产或者不动产

销售服务、无形资产或者不动产，是指在中华人民共和国境内有偿提供服务、有偿转让无形资产或者不动产，但属于下列非经营活动的情形除外：

（1）行政单位收取的同时满足以下条件的政府性基金或者行政事业性收费。

①由国务院或者财政部批准设立的政府性基金，由国务院或者省级人民政府及其财政、价格主管部门批准设立的行政事业性收费；②收取时开具省级以上（含省级）财政部门监（印）制的财政票据；③所收款项全额上缴财政。

> **知识链接**
>
> 在中华人民共和国境内销售服务、无形资产或者不动产，是指：
>
> （1）服务（租赁不动产除外）或者无形资产（自然资源使用权除外）的销售方或者购买方在境内；
>
> （2）所销售或者租赁的不动产在境内；
>
> （3）所销售自然资源使用权的自然资源在境内；
>
> （4）财政部和国家税务总局规定的其他情形。

（2）单位或者个体工商户聘用的员工为本单位或者雇主提供取得工资的服务。

（3）单位或者个体工商户为聘用的员工提供服务。

（4）财政部和国家税务总局规定的其他情形。

**1. 销售服务**

销售服务，是指提供交通运输服务、邮政服务、电信服务、建筑服务、金融服务、现代服务、生活服务等。

（1）交通运输服务。交通运输服务，是指利用运输工具将货物或者旅客送达目的地，使其空间位置得到转移的业务活动。包括陆路运输服务、水路运输服务、航空运输服务和管道运输服务。

（2）邮政服务。邮政服务，是指中国邮政集团公司及其所属邮政企业提供邮件寄递、邮政汇兑和机要通信等邮政基本服务的业务活动。包括邮政普遍服务、邮政特殊服务和其他邮政服务。

（3）电信服务。电信服务，是指利用有线、无线的电磁系统或者光电系统等各种通信网络资源，提供语音通话服务，传送、发射、接收或者应用图像、短信等电子数据和信息的业务活动。包括基础电信服务和增值电信服务。

（4）建筑服务。建筑服务，是指各类建筑物、构筑物及其附属设施的建造、修缮、装饰、线路、管道、设备、设施等的安装，以及其他工程作业的业务活动。包括工程服务、安装服务、修缮服务、装饰服务和其他建筑服务。

（5）金融服务。金融服务，是指经营金融保险的业务活动。包括贷款服务、直接收费金融服务、保险服务和金融商品转让。

（6）现代服务。现代服务，是指围绕制造业、文化产业、现代物流产业等提供技术性、知识性服务的业务活动。包括研发和技术服务、信息技术服务、文化创意服务、物流辅助服务、租赁服务、鉴证咨询服务、广播影视服务、商务辅助服务和其他现代服务。

（7）生活服务。生活服务，是指为满足城乡居民日常生活需求提供的各类服务活动。包括文化体育服务、教育医疗服务、旅游娱乐服务、餐饮住宿服务、居民日常服务和其他生活服务。

**2. 销售无形资产**

销售无形资产，是指转让无形资产所有权或者使用权的业务活动。无形资产，是指不具实物形态，但能带来经济利益的资产，包括技术、商标、著作权、商誉、自然资源使用权和其他权益性无形资产。

**3. 销售不动产**

销售不动产，是指转让不动产所有权的业务活动。不动产，是指不能移动或者移动后会引起性质、形状改变的财产，包括建筑物、构筑物等。

建筑物，包括住宅、商业营业用房、办公楼等可供居住、工作或者进行其他活动的建造物。构筑物，包括道路、桥梁、隧道、水坝等建造物。

**4. 视同销售服务、无形资产或者不动产**

下列情形视同销售服务、无形资产或者不动产：

（1）单位或者个体工商户向其他单位或者个人无偿提供服务，但用于公益事业或者以社会公众为对象的除外。

（2）单位或者个人向其他单位或者个人无偿转让无形资产或者不动产，但用于公益事业或者以社会公众为对象的除外。

（3）财政部和国家税务总局规定的其他情形。

---

**知识链接**

**下列情形不属于在境内销售服务或者无形资产**

（1）境外单位或者个人向境内单位或者个人销售完全在境外发生的服务。

（2）境外单位或者个人向境内单位或者个人销售完全在境外使用的无形资产。

（3）境外单位或者个人向境内单位或者个人出租完全在境外使用的有形动产。

（4）财政部和国家税务总局规定的其他情形。

---

## 三、增值税的纳税人

凡在中华人民共和国境内销售货物或者提供加工、修理修配劳务、进口货物，以及销售服务、无形资产或者不动产的单位和个人，均为增值税的纳税人。

增值税的纳税人分为小规模纳税人和一般纳税人。两类纳税人在税款计算方法、适用税率及管理方法上各有不同。

### （一）小规模纳税人的认定

根据规定，凡符合下列条件之一的，可确定为小规模纳税人：

（1）从事货物生产或提供应税劳务的纳税人，以及从事货物生产或提供应税劳务为主，并兼营批发或零售的纳税人，年应税销售额在50万元（含）以下的。

（2）从事货物批发或零售的纳税人，年应税销售额在80万元（含）以下的。

营业税改征增值税试点的标准为应税服务年销售额500万元（含）以下的。

纳税人（个体工商户以外的其他个人除外）年应税销售额超过财政部、国家税务总局规定标准（以下简称规定标准），且符合有关政策规定，选择按小规模纳税人纳税的，应当向主管税务机关提交书面说明（见表2-1）。

---

**知识链接**

**增值税小规模纳税人标准和相关规定的调整**

（1）2009年1月1日起，将工业和商业小规模纳税人销售额标准分别从100万元和180万元降为50万元和80万元；营业税改征增值税试点的标准为应税服务年销售额500万元（含）。

（2）将年应税销售额超过小规模纳税人标准的个人、非企业性单位、不经常发生应税行为的企业统一按小规模纳税人纳税的规定，调整为个体工商户以外的其他个人继续按小规模纳税人纳税，而非企业性单位和不经常发生应税行为的企业可以自行选择是否按小规模纳税人纳税。

表 2-1　选择按小规模纳税人纳税的情况说明

| 纳税人名称 | | | 纳税人识别号 | | | |
|---|---|---|---|---|---|---|
| 连续不超过12个月的经营期内累计应税销售额 | | | 货物劳务： | 年　月至　年　月共　　元 | | |
| | | | 应税服务： | 年　月至　年　月共　　元 | | |
| 情况说明 | | | | | | |
| | 纳税人（代理人）承诺： 上述各项内容真实、可靠、完整。如有虚假，愿意承担相关法律责任。 经办人：　　　　法定代表人：　　　　代理人：　　　　（签章） 年　　月　　日 | | | | | |
| | 以下由税务机关填写 | | | | | |
| 主管税务机关受理情况 | 受理人：　　　　　　　　　　　主管税务机关（章） 年　　月　　日 | | | | | |

注：①"情况说明"栏由纳税人填写符合财政部、国家税务总局规定可选择按小规模纳税人纳税的具体情形及理由；②主管税务机关（章）指各办税服务厅业务专用章；③本说明一式二份，主管税务机关和纳税人各留存一份。

### （二）一般纳税人的认定

增值税一般纳税人是指会计核算健全且年应税销售额超过小规模纳税人标准的企业和企业性单位。

增值税一般纳税人（以下简称一般纳税人）资格实行登记制，登记事项由增值税纳税人（以下简称纳税人）向其主管税务机关办理。

纳税人办理一般纳税人资格登记的程序如下：

（1）纳税人向主管税务机关填报《增值税一般纳税人资格登记表》（见表2-2），并提供税务登记证件；

（2）纳税人填报内容与税务登记信息一致的，主管税务机关当场登记；

> **想一想**
>
> 下列单位可确定为哪一类增值税纳税人？
> （1）某服装厂年应税销售额为 180 万元；
> （2）某零售商店年应税销售额为 60 万元；
> （3）某大型家电商场年应税销售额为 190 万元。

（3）纳税人填报内容与税务登记信息不一致，或者不符合填列要求的，税务机关应当场告知纳税人需要补正的内容。

知识链接

**小规模纳税人和增值税一般纳税人的基本区别**

小规模纳税人直接按应税销售额与征收率（3%）计算增值税，不存在进项税额的抵扣，除试点者外不具有增值税专用发票开具资格。

一般纳税人按照税率计算增值税销项税额，对取得的进项税额依法准予从销项税额中抵扣，按照抵扣后的余额缴纳增值税。一般纳税人除税法规定以外，具有增值税专用发票开票资格。

**表 2-2　增值税一般纳税人资格登记表**

| 纳税人名称 | | | 纳税人识别号 | | |
|---|---|---|---|---|---|
| 法定代表人<br>（负责人、业主） | | 证件名称及号码 | | 联系电话 | |
| 财务负责人 | | 证件名称及号码 | | 联系电话 | |
| 办税人员 | | 证件名称及号码 | | 联系电话 | |
| 税务登记日期 | | | | | |
| 生产经营地址 | | | | | |
| 注册地址 | | | | | |
| 纳税人类别：企业□　　非企业性单位□　　个体工商户□　　其他□ | | | | | |
| 主营业务类别：工业□　　商业□　　服务业□　　其他□ | | | | | |
| 会计核算健全：是□　否□ | | | | | |
| 一般纳税人资格生效之日：当月1日□　　次月1日□ | | | | | |
| 纳税人（代理人）承诺：<br>　　上述各项内容真实、可靠、完整。如有虚假，愿意承担相关法律责任。<br><br>　　　　　经办人：　　　　　法定代表人：　　　　代理人：　　　　（签章）<br>　　　　　　　　　　　　　　　　　　　　　　　　　　　　　　年　月　日 | | | | | |
| 以下由税务机关填写 | | | | | |
| 主管税务机关受理情况 | 受理人：　　　　　　　　　　　　　　主管税务机关（章）<br><br>　　　　　　　　　　　　　　　　　　　　　　　年　月　日 | | | | |

注：①本表由纳税人如实填写；②表中"证件名称及号码"相关栏次，根据纳税人的法定代表人、财务负责人、办税人员的居民身份证、护照等有效身份证件及号码填写；③表中"一般纳税人资格生效之日"由纳税人自行勾选；④主管税务机关（章）指各办税服务厅业务专用章；⑤本表一式二份，主管税务机关和纳税人各留存一份。

## 四、增值税的税率

### （一）一般纳税人适用的税率

**1. 销售、进口货物及提供加工、修理修配劳务的税率**

（1）基本税率（17%）。纳税人销售货物或者进口货物，提供加工、修理修配劳务，除特殊说明外，税率均为17%。这一税率就是通常所说的基本税率。

（2）低税率（11%）。自 2017 年 7 月 1 日起，纳税人销售或者进口农产品（含粮食）、自来水、暖气、石油液化气、天然气、食用植物油、冷气、热水、煤气、居民用煤炭制品、食用盐、农机、饲料、农药、农膜、化肥、沼气、二甲醚、图书、报纸、杂志、音像制品、电子出版物等货物的，税率由 13% 调整为 11%。

（3）零税率。纳税人出口货物，税率为零；但是，国务院另有规定的除外。

**2. 销售服务、无形资产或者不动产的税率**

在中华人民共和国境内销售服务、无形资产或者不动产，纳税人除了下列项目外，发生的应税行为的税率为 6%。

（1）提供有形动产租赁服务，税率为 17%。

（2）提供交通运输、邮政、基础电信、建筑、不动产租赁服务，销售不动产，转让土地使用权，税率为 11%。

（3）境内单位和个人发生的跨境应税行为，税率为零。具体范围由财政部和国家税务总局另行规定。

我国境内符合条件的单位和个人提供的国际运输服务、向境外单位提供的研发服务和设计服务，提供的往返香港、澳门、中国台湾地区的交通运输服务，以及在香港、澳门、中国台湾地区提供的交通运输服务（简称港澳台运输服务），适用增值税零税率。

> 纳税人销售货物、加工修理修配劳务、服务、无形资产或者不动产适用不同税率或者征收率的，应当分别核算适用不同税率或者征收率的销售额，未分别核算销售额的，按照以下方法适用税率或者征收率：
>
> （1）兼有不同税率的销售货物、加工修理修配劳务、服务、无形资产或者不动产，从高适用税率；
>
> （2）兼有不同征收率的销售货物、加工修理修配劳务、服务、无形资产或者不动产，从高适用征收率；
>
> （3）兼有不同税率和征收率的销售货物、加工修理修配劳务、服务、无形资产或者不动产，从高适用税率。

**（二）小规模纳税人适用的征收率**

小规模纳税人增值税征收率为 3%，财政部和国家税务总局另有规定的除外。

## 五、增值税的起征点及减免税

**（一）增值税的起征点**

（1）按期纳税的，为月销售额 5 000～20 000 元（含）。

（2）按次纳税的，为每次（日）销售额 300～500 元（含）。

省、自治区、直辖市财政厅（局）和国家税务局应在规定的幅度内，根据实际情况确定本地区适用的起征点，并报财政部、国家税务总局备案。

> **小提示** 增值税起征点不适用于登记为一般纳税人的个体工商户。

（二）增值税的免税项目

（1）农业生产者销售的自产农产品；

（2）避孕药品和用具；

（3）古旧图书；

（4）直接用于科学研究、科学试验和教学的进口仪器、设备；

（5）外国政府、国际组织无偿援助的进口物资和设备；

（6）由残疾人组织直接进口供残疾人专用的物品；

（7）销售自己使用过的物品（游艇、摩托车、汽车除外）。

增值税的减税、免税项目由国务院规定，任何地区、部门均不得规定减税、免税项目。

**拓展阅读**

### 营业税改征增值税应税服务的部分免税规定

1.不征收增值税项目：①根据国家指令无偿提供的铁路运输服务、航空运输服务，属于《试点实施办法》第14条规定的用于公益事业的服务；②存款利息；③被保险人获得的保险赔付；④房地产主管部门或者其指定机构、公积金管理中心、开发企业，以及物业管理单位代收的住宅专项维修资金；⑤在资产重组过程中，通过合并、分立、出售、置换等方式，将全部或者部分实物资产，以及与其相关联的债权、负债和劳动力一并转让给其他单位和个人，其中涉及不动产、土地使用权转让行为。

2.部分免征增值税：①托儿所、幼儿园提供的保育和教育服务；②养老机构提供的养老服务；③残疾人福利机构提供的育养服务；④婚姻介绍服务；⑤殡葬服务；⑥残疾人员本人为社会提供的服务；⑦医疗机构提供的医疗服务；⑧从事学历教育的学校提供的教育服务；⑨学生勤工俭学提供的服务；⑩农业机耕、排灌、病虫害防治、植物保护、农牧保险，以及相关技术培训业务，家禽、牲畜、水生动物的配种和疾病防治；⑪纪念馆、博物馆、文化馆、文物保护单位管理机构、美术馆、展览馆、书画院、图书馆在自己的场所提供文化体育服务取得的第一道门票收入；⑫寺院、宫观、清真寺和教堂举办文化、宗教活动的门票收入；⑬行政单位之外的其他单位收取的符合《试点实施办法》第⑩条规定条件的政府性基金和行政事业性收费；⑭个人转让著作权；⑮个人销售自建自用住房；⑯中国台湾地区的航运公司、航空公司从事海峡两岸海上直航、空中直航业务在大陆取得的运输收入；⑰纳税人提供的直接或者间接国际货物运输代理服务；⑱纳税人提供技术转让、技术开发和与之相关的技术咨询、技术服务；⑲福利彩票、体育彩票的发行收入；⑳涉及家庭财产分割的个人无偿转让不动产、土地使用权等。

**小提示**

纳税人兼营减税、免税项目的，应当分别核算减税、免税项目的销售额；未分别核算销售额的，不得减税、免税。

纳税人销售货物或者应税劳务适用免税规定的，可以放弃免税，依照条例的规定缴纳增值税。放弃免税后，36个月内不得再申请免税。

### 六、增值税专用发票管理

增值税专用发票，简称专用发票，是增值税一般纳税人销售货物或者提供应税劳务开具的发票，是购买方支付增值税额并可按照增值税有关规定据以抵扣增值税进项税额的凭证。一般纳税人应通过增值税防伪税控系统使用专用发票。

增值税专用发票不仅是经济业务收付款的原始凭证，而且是兼记销货方纳税义务和购货方进项税额的主要依据，是购货方据以抵扣增值税款的法定凭证。

#### （一）专用发票的联次

增值税专用发票由基本联次或者基本联次附加其他联次构成，基本联次为三联：发票联、抵扣联和记账联。发票联，作为购买方核算采购成本和增值税进项税额的记账凭证；抵扣联，作为购买方报送主管税务机关认证和留存备查的凭证；记账联，作为销售方核算销售收入和增值税销项税额的记账凭证。其他联次的用途由一般纳税人自行确定。

#### （二）专用发票的领购和使用

增值税专用发票只限于增值税一般纳税人领购使用。一般纳税人应通过增值税防伪税控系统使用专用发票。

> **知识链接**
>
> 增值税防伪税控系统汉字防伪项目在不改变现有防伪税控系统密码体系的前提下，采用数字密码和二维码技术，利用存储更多信息量的二维码替代原来的84位和108位字符密文，在加密发票七要素信息的基础上实现了对购买方企业名称、销售方企业名称、货物名称、单位和数量等信息的加密、报税采集和解密认证功能。
>
> 目前，增值税专用发票同时存在二维码、84位字符和108位字符三种密文形式。

增值税专用发票实行最高开票限额管理。一般纳税人申请最高开票限额时，须填写增值税防伪税控最高开票限额申请表，（见表2-3）。从2005年1月1日起，税务机关代开增值税专用发票必须通过防伪税控系统开具，通过防伪税控报税子系统采集代开增值税专用发票开具信息，同时停止使用非防伪税控系统为纳税人代开增值税专用发票。

> **知识链接**
>
> （1）最高开票限额，是指单份专用发票开具的销售额合计数不得达到的上限额度。
>
> （2）最高开票限额由一般纳税人申请，税务机关依法审批。最高开票限额为10万元及以下的，由区县级税务机关审批；最高开票限额为100万元的，由地市级税务机关审批；最高开票限额为1000万元及以上的，由省级税务机关审批。防伪税控系统的具体发行工作由区县级税务机关负责。

表2-3 增值税防伪税控最高开票限额申请表

申请企业（盖章）                                                          编号：

| 企业登记事项 | 企业名称 | | 纳税人识别号 | |
|---|---|---|---|---|
| | 地 址 | | 经办人及联系电话 | |
| | 法定代表人 | | 身份证号 | |
| | 财务主管 | | 身份证号 | |
| | 行 业 | □工业　　□商业<br>□修理修配　□其他 | 主营业务 | |
| | 开业日期 | | 认定一般纳税人时间 | |
| | 注册资金 | | 在职员工人数 | |
| | 月均销售额 | | 开户银行及账号 | |
| | 当前单份发票可开具<br>的最大销售额 | | 当前批准发票月用票量 | |
| | 申请单份发票可开具<br>的最大销售额 | 不超过：□亿元　□千万元　□百万元　□十万元　□万元 | | |
| | 现有防伪税控开票<br>设备台（套）数 | | | |

填表日期： 年 月 日

注：①已开业企业填申请日期前12个月的月均销售额，开业不足一年和新办企业只填实际经营时间的月均销售额；②编号由受理税务机关填写；③本申请表一式二联：第一联由申请企业留存，第二联由区县级税务机关留存。

> **拓展阅读**
>
> **一般纳税人有下列情形之一者，不得领购开具专用发票**
>
> （1）会计核算不健全，不能向税务机关准确提供增值税销项税额、进项税额、应纳税额数据及其他有关增值税税务资料的。其他有关增值税税务资料的内容，由省、自治区、直辖市和计划单列市国家税务局确定。
>
> （2）有《税收征管法》规定的税收违法行为，拒不接受税务机关处理的。
>
> （3）有下列行为之一，经税务机关责令限期改正而仍未改正的：虚开增值税专用发票；私自印制专用发票；向税务机关以外的单位和个人买取专用发票；借用他人专用发票；未按《增值税专用发票使用规定》第十一条要求开具专用发票；未按规定保管专用发票和专用设备；未按规定申请办理防伪税控系统变更发行；未按规定接受税务机关检查。有上述情形的，如已领购专用发票，主管税务机关应暂扣其结存的专用发票和IC卡。
>
> （4）销售的货物全部为免税项目者，法律、法规及国家税务总局另有规定的除外。

（三）专用发票的开具

**1. 专用发票的开具范围**

根据规定，一般纳税人销售应税项目，必须向购买方开具专用发票，但下列情形除外：向消费者销售应税项目；销售免税项目；销售报关出口的货物，在境外销售应税劳务；将货物用于非应税项目；将货物用于集体福利或个人消费；将货物无偿赠送他人。

> **知识链接**
>
> （1）商业企业一般纳税人零售的烟、酒、食品、服装、鞋帽（不包括劳保专用部分）、化妆品等消费品不得开具专用发票。
>
> （2）增值税小规模纳税人需要开具专用发票的，可向主管税务机关申请代开。

**拓展阅读**

#### 小规模纳税人试点自开增值税专用发票

自 2016 年 8 月 1 日起，在全国 91 个城市开展住宿业增值税小规模纳税人自开专用发票试点工作，2016 年 11 月起试点范围扩大至全国；2017 年 3 月 1 日起，将鉴证咨询业增值税小规模纳税人纳入自行开具专用发票试点范围；自 2017 年 6 月 1 日起，将建筑业纳入增值税小规模纳税人自行开具增值税专用发票试点范围。

月销售额超过 3 万元（或季销售额超过 9 万元）的试点增值税小规模纳税人，提供住宿服务、认证服务、鉴证服务、咨询服务、建筑服务、销售货物或发生其他应税行为，需要开具专用发票的，可以通过增值税发票管理新系统自行开具，主管国税机关不再为其代开。

试点纳税人销售其取得的不动产，需要开具专用发票的，仍须向地税机关申请代开。

**2．专用发票的开具要求**

一般纳税人开具专用发票时，必须：

（1）项目齐全，与实际交易相符；

（2）字迹清楚，不得压线、错格；

（3）发票联和抵扣联加盖财务专用章或者发票专用章；

（4）按照增值税纳税义务的发生时间开具。

对不符合上述要求的专用发票，购买方有权拒收。

> **想一想**
>
> 如果纳税人未按规定取得、保管或开具专用发票，那么他购进的应税项目能抵扣进项税额吗？

## 七、增值税应纳税额的计算

### （一）增值税一般纳税人应纳税额的计算

增值税计算方法包括一般计税方法和简易计税方法两种，分别为一般纳税人和小规模纳税人所适用。

增值税一般纳税人销售货物或者提供应税劳务、服务，其应纳税额为当期销项税额抵扣当期进项税额后的余额。应纳税额的计算公式（一般计税方法）为：

$$应纳税额＝当期销项税额－当期进项税额$$

**1. 当期销项税额的计算**

销项税额是指纳税人销售货物或者提供应税劳务、服务，按照销售额和税法规定的税率计算，并向购买方收取的增值税额。其计算公式为：

销项税额=当期销售额×增值税税率

（1）销售额的确定。销售额是指纳税人销售货物或提供应税劳务向购买方收取的全部价款和价外费用，但不包含收取的销项税额。

价外费用是指价外向购买方收取的手续费、补贴、基金、集资费、返还利润、奖励费、违约金（延期付款利息）、包装费、包装物租金、储备费、优质费、运输装卸费、代收款项、代垫款项及其他各种性质的价外收费。但不包括下列项目：

① 向购买方收取的销项税额；

② 受托加工应税消费品所代收代缴的消费税；

③ 同时符合以下条件的代垫运费：承运部门的运费发票开具给购买方；纳税人将该发票转交给购货方。

（2）特殊销售方式下销售额的确定。

① 折扣销售、销售折扣和销售折让。

➤ 折扣销售是指销售方在销售货物或应税劳务时，因购货方购货数量较大等原因，给予购货方的价格优惠。纳税人采取折扣方式销售货物，如果销售额和折扣额在同一张发票上分别注明的，可按折扣后的销售额征收增值税；如果将折扣额另开发票，不论其在财务上如何处理，均不得从销售额中减除折扣额。

➤ 销售折扣是指销售方在销售货物或应税劳务时，为鼓励购货方及时还款，而给予购货方的一种折扣优待。销售折扣是一种融资性质的理财费用，不能从销售额中扣除。

➤ 销售折让是指货物销售后，由于品种、质量等原因购货方未要求退货，但销售方需给予购货方的一种价格折让。销售折让允许在销售额中扣除。

> **小提示**　这里所说的折扣仅限于货物价格的折扣，不包括实物折扣，对于实物折扣不但不能从销售额中扣除，而且该实物也应计算销售额。

② 采取以旧换新方式销售。以旧换新是指纳税人在销售自己的货物时，有偿收回旧货物的行为。采取该方式销售货物的，应按新货物的同期销售价格确定销售额，不得扣减旧货物的收购价格。对金银首饰以旧换新业务，按销售方实际收取的不含增值税的全部价款计征增值税。

> **课堂练兵**　某家电商场元旦期间开展以旧换新活动销售某型号液晶电视 100 台，正常售价 4 000 元/台，旧电视收购价 500 元/台，实际收款 3 500 元/台。那么需要计征增值税的销售额是多少呢？

③ 采取以物易物方式销售。以物易物是一种较为特殊的购销活动，是指购销双方不是以货币结算，而是以同等价款的货物相互结算，实现货物购销的一种方式。采取这种销售方式的，以物易物双方都应作购销处理，以各自发出的货物核算销售额并计算销项税额，以各自收到的货物核算购货额并计算进项税额（必须有专用发票）。

④ 采取还本销售方式销售。还本销售是指纳税人在销售货物后，到一定期限由销售方一次或分次退还给购货方全部或部分价款。这种方式实际上是筹集资金，是以货物换取资金的使用价值，到期还本不付息的方法。税法规定，其销售额就是货物的销售价格，不得从销售额中扣减还本支出。

⑤ 包装物押金。销售货物而出租、出借包装物收取的押金，单独计账核算的，不并入销售额征税。

但对因逾期（按合同约定实际逾期或以一年为限）未收回包装物不再退还的押金，应换算为不含税价按所包装货物的适用税率计算销项税额。

对销售除啤酒、黄酒以外的其他酒类产品而收取的包装物押金，无论是否返还及会计上如何核算，均应并入当期销售额征税。对销售啤酒、黄酒所收取的押金，按上述一般押金的规定处理。

> **小提示**
>
> （1）包装物押金不应混同于包装物租金，包装物租金在销售时应作为价外费用并入销售额计算销项税额。
>
> （2）对增值税一般纳税人向购买方收取的价外费用和逾期包装物押金，应视为含税收入，在征税时换算成不含税收入再并入销售额。

（3）含税销售额的换算。增值税实行价外税，纳税人向购买方销售货物或应税劳务，价款和税款应分别注明。如果价款与税款是合并收取的，计税时要将含税销售额换算为不含税销售额。其换算公式为：

$$销售额 = 含税销售额 \div （1 + 税率）$$

> **课堂练兵**
>
> 光华商场为增值税一般纳税人，增值税税率为17%。2017年1月，该商场某型号液晶电视含税售价为每台3 510元。那么该型号电视机每台不含税售价是多少？

（4）对视同销售行为销售额的确定。对视同销售征税而无销售额的，主管税务机关有权按下列顺序确定其销售额：

① 按纳税人当月同类货物的平均销售价格确定；

② 按纳税人最近时期同类货物的平均销售价格确定；

③ 按组成计税价格确定。

如果该货物不同时征收消费税：

$$组成计税价格 = 成本 \times （1 + 成本利润率）$$

如果该货物同时征收消费税：

$$组成计税价格 = 成本 \times （1 + 成本利润率） + 消费税税额$$

成本利润率按国家税务总局印发的《消费税若干问题的规定》执行，详见"消费税"一章的内容。

**【例 2-1】** 光华商场（一般纳税人）2017年5月开展"买一台液晶电视赠送一台豆浆机"的促销活动。当月共销售液晶电视200台，每台含税售价3 510元；赠送豆浆机200台，同型号豆浆机每台不含税售价300元，成本价150元。

问：该商场 2017 年 5 月应纳增值税的销售额是多少？

**解** （1）销售液晶电视属于正常销售，应将含税价格换算成不含税价格后确定销售额：

$$3\ 510×200÷（1+17\%）＝600\ 000（元）$$

（2）赠送的豆浆机属于视同销售，应按同型号豆浆机售价确定销售额：

$$300×200＝60\ 000（元）$$

（3）光华商场当月应缴纳增值税的销售额：

$$600\ 000+60\ 000＝660\ 000（元）$$

> **课堂练兵**
>
> （1）某计算机公司为全运会赠送计算机 100 台，每台不含税价格为 1 万元，则该公司需要计征增值税的销售额是多少？
>
> （2）宏达服装厂将自产的服装作为福利发给本厂职工，该批服装成本为 100 万元，当月同类服装平均价格为 150 万元，该服装厂计征增值税的销售额是多少？
>
> （3）如果宏达服装厂作为福利发给本厂职工的这批服装是新设计产品，无正常售价可供参考，那又应如何计税？

**2. 当期进项税额的计算**

进项税额是指纳税人购进货物或者接受应税劳务所支付或者负担的增值税额。

（1）准予从销项税额中抵扣的进项税额：

① 从销售方或者提供方取得的增值税专用发票上注明的增值税额。

② 从海关取得的海关进口增值税专用缴款书上注明的增值税额。

③ 购进农产品，除取得增值税专用发票或者海关进口增值税专用缴款书外，按照农产品收购发票或者销售发票上注明的农产品买价和 11% 的扣除率计算的进项税额。其计算公式为：

$$进项税额=买价×扣除率$$

买价是指纳税人购进农产品在农产品收购发票或者销售发票上注明的价款和按照规定缴纳的烟叶税。

④ 接受境外单位或者个人提供的应税服务（"营改增"试点地区），从税务机关或者境内代理人取得的解缴税款的中华人民共和国税收通用缴款书上注明的增值税额。

纳税人凭通用缴款书抵扣进项税额的，应当具备书面合同、付款证明和境外单位的对账单或者发票。资料不全的，其进项税额不得从销项税额中抵扣。

**【例 2-2】** 昌盛公司 2017 年 5 月购进粮食，收购发票所列金额为 50 万元。

问：该公司当月可以抵扣的进项税额是多少？

**解** 昌盛公司当月可以抵扣的进项税额：

$$50\ 万×11\%＝5.5（万元）$$

（2）不得从销项税额中抵扣的进项税额。纳税人取得的增值税扣税凭证不符合法律、行政法规或者国家税务主管部门有关规定的，其进项税额不得从销项税额中抵扣。按相关规定，下列项目涉及的进项税额不得从销项税额中抵扣：

① 用于适用简易计税方法计税项目、非增值税应税项目、免征增值税项目、集体福利或

者个人消费的购进货物、接受加工修理修配劳务或者应税服务。其中涉及的固定资产、专利技术、非专利技术、商誉、商标、著作权、有形动产租赁，仅指专用于上述项目的固定资产、专利技术、非专利技术、商誉、商标、著作权、有形动产租赁；

② 非正常损失的购进货物及相关的加工修理修配劳务和交通运输业服务；

③ 非正常损失的在产品、产成品所耗用的购进货物、加工修理修配劳务或者交通运输业服务；

④ 接受的旅客运输服务。

> **小提示**　自 2013 年 8 月 1 日起，增值税一般纳税人自用的应征消费税的摩托车、汽车、游艇，其进项税额准予从销项税额中抵扣。

已抵扣进项税额的购进货物、接受加工修理修配劳务或者应税服务，用途发生改变、进项税额不得从销项税额中抵扣事项的，应当将该进项税额从当期进项税额中扣减；无法确定该进项税额的，按照当期实际成本计算应扣减的进项税额。

**3. 应纳税额计算举例**

增值税一般纳税人销售货物或者提供应税劳务，其应纳税额为当期销项税额抵扣当期进项税额后的余额。当期销项税额小于当期进项税额不足抵扣时，其不足部分可以结转下期继续抵扣。

【例 2-3】 讯达公司为增值税一般纳税人，2017 年 1 月，该公司发生以下经济业务：

①外购原材料一批，货款已付并验收入库。从供货方取得的增值税专用发票上注明的增值税额为 20 万元，另支付运费 10 万元，取得运输业增值税专用发票，所列税额为 1.1 万元。

② 外购机器设备一套，从供货方取得的增值税专用发票上注明增值税额为 1.3 万元，货款已付并验收入库。

③ 销售产品一批，取得销售收入（含税）1 170 万元。

问：该公司 1 月应纳增值税额为多少？

**解** 当月销项税额：

$$1\,170÷（1+17\%）×17\% = 170（万元）$$

当月进项税额：

$$20+1.1+1.3 = 22.4（万元）$$

当月增值税应纳税额：

$$170-22.4=147.6（万元）$$

> **知识链接**　适用一般计税方法的试点纳税人，2016 年 5 月 1 日后取得并在会计制度上按固定资产核算的不动产或者不动产在建工程（不包括房地产开发企业自行开发的房地产项目），其进项税额应自取得之日起分 2 年从销项税额中抵扣，第一年抵扣比例为 60%，第二年抵扣比例为 40%。
>
> 融资租入的不动产及在施工现场修建的临时建筑物、构筑物，其进项税额不适用上述分 2 年抵扣的规定。

## （二）增值税小规模纳税人应纳税额的计算

增值税小规模纳税人销售货物或者提供劳务，按照销售额和适用征收率，采用简易计税方法计算应纳税额，不得抵扣进项税额。其计算公式为：

$$应纳税额=销售额×征收率$$

小规模纳税人只能开具普通发票，其销售额是含税销售额，所以需要换算成不含税销售额。换算公式为：

$$不含税销售额=含税销售额÷（1+征收率）$$

> **知识链接**
>
> （1）北京市、上海市、广州市和深圳市：个人将购买不足 2 年的住房对外销售的，按照 5%的征收率全额缴纳增值税；个人将购买 2 年以上（含 2 年）的非普通住房对外销售的，以销售收入减去购买住房价款后的差额按照 5%的征收率缴纳增值税；个人将购买 2 年以上（含 2 年）的普通住房对外销售的，免征增值税。
>
> （2）北京市、上海市、广州市和深圳市之外的地区：个人将购买不足 2 年的住房对外销售的，按照 5%的征收率全额缴纳增值税；个人将购买 2 年以上（含 2 年）的住房对外销售的，免征增值税。

**【例 2-4】** 某商店为增值税小规模纳税人，2017 年 3 月销售办公用品一批取得含增值税收入为 10 300 元，当月购进方便面若干箱，支付货款 10 000 元，增值税税款 1 700 元。

问：该商店 2017 年 3 月销售额和应纳增值税额为多少？

**解** 销售额为： 10 300÷（1+3%）= 10 000（元）

应纳税额为： 10 000×3%=300（元）

## （三）进口货物应纳增值税税额的计算

一般纳税人和小规模纳税人进口货物，其增值税应纳税额的计算方法相同，都是按照组成计税价格和规定的税率计算应纳税额，不得抵扣任何税额。一般情况下，进口货物以海关审定的成交价格为基础的到岸价格作为完税价格。所谓到岸价格，是包括货价加上货物运抵我国关境输入地点起卸前的包装费、运费、保险费和其他劳务费等费用的一种价格。

$$组成计税价格=关税完税价格+关税+消费税$$
$$应纳税额=组成计税价格×增值税税率$$

> **知识链接**
>
> **组成计税价格中关税和消费税的确定**
>
> $$关税=关税完税价格×关税税率$$
> $$消费税=\frac{关税完税价格+关税}{1-消费税税率}×消费税税率$$

**【例 2-5】** 某进出口公司 2017 年 5 月进口一批货物，海关审定的关税完税价格为 800 万元，关税 200 万元，当月国内销售货物取得收入为 2 000 万元，增值税税率 17%。

**问**：该公司当月进口应纳增值税和国内销售应纳增值税。

**解** 进口货物应纳增值税税额（即进项税额）：

$$（800+200）\times 17\%=170（万元）$$

销项税额：

$$2\ 000\times 17\%=340（万元）$$

国内销售应纳增值税税额：

$$340-170=170（万元）$$

> **小提示** 噢，当进口货物转为内销时，在进口环节已经缴纳的增值税就可作为进项税额抵扣了！

## 八、增值税纳税义务发生时间

纳税义务发生时间是税法规定的纳税人必须承担纳税义务的法定时间。增值税的纳税义务发生时间是根据不同的结算方式来确定的，主要分为以下几种情况。

### （一）销售业务纳税义务发生时间的确定

纳税人销售货物或者提供应税劳务的，其纳税义务发生时间为收讫销售款或索取销售款凭据的当天。按结算方式的不同，具体分为：

（1）纳税人生产经营活动中采取直接收款方式销售货物，已将货物移送对方并暂估销售收入入账，但既未取得销售款或取得索取销售款凭据也未开具销售发票的，其增值税纳税义务发生时间为取得销售款或取得索取销售款凭据的当天；先开具发票的，其增值纳税义务发生时间为开具发票的当天；

（2）采取托收承付和委托银行收款方式销售货物的，为发出货物并办妥托收手续的当天；

（3）采取赊销和分期收款方式销售货物，为书面合同约定的收款日期的当天，无书面合同的或者书面合同没有约定收款日期的，为货物发出的当天；

（4）采取预收货款方式销售货物，为货物发出的当天，但生产销售生产工期超过12个月的大型机械设备、船舶、飞机等货物，为收到预收款或者书面合同约定的收款日期的当天；

（5）委托其他纳税人代销货物，为收到代销单位的代销清单或者收到全部或者部分货款的当天。未收到代销清单及货款的，为发出代销货物满180天的当天；

（6）销售应税劳务，为提供劳务同时收讫销售额或取得索取销售额的凭据的当天；

（7）纳税人发生视同销售第（3）～（8）项的，为货物移送的当天。

### （二）进口业务纳税义务发生时间的确定

（1）纳税人进口货物的纳税义务发生时间，为报关进口的当天；

（2）增值税扣缴义务发生时间为纳税人增值税纳税义务发生的当天。

### （三）应税服务纳税义务发生时间的确定

（1）纳税人发生应税行为并收讫销售款项或者取得索取销售款项凭据的当天；先开具发票的，为开具发票的当天。

收讫销售款项，是指纳税人销售服务、无形资产或者不动产过程中或者完成后收到款项。取得索取销售款项凭据的当天，是指书面合同确定的付款日期；未签订书面合同或者书面合同未确定付款日期的，为服务、无形资产转让完成的当天或者不动产权属变更的当天。

（2）纳税人提供建筑服务、租赁服务采取预收款方式的，其纳税义务发生时间为收到预收款的当天。

（3）纳税人从事金融商品转让的，为金融商品所有权转移的当天。

（4）纳税人发生本办法第 14 条规定情形的，其纳税义务发生时间为服务、无形资产转让完成的当天或者不动产权属变更的当天。

（5）增值税扣缴义务发生时间为纳税人增值税纳税义务发生的当天。

## 九、增值税的纳税期限

为了保证应缴税款及时入库，必须规定税款的缴纳时限。增值税的纳税期限基本上根据不同的应税业务和应纳税额的数额大小等因素，由主管税务机关具体确定。

### （一）销售业务纳税期限的确定

增值税的纳税期限分别为 1 日、3 日、5 日、10 日、15 日、1 个月或者 1 个季度。纳税人的具体纳税期限，由主管税务机关根据纳税人应纳税额的大小分别核定。以 1 个季度为纳税期限的规定适用于小规模纳税人、银行、财务公司、信托投资公司、信用社，以及财政部和国家税务总局规定的其他纳税人。不能按照固定期限纳税的，可以按次纳税。

纳税人以 1 个月为一期纳税的，自期满之日起 15 日内申报纳税；以 1 日、3 日、5 日、10 日、15 日为一期纳税的，自期满之日起 5 日内预缴税款，于次月 1 日起 15 日内申报纳税并结清上月应纳税款。

### （二）进口业务纳税期限的确定

纳税人进口货物，应当自海关填发海关进口增值税专用缴款书之日起 15 日内缴纳税款。

## 十、增值税的纳税地点

增值税的纳税地点，既关系到是否方便税收征纳，也涉及地区之间的税收利益关系。因此，必须对此作出科学、合理和明确的规定。

### （一）销售业务纳税地点的确定

#### 1. 固定业户

（1）固定业户应向所在地主管税务机关申报纳税。纳税人总机构和分支机构不在同一县（市）的，应分别向其所在地主管税务机关申报纳税；经国家税务总局或其授权的税务机关批准，分支机构的应纳税款也可以由总机构汇总，在总机构所在地主管税务机关申报纳税。

（2）固定业户到外县（市）销售货物的，应当向其机构所在地主管税务机关申请开具外出经营活动税收管理证明，向其机构所在地主管税务机关申报纳税。未持有其机构所在地主管税务机关核发的外出经营活动税收管理证明，到外县（市）销售货物的，应向销售地主管税务机关申报纳税。未向销售地主管税务机关申报纳税的，由其机构所在地主管税务机关补征税款。

> 小提示　销售货物或提供应税劳务的纳税地点，是根据纳税人是否为固定业户以及销售业务的发生地点来确定的。

**2. 非固定业户**

非固定业户销售货物或应税劳务，应向销售地主管税务机关申报纳税；未向销售地主管税务机关申报纳税的，由其机构所在地或居住所在地主管税务机关补征税款。

**3. 其他个人**

其他个人提供建筑服务，销售或者租赁不动产，转让自然资源使用权，应向建筑服务发生地、不动产所在地、自然资源所在地主管税务机关申报纳税。

**（二）进口业务及扣缴义务人纳税地点的确定**

进口货物应纳的增值税，应当向报关地海关申报纳税。

扣缴义务人应当向其机构所在地或者居住地主管税务机关申报缴纳扣缴的税款。

# 第二节　增值税的纳税申报与缴纳

## 一、一般纳税人纳税申报应报送的资料

增值税纳税人应按规定进行增值税纳税申报，需提报的资料有必报资料和备查资料。

**（一）必报资料**

（1）《增值税纳税申报表（适用一般纳税人）》《增值税纳税申报表附列资料（一）》（本期销售情况明细）、《增值税纳税申报表附列资料（二）》（本期进项税额明细）、《增值税纳税申报表附列资料(三)》(服务、不动产和无形资产扣除项目明细)、《增值税纳税申报表附列资料（四）》（税额抵减情况表）、《增值税纳税申报表附列资料（五）》（不动产分期抵扣计算表）、《固定资产（不含不动产）进项税额抵扣情况表》《本期抵扣进项税额结构明细表》《增值税减免税申报明细表》。

（2）使用防伪税控系统的纳税人，必须报送记录当期纳税信息的 IC 卡（明细数据备份在软盘上的纳税人，还需报送备份数据软盘）。

（3）资产负债表和利润表。

（4）《成品油购销存情况明细表》（发生成品油零售业务的纳税人填报）。

（5）主管税务机关规定的其他必报资料。

纳税申报实行电子信息采集的纳税人，除向主管税务机关报送上述必报资料的电子数据外，还需报送纸质的《增值税纳税申报表（适用一般纳税人）》主表及附表。

## （二）备查资料

（1）已开具的增值税专用发票和普通发票存根联。

（2）符合抵扣条件并且在本期申报抵扣的增值税专用发票抵扣联。

（3）海关进口货物完税凭证、运输发票、购进农产品普通发票的复印件。

（4）收购凭证的存根联或报查联。

（5）代扣代缴税款凭证存根联。

（6）主管税务机关规定的其他备查资料。

备查资料是否需要在当期报送，由各省级国家税务局确定。

## （三）增值税一般纳税人纳税申报表的格式

增值税纳税人应按规定进行增值税纳税申报。纳税申报需提报的资料有纳税申报表及其附列资料和纳税申报其他资料，包括《增值税纳税申报表附列资料（一）》（本期销售情况明细）、《增值税纳税申报表附列资料（二）》（本期进项税额明细）、《增值税纳税申报表附列资料（三）》（服务、不动产和无形资产扣除项目明细）、《增值税纳税申报表附列资料（四）》（税额抵减情况表）、《增值税纳税申报表附列资料（五）》（不动产分期抵扣计算表）、《固定资产（不含不动产）进项税额抵扣情况表》《本期抵扣进项税额结构明细表》《增值税减免税申报明细表》等。

《增值税纳税申报表（适用一般纳税人）》格式如表 2-4 所示。

### 表 2-4 增值税纳税申报表
（适用一般纳税人）

根据国家税收法律法规及增值税相关规定制定本表。纳税人不论有无销售额，均应按税务机关核定的纳税期限填写本表，并向当地税务机关申报。

税款所属时间：自　年　月　日至　年　月　日　　填表日期：　年　月　日　　金额单位：元至角分

| 纳税人识别号 | | | | | | | | | | | | | | 所属行业： | | | |
|---|---|---|---|---|---|---|---|---|---|---|---|---|---|---|---|---|---|
| 纳税人名称 | | | （公章） | 法定代表人姓名 | | 注册地址 | | 生产经营地址 | | | | | | | | | |
| 开户银行及账号 | | | | 登记注册类型 | | | 电话号码 | | | | | | | | | | |

| 项　目 | | 栏　次 | 一般项目 | | 即征即退项目 | |
|---|---|---|---|---|---|---|
| | | | 本 月 数 | 本 年 累 计 | 本 月 数 | 本 年 累 计 |
| 销售额 | （一）按适用税率计税销售额 | 1 | | | | |
| | 其中：应税货物销售额 | 2 | | | | |
| | 应税劳务销售额 | 3 | | | | |
| | 纳税检查调整的销售额 | 4 | | | | |
| | （二）按简易办法计税销售额 | 5 | | | | |
| | 其中：纳税检查调整的销售额 | 6 | | | | |
| | （三）免、抵、退办法出口销售额 | 7 | | — | | — |
| | （四）免税销售额 | 8 | | — | | — |
| | 其中：免税货物销售额 | 9 | | — | | — |
| | 免税劳务销售额 | 10 | | — | | — |

（续表）

| | | | | | |
|---|---|---|---|---|---|
| 税款计算 | 销项税额 | 11 | | | |
| | 进项税额 | 12 | | | |
| | 上期留抵税额 | 13 | | | — |
| | 进项税额转出 | 14 | | | |
| | 免、抵、退应退税额 | 15 | | — | — |
| | 按适用税率计算的纳税检查应补缴税额 | 16 | | | |
| | 应抵扣税额合计 | 17=12+13−14−15+16 | | — | — |
| | 实际抵扣税额 | 18（如 17<11，则为 17，否则为 11） | | | |
| | 应纳税额 | 19=11−18 | | | |
| | 期末留抵税额 | 20=17−18 | | | |
| | 简易计税办法计算的应纳税额 | 21 | | | |
| | 按简易计税办法计算的纳税检查应补缴税额 | 22 | | | |
| | 应纳税额减征额 | 23 | | | |
| | 应纳税额合计 | 24=19+21−23 | | | |
| 税款缴纳 | 期初未缴税额（多缴为负数） | 25 | | | |
| | 实收出口开具专用缴款书退税额 | 26 | | — | — |
| | 本期已缴税额 | 27=28+29+30+31 | | | |
| | ①分次预缴税额 | 28 | | — | — |
| | ②出口开具专用缴款书预缴税额 | 29 | | — | — |
| | ③本期缴纳上期应纳税额 | 30 | | | |
| | ④本期缴纳欠缴税额 | 31 | | | |
| | 期末未缴税额（多缴为负数） | 32=24+25+26−27 | | | |
| | 其中：欠缴税额（≥0） | 33=25+26−27 | | — | — |
| | 本期应补（退）税额 | 34=24−28−29 | | | |
| | 即征即退实际退税额 | 35 | — | | |
| | 期初未缴查补税额 | 36 | | | |
| | 本期入库查补税额 | 37 | | — | — |
| | 期末未缴查补税额 | 38=16+22+36−37 | | — | — |

| 授权声明 | 如果你已委托代理人申报，请填写下列资料：<br>　为代理一切税务事宜，现授权<br>（地址）　　　　　　　　　　　为本纳税人的代理申报人，任何与本申报表有关的往来文件，都可寄予此人。<br><br><br>　　　　授权人签字： | 申报人声明 | 　　本纳税申报表是根据国家税收法律法规及相关规定填报的，我确定它是真实的、可靠的、完整的。<br><br><br><br>　　　　声明人签字： |
|---|---|---|---|

主管税务机关：　　　　　　　　　　　接收人：　　　　　　　　接收日期：

申报表填写说明请自行网上搜索，此处不再赘述。

## 二、增值税小规模纳税人纳税申报应报送的资料

增值税小规模纳税人纳税申报需提报的资料有《增值税纳税申报表（适用小规模纳税人）》（见表2-5）及其附列资料（见表2-6）及主管税务机关规定的其他资料。

### 表2-5 增值税纳税申报表

（适用小规模纳税人）

纳税人识别号：☐☐☐☐☐☐☐☐☐☐☐☐☐☐☐☐☐

纳税人名称（公章）：　　　　　　　　　　　　　　　　　　金额单位：元至角分

税款所属期：　年　月　日至　年　月　日　　　　　填表日期：　年　月　日

| | 项 目 | 栏 次 | 本 期 数 | | 本 年 累 计 | |
|---|---|---|---|---|---|---|
| | | | 货物及劳务 | 服务、无形资产或者不动产 | 货物及劳务 | 服务、无形资产或者不动产 |
| 计税依据 | （一）应征增值税不含税销售额 | 1 | | | | |
| | 税务机关代开的增值税专用发票不含税销售额 | 2 | | | | |
| | 税控器具开具的普通发票不含税销售额 | 3 | | | | |
| | （二）销售、出租不动产不含税销售额 | 4 | — | | — | |
| | 税务机关代开的增值税专用发票不含税销售额 | 5 | — | | — | |
| | 税控器具开具的普通发票不含税销售额 | 6 | — | | — | |
| | （三）销售使用过的固定资产不含税销售额 | 7(7≥8) | | — | | — |
| | 其中：税控器具开具的普通发票不含税销售额 | 8 | | — | | — |
| | （四）免税销售额 | 9=10+11+12 | | | | |
| | 其中：小微企业免税销售额 | 10 | | | | |
| | 未达起征点销售额 | 11 | | | | |
| | 其他免税销售额 | 12 | | | | |
| | （五）出口免税销售额 | 13(13≥14) | | | | |
| | 其中：税控器具开具的普通发票销售额 | 14 | | | | |
| 税款计算 | 本期应纳税额 | 15 | | | | |
| | 本期应纳税额减征额 | 16 | | | | |
| | 本期免税额 | 17 | | | | |
| | 其中：小微企业免税额 | 18 | | | | |
| | 未达起征点免税额 | 19 | | | | |
| | 应纳税额合计 | 20=15−16 | | | | |
| | 本期预缴税额 | 21 | | | — | — |
| | 本期应补（退）税额 | 22=20−21 | | | — | — |

| 纳税人或代理人声明： | 如纳税人填报，由纳税人填写以下各栏： | |
|---|---|---|
| 本纳税申报表是根据国家税收法律法规及相关规定填报的，我确定它是真实的、可靠的、完整的。 | 办税人员：<br>法定代表人： | 财务负责人：<br>联系电话： |
| | 如委托代理人填报，由代理人填写以下各栏： | |
| | 代理人名称（公章）： | 经办人：<br>联系电话： |

主管税务机关：　　　　　　　　　接收人：　　　　　　　　接收日期：

　　增值税纳税申报表（适用小规模纳税人）为两联，第一联为申报联，由纳税人按期向税务机关申报；第二联为收执联，纳税人申报时连同申报联一同交给税务机关，签章后退回，作为申报凭证。

表 2-6　增值税纳税申报表（适用小规模纳税人）附列资料

税款所属期：　　　年 月 日至　　 年 月 日　　　　　　　　　　　　　　　　　填表日期：　　　年 月 日

纳税人名称（公章）：

金额单位：元至角分

| 应税行为（3%征收率）扣除额计算 | | | |
|---|---|---|---|
| 期 初 余 额 | 本期发生额 | 本期扣除额 | 期 末 余 额 |
| 1 | 2 | 3（3≤1+2 之和，且 3≤5） | 4=1+2−3 |
| 应税行为（3%征收率）计税销售额计算 | | | |
| 全部含税收入（适用 3%征收率） | 本期扣除额 | 含税销售额 | 不含税销售额 |
| 5 | 6=3 | 7=5−6 | 8=7÷1.03 |
| 应税行为（5%征收率）扣除额计算 | | | |
| 期 初 余 额 | 本期发生额 | 本期扣除额 | 期 末 余 额 |
| 9 | 10 | 11（11≤9+10 之和，且 11≤13） | 12=9+10−11 |
| 应税行为（5%征收率）计税销售额计算 | | | |
| 全部含税收入（适用 5%征收率） | 本期扣除额 | 含税销售额 | 不含税销售额 |
| 13 | 14=11 | 15=13−14 | 16=15÷1.05 |

申报表的填写说明请自行上网搜索，此处不再赘述。

## 三、网上申报

目前，企业主要采用网上电子纳税申报的方式。

（1）登录网上办税平台，填写申报表：利用"填写申报表"功能填写需申报的申报表。先填写并保存所有附表，然后打开主表进行编辑或直接保存。

（2）网上划款：利用"网上划款"功能对正式申报的申报表进行开票，开票成功后，税务局会根据开票信息进行划款，纳税人可在一日后通过"网上划款"功能的实缴查询获取地税扣款信息。

（3）申报、划款查询：正式申报及网上划款结束后应利用"申报查询""划款查询"进行申报查询、划款查询，确保需要申报的申报表都已经申报、划款成功。

## 四、增值税税收缴款书的填写

中华人民共和国税收通用缴款书格式如表 2-7 所示。

表 2-7 中华人民共和国税收通用缴款书

隶属关系：

注册类型：　　　　　　　　　填写日期：　年　月　日　　　　　　征收机关：

| 缴款单位 | 代　码 | | 预算科目 | 编　码 | |
|---|---|---|---|---|---|
| | 全　称 | | | 名　称 | |
| | 开户银行 | | | 级　次 | |
| | 账　号 | | 收款国库 | | |
| 税款所属时期 | | | 税款限缴日期　　年　月　日 | | |
| 品目名称 | 课税数量 | 计税金额或销售收入 | 税率或单位税额 | 已缴或扣除额 | 实缴金额 |
| | | | | | |
| | | | | | |
| | | | | | |
| 金额合计（大写） | | | | | |

| 缴款单位（人）（盖章）<br>经办人（章） | 税务机关（盖章）<br>经办人（章） | 下列款项已收妥并划转收款单位账户<br>国库（银行）盖章　　年　月　日 | 备注 |
|---|---|---|---|

# 第三节　增值税纳税综合实训

## 一、综合实训一

【案例材料】

兴达通信设备厂为增值税一般纳税人，2017 年 1 月发生以下购销业务：

（1）购入一批原材料，已验收入库，取得的增值税专用发票上注明的税款为 15 万元。

（2）购进原材料时向运输公司支付运杂费 2 万元，取得运输公司开具的运输业增值税专用发票，所列税额为 0.22 万元。

（3）本月销售手机取得不含税销售收入 100 万元；将 100 个自产的手机奖励给本企业先进职工，同类型手机的出厂价格为每个 0.2 万元。

试计算该通信设备厂当月应纳增值税。

【税法依据】

（1）一般纳税人购进货物时从销售方取得的增值税专用发票上注明的增值税额可以作为进项税额抵扣。

（2）一般纳税人购进或销售货物所支付的运输费用，根据运费结算单据（普通发票）所列运费金额（包括运费和建设基金），按 7% 的扣除率计算进项税额并准予扣除。需要注意的是，随同运费支付的装卸费、保险费等其他杂费不得计算扣除进项税额。

（3）将自产的货物用于集体福利或个人消费属于视同销售，应按同类产品的价格计算销项税额。

**【计算与解析】**

（1）当期销项税额=100×17%+0.2×100×17%=20.4（万元）

（2）当期进项税额=15+0.22=15.22（万元）

（3）该通信设备厂当月增值税应纳税额=20.4-15.22=5.18（万元）

## 二、综合实训二

**【案例材料】**

家家发电器商场为增值税一般纳税人，2017年10月发生以下经济业务：

（1）销售空调100台，每台售价5 000元。

（2）销售冰柜20台，每台售价3 600元，并实行买一赠一，赠送的小家电价值400元/件。

（3）以旧换新销售冰箱50台，旧冰箱收购价200元/台，新冰箱实际收款1 800元/台。

（4）从生产厂家购进冰柜50台，取得的增值税专用发票上注明税金为60 000元。

（5）从小规模纳税人企业购进50 000元的修理用配件，未取得增值税专用发票。

以上销售货物的价格均为不含税价格。

试计算该家用电器商场当月应纳增值税。

**【税法依据】**

（1）销售冰柜时赠送的小家电属于无偿赠送，应视同销售缴纳增值税。

（2）以旧换新销售，应按新货物的销售价格计算销项税额，而不能按扣减旧货收购价格后的实际价款计算。

（3）从小规模纳税人企业购进50 000元的修理用配件，未取得增值税专用发票，不存在抵扣进项税额。

**【计算与解析】**

（1）当期销项税额=5 000×100×17%+（3 600+400）×20×17%+（1 800+200）×50×17%
=115 600（元）

（2）当期进项税额=60 000（元）

（3）该电器商场当月增值税应纳税额=115 600-60 000=55 600（元）

## 三、综合实训三

**【案例材料】**

一品香粮油加工厂为增值税一般纳税人，2017年7月发生以下购销业务：

（1）从农民手中收购小麦，收购价为100万元，已验收入库。

（2）从收购站购进小麦一批已入库，取得增值税专用发票上注明价款50万元；购进大豆一批，取得增值税专用发票上注明价款15万元，但因管理不善，造成这批大豆在当月一场特大暴雨后全部霉烂变质，无法使用。

（3）小麦加工成面粉当月销售给一食品厂，开具增值税专用发票上注明价款 500 万元；销售给某单位食堂，开具普通发票上注明价税合计 11.1 万元。

（4）零售挂面开具普通发票上注明价税合计 22.2 万元。

试计算该粮油加工厂当月应纳增值税。

> **小提示**
>
> 根据《财政部、国家税务总局关于简并增值税税率有关政策的通知》（财税〔2017〕37 号）的规定，之前按 13% 的扣除率或税率抵扣进项税额的农产品都改按 11% 抵扣，但是如果购进农产品用于生产和销售 17% 税率的货物；或用于委托受托加工 17% 税率的货物，可以仍然按照 13% 的扣除率或税率抵扣进项税额。

**【税法依据】**

（1）一般纳税人向农业生产者购进免税农业产品，准予按照收购价和 11% 的扣除率计算抵扣进项税额。

（2）一般纳税人购进小麦，应按 11% 的低税率计算抵扣进项税额。

（3）因管理不善造成大豆霉烂变质属于非正常损失，其进项税额不得抵扣。

（4）一般纳税人销售面粉，应按 11% 的低税率计算销项税额；销售挂面，应按 11% 的税率计算销项税额。

（5）销售面粉和挂面开具的普通发票上注明的是价税合计，需要换算成不含税收入计算销项税额。

> **知识链接**
>
> 一般纳税人在销售货物时，有批发和零售两种形式。通常零售是面向消费者个人的，只能开具普通发票，所以发票金额一般都是含税的，一般纳税人需要将其换算成不含税收入计算销项税额。

**【计算与解析】**

（1）当期销项税额=500×11%+（11.1+22.2）÷（1+11%）×11%=58.3（万元）

（2）当期进项税额=100×11%+50×11%=16.5（万元）

（3）该粮油加工厂当月增值税应纳税额=58.3-16.5=41.8（万元）

## 四、综合实训四

**【案例材料】**

宏达工贸有限责任公司为增值税一般纳税人，纳税人识别号：370101025538261；开户行为工商银行中山路分理处，账号：545623647548627；法人代表：张博；电话：86593682。2017年 1 月发生以下业务：

（1）使用防伪税控系统开具增值税专用发票 15 份，销售额合计为 1 980 000 元，销项税额 247 800 元，其中：

① 适用税率为17%的应税货物专用发票6份，销售额1 000 000元，销项税额170 000元；

② 适用税率为11%的应税货物专用发票5份，销售额380 000元，销项税额41 800元；

③ 适用税率为6%的应税服务专用发票4份，销售额600 000元，销项税额36 000元。

（2）1月使用防伪税控系统开具按简易征收办法征收增值税适用税率为4%的应税货物专用发票5份，销售额100 000元，应纳税额2 000元。

（3）1月抵扣认证相符的防伪税控系统开具的增值税专用发票10份，金额790 000元，税额123 300元，其中：

① 1月当期认证相符且本期申报抵扣税率为17%的增值税专用发票6份，金额60 000元，税额102 000元；税率为6%的增值税专用发票3份，金额100 000元，税额6 000元。

② 本期已认证相符但未申报抵扣的专用发票1份，金额90 000元，税额15 300元。

③ 另外还取得扣除率为11%的其他扣税凭证8份，金额80 000元，税额8 800元。

（4）公司上期留抵税额10 000元，期初超缴10 000元，当期实收出口开具专用缴款书退税额5 000元，本期出口开具专用缴款书预缴税额1 000元。

试根据上述数据填写增值税纳税申报表，见表2-8。

### 表2-8　增值税纳税申报表

（适用一般纳税人）

根据国家税收法律法规及增值税相关规定制定本表。纳税人不论有无销售额，均应按税务机关核定的纳税期限填写本表，并向当地税务机关申报。

税款所属时间：自2017年01月01日至2017年01月31日　　填表日期：2017年02月10日　　金额单位：元至角分

纳税人识别号 3 7 0 1 0 1 0 2 5 5 3 8 2 6 1　　所属行业：

| 纳税人名称 | （略）（公章） | 法定代表人姓名 | 张博 | 注册地址 | | 生产经营地址 | |
| 开户银行及账号 | 工商银行中山路分理处 545623647548627 | 登记注册类型 | 有限责任公司 | 电话号码 | | 86593682 | |

| | 项目 | 栏次 | 一般项目 | | 即征即退项目 | |
|---|---|---|---|---|---|---|
| | | | 本月数 | 本年累计 | 本月数 | 本年累计 |
| 销售额 | （一）按适用税率计税销售额 | 1 | 1 980 000.00 | 1 980 000.00 | | |
| | 其中：应税货物销售额 | 2 | 1 380 000.00 | 1 380 000.00 | | |
| | 应税劳务销售额 | 3 | 600 000.00 | 600 000.00 | | |
| | 纳税检查调整的销售额 | 4 | | | | |
| | （二）按简易办法计税销售额 | 5 | 100 000.00 | 100 000.00 | | |
| | 其中：纳税检查调整的销售额 | 6 | | | | |
| | （三）免、抵、退办法出口销售额 | 7 | | | — | — |
| | （四）免税销售额 | 8 | | | — | — |
| | 其中：免税货物销售额 | 9 | | | — | — |
| | 免税劳务销售额 | 10 | | | — | — |

（续表）

| | | | | | | |
|---|---|---|---|---|---|---|
| 税款计算 | 销项税额 | 11 | 247 800.00 | 247 800.00 | | |
| | 进项税额 | 12 | 116 000.00 | 116 000.00 | | |
| | 上期留抵税额 | 13 | 10 000.00 | 10 000.00 | — | |
| | 进项税额转出 | 14 | | | | |
| | 免、抵、退应退税额 | 15 | | | — | — |
| | 按适用税率计算的纳税检查应补缴税额 | 16 | | | — | — |
| | 应抵扣税额合计 | 17=12+13−14−15+16 | 126 000.00 | — | | |
| | 实际抵扣税额 | 18（如17<11，则为17，否则为11） | 126 000.00 | 126 000.00 | | |
| | 应纳税额 | 19=11−18 | 121 800.00 | 121 800.00 | | |
| | 期末留抵税额 | 20=17−18 | | | | |
| | 按简易计税办法计算的应纳税额 | 21 | 2 000.00 | 2 000.00 | | |
| | 按简易计税办法计算的纳税检查应补缴税额 | 22 | | | — | — |
| | 应纳税额减征额 | 23 | | | | |
| | 应纳税额合计 | 24=19+21−23 | 123 800.00 | 123 800.00 | | |
| 税款缴纳 | 期初未缴税额（多缴为负数） | 25 | −10 000.00 | −10 000.00 | | |
| | 实收出口开具专用缴款书退税额 | 26 | 5 000.00 | 5 000.00 | | |
| | 本期已缴税额 | 27=28+29+30+31 | 1 000.00 | 1 000.00 | | |
| | ①分次预缴税额 | 28 | | | — | — |
| | ②出口开具专用缴款书预缴税额 | 29 | 1 000.00 | 1 000.00 | | |
| | ③本期缴纳上期应纳税额 | 30 | | | | |
| | ④本期缴纳欠缴税额 | 31 | | | | |
| | 期末未缴税额（多缴为负数） | 32=24+25+26−27 | 117 800.00 | 117 800.00 | | |
| | 其中：欠缴税额（≥0） | 33=25+26−27 | | | — | — |
| | 本期应补（退）税额 | 34=24−28−29 | 122 800.00 | 122 800.00 | | |
| | 即征即退实际退税额 | 35 | — | — | | |
| | 期初未缴查补税额 | 36 | | | — | — |
| | 本期入库查补税额 | 37 | | | — | — |
| | 期末未缴查补税额 | 38=16+22+36−37 | | | — | — |
| 授权声明 | 如果你已委托代理人申报，请填写下列资料：<br>　　为代理一切税务事宜，现授权<br>（地址）　　　　　　　为本纳税人的代理申报人，任何与本申报表有关的往来文件，都可寄予此人。<br><br>　　授权人签字： | | | 申报人声明 | 本纳税申报表是根据国家税收法律法规及相关规定填报的，我确定它是真实的、可靠的、完整的。<br><br>　　声明人签字：张博 | |

主管税务机关：　　　　　　　　　　　　接收人：　　　　　　　　接收日期：

想一想　增值税纳税申报表的附表又该怎么填写呢？

# 强化训练

## 一、单项选择题

1. 下列各项中应被认定为小规模纳税人的是（　　）。
   - A. 某家具生产厂年应税销售额为 100 万元
   - B. 某汽车修配厂年应税销售额为 60 万元
   - C. 某大型批发商场年应税销售额为 90 万元
   - D. 某零售商店年应税销售额为 70 万元

2. 下列各项中，不属于增值税应税项目的是（　　）。
   - A. 建筑业务
   - B. 签订购销合同
   - C. 保险业务
   - D. 交通运输业务

3. 下列行为不需要缴纳增值税的是（　　）。
   - A. 某热电厂销售热力
   - B. 某房地产公司销售商品房
   - C. 张教授举办专家讲座
   - D. 某旅游团提供导游服务

4. 自 2009 年 1 月 1 日起，小规模纳税人适用（　　）的征收率。
   - A. 3%
   - B. 4%
   - C. 5%
   - D. 6%

5. 下列不属于增值税混合销售行为的是（　　）。
   - A. 电话局提供电话安装的同时销售电话
   - B. 建材商店销售建材的同时提供装饰装修服务
   - C. 塑钢门窗商店销售塑钢门窗，并为客户加工与安装
   - D. 汽车制造厂既生产销售汽车，又设立维修部提供汽车修理服务

6. 一般纳税人购进货物所支付的运输费用，按（　　）的税率计算进项税额。
   - A. 3%
   - B. 7%
   - C. 11%
   - D. 13%

7. 纳税人采取赊销方式销售货物的，其增值税纳税义务发生的时间为（　　）。
   - A. 发出货物的当天
   - B. 收到货物的当天
   - C. 按合同约定的收款日期的当天
   - D. 签订合同的当天

8. 纳税人进口货物，应当自海关填发海关进口增值税专用缴款书之日起（　　）内缴纳税款。
   - A. 5 日
   - B. 7 日
   - C. 10 日
   - D. 15 日

9. 增值税专用发票的（　　）由购货方作为付款的原始凭证。
   - A. 存根联
   - B. 发票联
   - C. 抵扣联
   - D. 记账联

10. 进口货物应纳增值税的组成计税价格是（　　）。
    - A. 组成计税价格=关税完税价格

B．组成计税价格=关税完税价格+关税

C．组成计税价格=关税完税价格+关税+消费税

D．组成计税价格=关税完税价格+关税+增值税

## 二、多项选择题

1．我国现行增值税的征收范围包括（　　）。

A．销售货物　　　　　　　　　　B．提供加工、修理修配服务

C．进口货物　　　　　　　　　　D．转让无形资产

2．增值税纳税人的下列行为中，应视同销售货物行为征收增值税的有（　　）。

A．将委托加工的货物分配给股东

B．将自产的货物用于个人消费

C．销售代销货物

D．将购买的货物无偿赠送他人

3．将购买的货物用于（　　）属于不得抵扣的进项税额。

A．分配给股东　　　　　　　　　B．个人消费

C．无偿赠送他人　　　　　　　　D．集体福利

4．下列各项中，应当征收增值税的有（　　）。

A．医院提供治疗服务　　　　　　B．邮局提供邮政服务

C．汽车修理厂提供修车服务　　　D．商场销售空调并负责安装

5．下列各项征收增值税的货物中，适用于11%低税率的有（　　）。

A．农产品　　　　　　　　　　　B．自来水

C．暖气　　　　　　　　　　　　D．二甲醚

6．交通运输业"营改增"之前，一般纳税人购进所支付的运杂费中，可按7%的扣除率计算扣除进项税额的项目包括（　　）。

A．运费　　　　　　　　　　　　B．建设基金

C．装卸费　　　　　　　　　　　D．保险费

7．对视同销售征税而无销售额的，主管税务机关可按（　　）确定其销售额。

A．按纳税人当月同类货物的平均销售价格确定

B．按纳税人最近时期同类货物的平均销售价格确定

C．按组成计税价格确定

D．由纳税人自行确定

8．增值税专用发票的基本联次包括（　　）。

A．存根联　　　　　　　　　　　B．发票联

C．抵扣联　　　　　　　　　　　D．记账联

9．增值税纳税人销售货物的纳税期限可以为（　　）。

A．5日　　　　　　　　　　　　B．10日

C．15日　　　　　　　　　　　　D．1个月

10．增值税一般纳税人申报纳税时的必报资料包括（　　）。

A．《增值税纳税申报表（适用一般纳税人）》

B.《增值税纳税申报表附列资料（一）》（本期销售情况明细）

C.《增值税纳税申报表附列资料（二）》（本期进项税额明细）

D.《固定资产（不含不动产）进项税额抵扣情况表》

### 三、判断题

1. 不动产和无形资产的销售不征收增值税，而征收营业税。　　　　　（　　）

2. 纳税人出口货物，税率为零，国务院另有规定的除外。　　　　　（　　）

3. 小规模纳税人能开具增值税专用发票。　　　　　　　　　　　　　（　　）

4. 混合销售行为，是指纳税人的经营范围既包括销售货物、应税劳务，又包括提供非应税劳务。　　　　　　　　　　　　　　　　　　　　　　　　　　（　　）

5. 采取以旧换新方式销售货物的，应按新货物的同期销售价格确定销售额，不得扣减旧货物的收购价格。　　　　　　　　　　　　　　　　　　　　　（　　）

6. 销售货物的应纳增值税起征点，为月销售额1 000～2 000元。　　（　　）

7. 自2012年1月1日起，增值税一般纳税人购进固定资产发生的进项税额允许抵扣，从而实现了增值税由生产型向消费型的转换。　　　　　　　　　　　　　（　　）

8. 一般纳税人和小规模纳税人进口货物增值税应纳税额的计算方法不同。（　　）

9. 纳税人以1个月为一期纳税的，自期满之日起10日内申报纳税。　（　　）

10. 固定业户缴纳增值税时，应向销售地主管税务机关申报纳税。　　（　　）

### 四、简答题

1. 增值税的征税范围包括哪些？营业税改征增值税试点后，征收增值税的应税服务范围是怎样规定的？

2. 判定一般纳税人和小规模纳税人的标准是什么？

3. 一般纳税人销售货物时适用低税率的有哪些？

4. 营业税改征增值税试点后，增值税纳税人和税率的规定有什么新变化？

5. 混合销售和兼营销售方式下的销售额应如何确定？

6. 单位和个体经营者的哪些行为应视同销售货物计征增值税？

7. 一般纳税人购入货物时发生的进项税额哪些不得抵扣？

8. 一般纳税人的增值税应纳税额如何计算？

9. 小规模纳税人的增值税应纳税额如何计算？

10. 增值税专用发票的开具范围有哪些？要求有哪些？

11. 如何确定缴纳增值税义务发生的时间？

12. 如何确定增值税的纳税期限？

### 五、综合实训题

1. 鸿达计算机公司2017年1月向全运会组委会赠送计算机200台，每台不含税价格为1万元。试计算该公司1月需要计征增值税的销售额。

2. 物美百货商场为增值税一般纳税人，增值税税率为17%。2017年2月，该商场实现销售价税合计为234 000元。试计算该商场2月需要计征增值税的销售额。

3. 某企业为增值税一般纳税人，2017 年 3 月月初外购原材料一批，支付进项税额 30 万元。3 月下旬，因管理不善，造成这批原材料一部分发生被盗，经核实造成 1/3 的损失。试计算该企业 3 月可以抵扣的进项税额。

4. 曲湖家具厂为增值税一般纳税人，2017 年 5 月发生以下经济业务：

（1）外购生产用设备一台，取得对方开具的增值税专用发票上注明增值税税额 2 万元，已办理验收入库手续。

（2）外购用于生产家具的木材一批，全部价款已付并验收入库，取得对方开具的增值税专用发票注明增值税税额 10 万元；运输单位开具的运输业增值税专用发票注明运输费用 3 万元，税额 0.33 万元。

（3）向商场销售家具一批，取得销售额（含税）93.6 万元。

试计算该家具厂 5 月增值税应纳税额。

5. 中诚展览馆 2017 年 9 月收取门票收入 5 000 万元，展览馆内的餐饮部取得收入 500 万元；采购物资设备取得符合要求的增值税专用发票所列税额 210 万元。试计算该展览馆 9 月应纳增值税。

6. 洋洋广告公司 2017 年 9 月取得广告业务收入 3 000 万元，支付给其他单位制作费 500 万元；办理广告代理业务取得收入 600 万元，支付给电视台广告发布费 400 万元。请问该公司应交增值税还是营业税？试计算其应纳税额。

7. 振兴机械加工厂为小规模纳税人，2017 年 6 月发生以下经济业务：购进原材料一批，取得的增值税专用发票上注明货款 5 万元，增值税税额 0.85 万元；销售产品一批，取得收入 9.27 万元（含税），并开具普通发票。试计算该机械加工厂 6 月增值税应纳税额。

8. 金桥进出口公司 2017 年 7 月从某国进口小轿车 100 辆，每辆货价为 7 万元，运抵我国输入口岸前的包装费、运费、保险和其他劳务费共计 50 万元。已知该种型号小轿车关税税率为 25%，消费税税率为 12%。试计算该外贸进出口公司 7 月增值税应纳税额。

9. 华维汽车制造厂为增值税一般纳税人，2017 年 7 月发生以下经济业务：

（1）购进用于汽车生产的钢材一批，取得的增值税专用发票上注明税款共 800 万元。

（2）销售汽车取得不含税收入 9 000 万元。

（3）兼营汽车修理修配业务取得不含税收入 30 万元。

（4）用于汽车修理修配业务所购进的原材料取得的增值税专用发票上注明的税款共 4 万元。

（5）兼营汽车租赁业务取得收入 50 万元。

该厂分别核算汽车销售、汽车修理修配、汽车租赁业务的营业额。试计算该汽车制造厂 7 月增值税应纳税额。

10. 环宇运输公司属于小规模纳税人，2014 年 2 月发生下列业务：

（1）取得客运收入 19.98 万元，替保险公司代收保险费 200 元，付给境外运输企业运费 15 万元。

（2）取得货运收入 30 万元，支付给其他联运单位运费 10 万元。

（3）销售货物并负责运输取得收入 16 万元。

试计算该公司 2 月应纳增值税税额。

11. 齐鲁昌盛公司为股份企业，其主要资料如下所示。

地址：中华路 188 号

电话：78956238

开户行：工商银行中华路分理处

账号：545623647548627

纳税人识别号：370101044536128

法人代表：杨博

2017年1月发生以下经济业务：产品销售额合计为100 000元，共开具增值税专用发票5份。其中：适用税率为17%的应税货物专用发票2份，销售额40 000元；适用税率为13%的应税货物专用发票1份，销售额30 000元；提供修理修配劳务开具专用发票2份，销售额30 000元，税额5 100元。1月购进生产用原材料取得增值税专用发票3份，金额50 000元，税额8 500元；购进生产设备一台取得增值税专用发票1份，金额20 000元，税额3 400元。

试计算昌盛公司1月增值税应纳税额并填写《增值税纳税申报表》。

12．山东泰成有限公司，税务登记号：15151512345678；法定代表人：黄光；注册地址：济南市天桥区和谐路90号；开户银行：中国建设银行天桥支行；账号：15161724689；企业登记注册类型：有限责任公司；电话：80818283。

该公司成立于2001年，执行《企业会计制度》，下设餐饮部、培训部、租赁部、娱乐城等部门。2017年2月发生以下经济业务（均为不含税金额）：

（1）餐饮部营业额980 000元；

（2）培训部举办文化专题讲座取得收入85 000元；

（3）娱乐城取得台位费600 000元，点歌费200 000，销售烟酒、饮料收入360 000元；

（4）经认证本月可抵扣的进项税额为81 750元。

要求：

（1）计算本月应交增值税。

（2）下载、填写增值税纳税申报表。

# 第三章　消　费　税

【学习目标】

**1. 知识目标**

➤ 了解消费税的征收范围及纳税人。

➤ 掌握现行消费税的税目及适用税率。

➤ 学会消费税应纳税额的计算方法。

➤ 掌握消费税的纳税申报与缴纳程序。

**2. 能力目标**

➤ 能够熟练说出消费税的税目及所适用的税率。

➤ 独立计算消费税的应纳税额。

➤ 学会作为优秀办税员应如何按时申报与缴纳消费税。

**3. 情感目标**

➤ 培养良好的职业道德素养。

➤ 爱国护税，做一名按时纳税的优秀办税员。

【本章重点】

➤ 消费税的税目及适用税率。

➤ 消费税的应纳税额计算。

➤ 消费税的纳税期限和地点及具体申报与缴纳方法。

【本章难点】

➤ 消费税应纳税额的计算。

➤ 纳税申报表的填写与使用。

## 第一节　消费税的基本知识

**拓展阅读**

国务院于 1993 年 12 月 13 日颁布了《中华人民共和国消费税暂行条例》，财政部 1993 年 12 月 25 日颁布了《中华人民共和国消费税暂行条例实施细则》，并于 1994 年 1 月 1 日起开征消费税。为了适应我国社会经济的发展，财政部、税务总局于 2006 年 4 月 1 日对消费税的税目、税率及相关政策进行了调整。2008 年又在国际大环境和国内经济形势的新要求下重新修订了《中华人民共和国消费税暂行条例》，并于 2009 年 1 月 1 日起开始实施。

## 一、消费税的概念

消费税是对我国境内从事生产、委托加工和进口应税消费品的单位和个人，就其销售额或销售数量，在特定环节征收的一种税。简单地说，消费税是对特定的消费品和消费行为征收的一种税。消费税属于价内税，实行单一环节征收，主要是在应税消费品的生产、委托加工和进口环节缴纳。

## 二、消费税的征收范围、税目

### （一）消费税的征收范围

根据《中华人民共和国消费税暂行条例》（以下简称《消费税暂行条例》）的规定，消费税的征收范围为：在中华人民共和国境内生产、委托加工和进口《消费税暂行条例》规定的消费品，大体上可归为以下五类。

第1类：一些过度消费会对人身健康、社会秩序、生态环境等方面造成危害的特殊消费品，如烟、酒、鞭炮和焰火等。

第2类：奢侈品、非生活必需品，如高档化妆品、贵重首饰及珠宝玉石等。

第3类：高能耗及高档消费品，如摩托车、小汽车等。

第4类：不可再生和替代的稀缺资源消费品，如汽油、柴油等油品。

第5类：税基宽广、消费普遍、征税后不影响居民基本生活并具有一定财政意义的消费品，如汽车轮胎。

> 想一想
>
> 生产下列消费品需要交消费税吗？
> （1）香烟；（2）啤酒；（3）小汽车；（4）手表。

### （二）消费税的税目

税目是指征收对象的具体化。目前，我国消费税共有15个税目，具体内容如下：

**1. 烟**

凡是以烟叶为原料加工生产的产品，不论使用何种辅料，均属于本税目的征收范围。烟包括3个子目。

（1）卷烟（包括甲类卷烟和乙类卷烟）。

（2）雪茄烟。

（3）烟丝。

**2. 酒**

酒是指酒精度1度以上的各种酒类饮料。酒包括4个子目。

（1）白酒（包括粮食白酒和薯类白酒）。

（2）黄酒。

（3）啤酒。

（4）其他酒（其他酒是指除粮食白酒、薯类白酒、黄酒、啤酒以外，酒精度在 1 度以上的各种酒。其征收范围包括糠麸白酒、其他原料白酒、土甜酒、复制酒、果木酒、汽酒、药酒等）。

> **小提示**
>
> 对饮食业、商业、娱乐业举办的啤酒屋（啤酒坊）利用啤酒生产设备生产的啤酒，应当征收消费税。

### 3. 高档化妆品

高档化妆品包括高档美容、修饰类化妆品、高档护肤类化妆品和成套化妆品。

> **小提示**
>
> 高档美容、修饰类化妆品和高档护肤类化妆品是指生产（进口）环节销售（完税）价格（不含增值税）在 10 元/毫升（克）或 15 元/片（张）及以上的美容、修饰类化妆品和护肤类化妆品。

### 4. 贵重首饰及珠宝玉石

应税贵重首饰及珠宝玉石是指以金、银、珠宝玉石等高贵稀有物质，以及其他金属、人造宝石等制作的各种纯金银及镶嵌饰物，以及经采掘、打磨、加工的各种珠宝玉石。

### 5. 鞭炮、焰火

鞭炮即爆竹，是用多层纸密裹火药，接以药引线，制成的一种爆炸品。焰火是指焰火剂，一般系包扎品，内装药剂，点燃后烟火喷射，呈各种颜色，有的还变幻成各种景像，分平地小焰火和空中大焰火两类。

鞭炮、焰火通常分为 13 类，即喷花类、旋转类、旋转升空类、火箭类、吐珠类、线香类、小礼花类、烟雾类、造型玩具类、炮竹类、摩擦炮类、组合烟花类、礼花弹类。

> **小提示**
>
> 体育运动方面所用的发令纸、鞭炮药引线，不按本税目征收。

### 6. 成品油

成品油包括汽油、柴油、航空煤油、石脑油、溶剂油、润滑油、燃料油 7 个子目。

### 7. 摩托车

摩托车是指最大设计车速超过 50 千米/时、发动机气缸总工作容积超过 50 毫升、空车质量不超过 400 千克（带驾驶室的正三轮车及特种车的空车质量不受此限）的两轮和三轮机动车。

### 8. 小汽车

小汽车是指由动力装置驱动，具有 4 个或 4 个以上车轮的非轨道承载的车辆。电动汽车不属于本税目征收范围。

**9. 高尔夫球及球具**

高尔夫球及球具是指从事高尔夫运动所需的各种专用设备，包括高尔夫球、高尔夫球杆及高尔夫球包（袋）等。

**10. 高档手表**

高档手表是指销售价格（不含增值税）每只在 10 000 元（含）以上的各类手表。

**11. 游艇**

游艇指艇身长度大于 8 米（含）小于 90 米（含），内置发动机，可在水上移动，一般为私人或团体购置的，主要用于水上运动和休闲娱乐等非盈利活动的各类机动艇。

> **想一想**　小明去海边旅游时坐过的游览游艇（长度大于 8 米、小于 60 米）主要用于休闲娱乐，它是否属于消费税的征收范围？

**12. 木制一次性筷子**

木制一次性筷子，又称卫生筷子，是指以木材为原料经过锯段、浸泡、旋切、刨切、烘干、筛选、打磨、倒角、包装等环节加工而成的各类一次性使用的筷子。

**13. 实木地板**

实木地板是指以木材为原料，经锯割、干燥、刨光、截断、开榫、涂漆等工序加工而成的块状或条状的地面装饰材料。征收范围包括各类规格的实木地板、实木复合地板，以及用于装饰墙壁、天棚的侧端面为榫、槽的实木装饰板。未经涂饰的素板属于本税目征税范围。

**14. 电池**

电池，是一种将化学能、光能等直接转换为电能的装置，一般由电极、电解质、容器、极端，通常还有隔离层组成的基本功能单元，以及用一个或多个基本功能单元装配成的电池组。范围包括：原电池、蓄电池、燃料电池、太阳能电池和其他电池。

> **小提示**　对无汞原电池、金属氢化物镍蓄电池（又称"氢镍蓄电池"或"镍氢蓄电池"）、锂原电池、锂离子蓄电池、太阳能电池、燃料电池和全钒液流电池免征消费税。

**15. 涂料**

涂料是指涂于物体表面能形成具有保护、装饰或特殊性能的固态涂膜的一类液体或固体材料的总称。涂料由主要成膜物质、次要成膜物质等构成。按主要成膜物质涂料可分为油脂类、天然树脂类、酚醛树脂类、沥青类、醇酸树脂类、氨基树脂类、硝基类、过滤乙烯树脂类、烯类树脂类、丙烯酸酯类树脂类、聚酯树脂类、环氧树脂类、聚氨酯树脂类、元素有机类、橡胶类、纤维素类、其他成膜物类等。

## 三、消费税的纳税人

2008 年修订的《中华人民共和国消费税暂行条例》规定，在中华人民共和国境内生产、委托加工和进口本条例规定的消费品的单位和个人，以及国务院确定的销售本条例规定的消费品的其他单位和个人，为消费税的纳税人，应当依照本条例缴纳消费税。其中：①"中华人民共和国境内"是指生产、委托加工和进口应税消费品的起运地或所在地在境内。②"单位"是指企业、行政单位、事业单位、军事单位、社会团体及其他单位。③"个人"指个体工商户及其他个人。

> **课堂练兵**
>
> 下列各项消费品中应征收消费税的是（　　　　）。
> A. 摩托车　　B. 彩电　　　C. 冰箱　　　D. 空调
> E. 鞭炮　　　F. 焰火　　　G. 火柴　　　H. 打火机

## 四、消费税的税率

消费税税率形式的选择，主要根据课税对象的具体情况来决定。对一些供求基本平衡，价格差异不大，计量单位规范的消费品选择计税简易的定额税率。对一些供求矛盾突出，价格差异较大，计量单位不规范的消费品选择税价联动的比例税率。

我国现行消费税税率分别采用比例税率、定额税率和复合税率三种形式，以适应不同消费品的实际情况。具体内容如表 3-1 所示。

**表 3-1　消费税税目税率表**

| 税　　目 | 征 税 范 围 | 计 税 单 位 | 税　　率 |
|---|---|---|---|
| 一、烟 | | | |
| 　1. 卷烟 | | 每标准箱 50 000 支 | |
| 　　（1）甲类卷烟 | [调拨价 70 元（不含增值税）/条以上（含 70 元）] | | 56%加 0.003 元/支 |
| 　　（2）乙类卷烟 | [调拨价 70 元（不含增值税）/条以下] | | 36%加 0.003 元/支 |
| 　商业批发 | | 在批发环节征收 | 11%加 0.005 元/支 |
| 　2. 雪茄烟 | | | 36% |
| 　3. 烟丝 | | | 30% |
| 二、酒 | | | |
| 　1. 白酒 | 包括粮食白酒和薯类白酒 | 500 克 | 20%加 0.5 元/500 克 |
| 　2. 黄酒 | | 吨 | 240 元/吨 |
| 　3. 啤酒 | （1）甲类啤酒 | 每吨出厂价格（含包装物及包装物押金）在 3 000 元（含 3 000 元，不含增值税）以上的，以及娱乐和饮食业自制的啤酒 | 250 元/吨 |
| | （2）乙类啤酒 | 每吨在 3 000 元（不含 3 000 元，不含增值税）以下的 | 220 元/吨 |
| 　4. 其他酒 | | | 10% |

（续表）

| 税　目 | 征税范围 | 计税单位 | 税　率 |
|---|---|---|---|
| 三、高档化妆品 | 高档美容、修饰类化妆品、高档护肤类化妆品和成套化妆品 | | 15% |
| 四、贵重首饰及珠宝玉石 | 包括各种金、银、珠宝首饰及珠宝玉石 | | |
| 　1．金银首饰 | 金银首饰、铂金首饰和钻石及钻石饰品 | 在零售环节征收 | 5% |
| 　2．非金银首饰 | 其他贵重首饰和珠宝玉石 | 生产销售环节 | 10% |
| 五、鞭炮、焰火 | | | 15% |
| 六、成品油 | | | |
| 　1．汽油 | | 升 | 1.52 元/升 |
| 　2．柴油 | | 升 | 1.2 元/升 |
| 　3．航空煤油 | | 升 | 1.2 元/升 |
| 　4．石脑油 | | 升 | 1.52 元/升 |
| 　5．溶剂油 | | 升 | 1.52 元/升 |
| 　6．润滑油 | | 升 | 1.52 元/升 |
| 　7．燃料油 | | 升 | 1.2 元/升 |
| 七、摩托车 | 1．气缸容量（排气量，下同）250 毫升的 | | 3% |
| | 2．气缸容量在 250 毫升以上的 | | 10% |
| 八、小汽车 | | | |
| 　1．乘用车 | （1）气缸容量（排气量，下同）在 1.0 升（含）以下的 | | 1% |
| | （2）气缸容量在 1.0 升以上至 1.5 升（含）的 | | 3% |
| | （3）气缸容量在 1.5 升以上至 2.0 升（含）的 | | 5% |
| | （4）气缸容量在 2.0 升以上至 2.5 升（含）的 | | 9% |
| | （5）气缸容量在 2.5 升以上至 3.0 升（含）的 | | 12% |
| | （6）气缸容量在 3.0 升以上至 4.0 升（含）的 | | 25% |
| | （7）气缸容量在 4.0 升以上的 | | 40% |
| 　2．中轻型商用客车 | | | 5% |
| 　3．超豪华小汽车 | 每辆零售价格 130 万元（不含增值税）及以上的乘用车和中轻型商用客车 | 在零售环节征收 | 10% |
| 九、高尔夫球及球具 | | | 10% |
| 十、高档手表 | 不含增值税价格在 10 000 元（含）以上 | | 20% |
| 十一、游艇 | | | 10% |
| 十二、木制一次性筷子 | | | 5% |
| 十三、实木地板 | | | 5% |
| 十四、电池 | | | 4% |
| 十五、涂料 | | | 4% |

知识链接

### 配制酒消费税适用税率

自 2011 年 10 月 1 日起，配制酒消费税适用税率按以下规定执行：

（1）以蒸馏酒或食用酒精为酒基，同时符合以下条件的配制酒，按消费税税目税率表"其他酒"10%适用税率征收消费税。

① 具有国家相关部门批准的国食健字或卫食健字文号；

② 酒精度低于 38 度（含）。

（2）以发酵酒为酒基，酒精度低于 20 度（含）的配制酒，按消费税税目税率表"其他酒"10%适用税率征收消费税。

（3）其他配制酒，按消费税税目税率表"白酒"适用税率征收消费税。

所谓配制酒（露酒），是指以发酵酒、蒸馏酒或食用酒精为酒基，加入可食用或药食两用的辅料或食品添加剂，进行调配、混合或再加工制成的，并改变了其原酒基风格的饮料酒。

课堂练兵

**下列常用消费品的消费税税率是多少？**

（1）每吨出厂价格为 3 500 元的啤酒；

（2）快餐店的木制一次性筷子；

（3）鞭炮、焰火；

（4）气缸容量为 1.6 升的家用汽车；

（5）商场出售的高档化妆品。

## 五、消费税的减免规定

（1）纳税人自产自用的应税消费品，用于连续生产应税消费品的，不缴纳消费税。

（2）委托加工的应税消费品直接出售的，不再缴纳消费税。

根据财政部、国家税务总局的规定，自 2012 年 9 月 1 日起，委托方将收回的应税消费品，以不高于受托方的计税价格出售的，为直接出售，不再缴纳消费税；委托方以高于受托方的计税价格出售的，不属于直接出售，需按照规定申报缴纳消费税，在计税时准予扣除受托方已代收代缴的消费税。

知识链接

经国务院批准，从 2009 年 1 月 1 日起，对成品油生产企业在生产成品油过程中，作为燃料、动力及原料消耗掉的自产成品油，免征消费税。对用于其他用途或直接对外销售的成品油照章征收消费税。

成品油生产企业生产自用油前已经缴纳的消费税，符合该免税规定的，予以退还。

（3）对纳税人出口应税消费品，免征消费税；国务院另有规定的除外。出口应税消费品的免税办法，由国务院财政、税务主管部门规定。

# 第二节　消费税的计算与申报缴纳

## 一、消费税应纳税额的计算

消费税有从量定额、从价定率及从量定额与从价定率相结合的复合计税三种计算应纳税额的方法。

### （一）从量定额计税方法

我国消费税仅对黄酒、啤酒、成品油三类应税消费品实行从量定额的办法征税，其计税公式为：

$$应纳税额=应纳消费税数量×定额税率$$

实行从量定额办法计算应纳税额的应税消费品，计量单位的换算标准如下：

| | | | |
|---|---|---|---|
| 黄　酒 | 1 吨=962 升 | 啤　酒 | 1 吨=988 升 |
| 汽　油 | 1 吨=1 388 升 | 柴　油 | 1 吨=1 176 升 |
| 航空煤油 | 1 吨=1 246 升 | 石脑油 | 1 吨=1 385 升 |
| 溶剂油 | 1 吨=1 282 升 | 润滑油 | 1 吨=1 126 升 |
| 燃料油 | 1 吨=1 015 升 | | |

应纳消费税数量具体为：

（1）销售应税消费品的，为应税消费品的销售数量；

（2）自产自用应税消费品的，为应税消费品的移送使用数量；

（3）委托加工应税消费品的，为纳税人收回的应税消费品数量；

（4）进口应税消费品的，为海关核定的应税消费品进口征税数量。

【例 3-1】　水帘石化厂 2017 年 1 月销售柴油 1 000 000 升，销售润滑油 500 000 升，同月将自产柴油 3 000 升用于本厂的车辆使用，柴油适用定额税率为 1.2 元/升，润滑油适用定额税率为 1.52 元/升。

问：该厂 2017 年 1 月应纳消费税是多少？

> **想一想**　直接用于销售的柴油和自产自用的柴油应税消费品数量应如何计算？

**解**　应纳消税税额=1 000 000×1.2+500 000×1.52+3 000×1.2=1 963 600（元）

【例 3-2】　黄海啤酒厂 2017 年 6 月销售啤酒 200 吨，每吨不含增值税的出厂价格为 3 200 元。

问：该厂 2017 年 6 月应纳消费税税额是多少？

**解**　每吨啤酒出厂价格在 3 000 元（含 3 000 元，不含增值税）以上的，适用的税率为 250 元/吨。

应纳消费税税额=200×250=50 000（元）

## （二）从价定率计税方法

从价定率是指以应税消费品的价格为计税依据，并按一定百分比税率计税的方法。其计算公式为：

应纳税额=应税消费品的销售额×比例税率

当应税消费品的比例税率已定时，应纳税额的计算是否正确，关键取决于销售额的确认。而销售额的确认又因销售额形成的方式不同而有所区别，现分述如下。

### 1. 对外销售应税消费品应纳税额的计算

1）应税销售额的确认

纳税人对外销售其生产的应税消费品，应当以其销售额为依据计算纳税。这里的销售额包括向购货方收取的全部价款和价外费用，但不包括应向购货方收取的增值税税额。如果纳税人应税消费品的销售额中未扣除增值税税款或者因不得开具增值税专用发票而采取价税合并形式收取货款的，在计算消费税额时，应换算成不含增值税的销售额之后再进行计算，换算公式为：

应税消费品的销售额=含增值税的销售额÷（1+增值税税率或征收率）

《中华人民共和国消费税暂行条例实施细则》规定的价外费用，是指价外向购买方收取的手续费、补贴、基金、集资费、返还利润、奖励费、违约金、滞纳金、延期付款利息、赔偿金、代收款项、代垫款项、包装费、包装物租金、储备费、优质费、运输装卸费，以及其他各种性质的价外收费。

但下列项目不包括在内。

（1）同时符合以下条件的代垫运输费用：

① 承运部门的运输费用发票开具给购买方的；

② 纳税人将该项发票转交给购买方的。

（2）同时符合以下条件代为收取的政府性基金或者行政事业性收费：

① 由国务院或者财政部批准设立的政府性基金，由国务院或者省级人民政府及其财政、价格主管部门批准设立的行政事业性收费；

② 收取时开具省级以上财政部门印制的财政票据；

③ 所收款项全额上缴财政。

此外，对于应税销售额的确认还有一些特殊规定：

① 应税消费品连同包装物销售的，无论包装物是否单独计价，以及在会计上如何核算，均应并入应税消费品的销售额中缴纳消费税。如果包装物不作价随同产品销售，而是收取押金，此项押金则不应并入应税消费品的销售额中征税。但对因逾期未收回的包装物不再退还的或者已收取的时间超过12个月的押金，应并入应税消费品的销售额，按照应税消费品的适用税率缴纳消费税。

对既作价随同应税消费品销售，又另外收取押金的包装物的押金，凡纳税人在规定的期限内没有退还的，均应并入应税消费品的销售额，按照应税消费品的适用税率缴纳消费税。

② 纳税人销售的应税消费品，以人民币以外的货币结算销售额的，其销售额的人民币折合率可以选择销售额发生的当天或者当月1日的人民币汇率中间价。纳税人应在事先确定采用

何种折合率，确定后 1 年内不得变更。

③ 纳税人通过自设非独立核算门市部销售的自产应税消费品，应当按照门市部对外销售金额缴纳消费税。

④ 纳税人用于换取生产资料和消费资料、投资入股和抵偿债务等方面的应税消费品，应当以纳税人同类应税消费品的最高销售价格作为计税依据计算消费税。

2）纳税人兼营不同税率的应税消费品的处理

纳税人兼营不同税率的应税消费品，应当分别核算不同税率应税消费品的销售数量，销售额。未分别核算销售数量、销售额，或者将不同税率的应税消费品组成成套消费品销售的，从高适用税率。

**【例 3-3】** 飞腾厂生产销售气缸容量为 260 毫升的摩托车，当月取得含税销售价款为 1 170 000 元，适用增值税的税率为 17%，该应税消费品的消费税税率为 10%。

问：该厂当月应纳消费税是多少？

**解** 应税消费品的销售额=1 170 000÷（1+17%）=1 000 000（元）

应纳消费税税额=1 000 000×10%=100 000（元）

> **小提示**
> 　　纳税人销售的应税消费品，如果是以外汇计算销售额的，应当按外汇牌价折合成人民币计算应纳税额。

**2. 自产自用应税消费品应纳税额的计算**

纳税人自产自用应税消费品分为两种情况：一种是用于连续生产，继续加工成应税消费品。例如，以自产的烟丝继续加工成卷烟，只需就最终产品卷烟缴纳消费税，而作为中间产品的烟丝则不需缴税。另一种则是将自产应税消费品用于除生产以外的其他方面，是指纳税人将自产自用应税消费品用于生产非应税消费品、在建工程、管理部门、非生产机构、提供劳务、馈赠、赞助、集资、广告、样品、职工福利、奖励等方面。这种情况就应在自产应税消费品移送使用时计算缴纳消费税。

> **知识链接**
> 　　根据国家税务总局印发《消费品若干具体问题的规定》的规定，应税消费品的全国平均成本利润率分别是：
> 　　①高档手表为 20%；②粮食白酒、甲类卷烟、高尔夫球及球具、游艇为 10%；③乘用车为 8%；④贵重首饰及珠宝玉石、摩托车为 6%；⑤涂料为 7%；⑥乙类卷烟、雪茄烟、烟丝、薯类白酒、其他酒、化妆品、鞭炮、焰火、汽车轮胎、木制一次性筷子、实木地板和中轻型商用客车为 5%；⑦电池为 4%。

计税时，应以纳税人生产的同类消费品的销售价格为计税依据，如果没有同类消费品销售价格的，可按组成计税价格计算纳税，组成计税价格的计算公式为：

组成计税价格=（成本+利润）÷（1-消费税税率）

=成本 ×（1+平均成本利润率）÷（1-消费税税率）

应纳消费税税额=组成计税价格×比例税率

式中　成本——应税消费品的产品生产成本；

利润——根据应税消费品的全国平均成本利润率计算的利润。应税消费品的全国平均成本利润率由国家税务总局确定。

【例 3-4】 润清公司将生产的成套化妆品发给职工作为福利，查知无同类产品销售价格，其生产成本为 100 000 元（不含税成本）。国家税务总局核定的该产品的平均成本利润率为 5%，化妆品比例税率为 15%。

问：该公司应纳消费税税额是多少？

**解** 组成计税价格=100 000×（1+5%）÷（1−15%）=123 529.41（元）

应纳消费税税额=123 529.41×15%=18 529.41（元）

【例 3-5】 泉润日用化妆品公司是生产和销售高档化妆品与护肤护发品的有限责任公司，2017 年 6 月发生以下经济业务：

（1）公司门市部销售香水 300 瓶，每瓶 200 元（不含增值税）。另外销售高档口红 400 支，每支售价 160 元（不含增值税）。

（2）销售给某电视台上妆油 40 瓶，卸装油 50 瓶，不含增值税价款共 40 000 元。

（3）将自产的化妆品和护肤护发品组成成套礼盒作为节日福利发放给职工。成套礼盒没有同类产品市场销售价格可以参考，只知生产成本为 60 000 元，化妆品适用的全国平均成本利润率为 5%。

月末，企业计算应缴纳的消费税为 143 000 元，计算方法如下：

香水、口红应纳税额=300×200×15%+400×160×15%=18 600（元）

上妆油、卸装油应纳税额=40 000×15%=6 000（元）

成套礼盒应纳税额=60 000×15%=9 000（元）

本月应纳税额=18 600+6 000+9 000=33 600（元）

公司领导认为税款计算有误，请有关税务专家进行审核。

问：该公司消费税的应纳税额计算是否存在问题？如果存在问题，又该如何改正呢？

**解** 根据消费税暂行条例的规定：

（1）纳税人对外销售其生产的应税消费品，应当以其销售额为依据计算纳税。纳税人通过自设非独立核算门市部销售的自产应税消费品，应当按照门市部对外销售金额缴纳消费税，所以出售的香水、口红都应交纳消费税，公司办税员的计算正确。

（2）虽然上妆油、卸装油属于化妆品，但消费税暂行条例规定舞台、戏剧、影视演员化妆用的上妆油、卸妆油、油彩，不属于化妆品的征收范围，所以不用纳税。公司办税员没有全面了解这些知识，因而多算了消费税 6 000 元。

（3）将自产应税消费品用于除生产以外的其他方面，如用于馈赠、赞助、广告、职工福利等方面的应税消费品，这种情况就应在自产应税消费品移送使用时计算缴纳消费税。计税时，如果没有同类消费品销售价格的，应按组成计税价格计算纳税。办税员以成本为依据纳税是错误的，应先算出组成计税价格：

组成计税价格=（成本+利润）÷（1−消费税税率）

=成本×（1+平均成本利润率）÷（1−消费税税率）

=60 000×（1+5%）÷（1−15%）=74 117.65（元）

应纳消费税税额=74 117.65×15%=11 117.65（元）

综合以上分析，税务专家审核后确实发现了问题。

实际上该公司应纳消费税税额为 18 600+11 117.65=29 717.65 元，办税员计算的应纳税额为 33 600 元，总共多算了 3 882.35 元，应及时予以改正。由此也说明，熟悉税收法规并认真细心地工作是多么得重要。

**3. 委托加工应税消费品应纳税额的计算**

纳税人委托加工的应税消费品，应当按照同类消费品的销售价格计算纳税，如果没有同类消费品销售价格的，可以按照组成计税价格计算纳税。其计算公式为：

$$组成计税价格＝（材料成本+加工费）÷（1-比例税率）$$

$$应纳税额＝组成计税价格×比例税率$$

式中　材料成本——委托方所提供加工材料的实际成本，委托方有责任如实提供有关"材料成本"的核算资料；

　　　加　工　费——受托方加工应税消费品向委托方收取的全部费用（包括代垫辅助材料的实际成本，但不包括增值税税金）。

【例3-6】　万丽工厂委托明允工厂加工一批实木地板，根据合同，万丽工厂提供的原材料成本为 240 000 元，明允工厂代垫辅助材料的成本为 20 000 元，收取加工费 25 000 元，该应税消费品适用税率为 5%。受托的明允工厂没有同类消费品的销售价格。

问：受托方应代收代缴的消费税税额是多少？

**解**　组成计税价格＝（240 000+20 000+25 000）÷（1-5%）

　　　　　　　　　=300 000（元）

　　　　应代收代缴消费税税额=300 000×5%=15 000（元）

委托加工应税消费品的计税还有一些特殊规定。

（1）委托加工的应税消费品，除受托方为个人外，由受托方在向委托方交货时代收代缴税款。即受托方如果是个人，则不用代扣代缴税款。消费税实施细则进一步明确，委托个人加工的应税消费品，由委托方收回后向其机构所在地或者居住地主管税务机关申报缴纳消费税。

（2）纳税人将委托加工的应税消费品收回后，如果直接进行出售的，无须再缴纳消费税。

（3）纳税人如果将委托加工的应税消费品加工收回后作为原材料用于连续生产的应税消费品，已由受托方代收代缴消费税的，在计税时按当期生产领用数量计算，准予扣除委托加工的应税消费品已纳的消费税税款，从而避免重复缴纳消费税。

①　以委托加工收回的已税烟丝生产的卷烟；

②　以委托加工收回的已税化妆品生产的高档化妆品；

③　以委托加工收回的已税珠宝玉石生产的贵重首饰及珠宝玉石；

④　以委托加工收回的已税鞭炮焰火生产的鞭炮焰火；

⑤　以委托加工收回的已税摩托车生产的摩托车；

⑥　以委托加工收回的已税杆头、杆身和握把为原料生产的高尔夫球杆；

⑦　以委托加工收回的已税木制一次性筷子为原料生产的木制一次性筷子；

⑧　以委托加工收回的已税实木地板为原料生产的实木地板。

上述当期准予扣除委托加工收回的应税消费品已纳消费税税款的计算公式是：

当期准予扣除的委托加工应税消费品已纳税款=期初库存的委托加工应税消费品已纳税款+当期收回的委托加工应税消费品已纳税款-期末库存的委托加工应税消费品已纳税款

想一想

　　如果万丽工厂将委托加工的实木地板用于连续生产成应税消费品（最终产品），然后全部进行销售，需要交消费税吗？委托加工时缴纳的消费税能抵扣吗？

**4. 进口应税消费品应纳税额的计算**

纳税人进口的应税消费品，于报关进口时纳税，由海关代征。应纳税额应当按照组成计税价格计算纳税。计算公式为：

组成计税价格=（关税完税价格+关税）÷（1-消费税比例税率）

应纳税额=组成计税价格×比例税率

这里所说的关税完税价格，是指海关核定的关税计税价格。

【例3-7】迎奥进出口公司进口一批高档手表，海关核定的关税完税价格为人民币600 000元，关税税额为人民币120 000元，高档手表的消费税税率为20%。

问：该公司应纳消费税税额是多少？

**解**　组成计税价格=（600 000+120 000）÷（1-20%）=900 000（元）

应纳税额=900 000×20%=180 000（元）

**（三）从量定额与从价定率相结合的复合计税方法**

现行消费税的征税范围中，只有卷烟、粮食白酒、薯类白酒采用复合计算方法。其基本计算公式为：

应纳税额=销售额×比例税率+销售数量×定额税额

生产销售卷烟、粮食白酒、薯类白酒从量定额计税依据为实际销售数量。

进口、委托加工、自产自用卷烟、粮食白酒、薯类白酒从量定额计税依据分别为海关核定的进口征税数量、委托方收回数量、移送使用数量。

【例3-8】吉运厂2017年6月发生以下业务：酒厂门市部销售粮食白酒30吨，每吨不含增值税价格为5 000元。

问：该批粮食白酒应纳消费税税额是多少？

**解**　白酒采用从量定额与从价定率相结合的复合计税方法。

应纳税额=30×1 000×2×0.5+30×5 000×20%

=30 000+30 000=60 000（元）

课堂练兵

　　纳税人委托加工的应税消费品，应当按照同类消费品的销售价格计算纳税，如果没有同类消费品销售价格的，可以按照组成计税价格计算纳税，组成计税价格计算公式为（　　）。

　　A. 组成计税价格=材料成本÷（1-消费税税率）

　　B. 组成计税价格=（材料成本+加工费）÷（1-消费税税率）

　　C. 组成计税价格=（关税完税价格+关税）÷（1-消费税税率）

　　D. 组成计税价格=（成本+利润）÷（1-消费税税率）

## 二、消费税的纳税义务发生时间

（1）纳税人采取赊销和分期收款结算方式的，其纳税义务的发生时间，为合同的约定收款日期。但对于没有合同，无法确认约定收款日期的，按会计法规的规定，在货物发出时确认纳税义务发生时间。

（2）纳税人采取预收货款结算方式的，其纳税义务的发生时间，为发出应税消费品的当天。

（3）纳税人采取托收承付和委托银行收款方式销售的应税消费品，其纳税义务的发生时间，为发出应税消费品并办妥托收手续的当天。

（4）纳税人采取其他结算方式，其纳税义务的发生时间，为收讫销售款或者取得索取销售款凭据的当天。

（5）除铂金首饰在生产环节纳税外，其他金银首饰消费税在零售环节纳税，其纳税义务发生时间为收讫销货款或取得索取销货款凭据的当天。

（6）纳税人自产自用的应税消费品，其纳税义务的发生时间为移送使用的当天。

（7）委托加工的应税消费品，除受托方为个人外，由受托方在向委托方交货时代收代缴税款。委托个人加工的应税消费品，由委托方收回后向其机构所在地或者居住地主管税务机关申报缴纳消费税。其纳税义务的发生时间，为受托方向委托方交货的当天。

（8）进口的应税消费品，由报关进口人在报关进口时纳税。其纳税义务的发生时间，为报关进口的当天。

### 三、消费税的纳税期限

消费税的纳税期限分别为 1 日、3 日、5 日、10 日、15 日、1 个月或者 1 个季度。纳税人的具体纳税期限，由主管税务机关根据纳税人应纳税额的大小分别核定；不能按照固定期限纳税的，可以按次纳税。

纳税人以 1 个月或者 1 个季度为 1 个纳税期的，自期满之日起 15 日内申报纳税；以 1 日、3 日、5 日、10 日或者 15 日为 1 个纳税期的，自期满之日起 5 日内预缴税款，于次月 1 日起 15 日内申报纳税结清上月应纳税款。

纳税人进口应税消费品，应当自海关填发海关进口消费税专用缴款书之日起 15 日内缴纳税款。

### 四、消费税的纳税地点

（1）纳税人销售的应税消费品，以及自产自用的应税消费品，除国务院财政、税务主管部门另有规定外，应当向纳税人机构所在地或者居住地的主管税务机关申报纳税。

（2）纳税人的总机构与分支机构不在同一县（市）的，应当在生产应税消费品的分支机构所在地缴纳消费税。经国家税务总局和省级国家税务部门批准，纳税人分支机构应纳的消费税税款也可以由总机构汇总向总机构所在地的税务机关缴纳。其中，总机构与分支机构不在同一省（自治区、直辖市）内的，需要经过国家税务总局批准；总机构与分支机构在同一省（自治区、直辖市）内，不在同一县（市）内的，由省级国家税务局批准。

（3）委托加工的应税消费品，除受托方为个人外，由受托方向机构所在地或者居住地的主管税务机关解缴消费税税款。

（4）进口的应税消费品，由进口人或其代理人向报关地海关申报缴纳消费税。

明确了纳税期限和纳税地点，才能进行申报和缴纳。

## 五、消费税纳税申报表的填写

### 1. 消费税纳税申报表

目前，消费税纳税申报表分为五大类消费品，适用于相应的消费税纳税人。

（1）《烟类应税消费品消费税纳税申报表》及其附表仅限于烟类消费税纳税人使用。

（2）《酒类应税消费品消费税纳税申报表》及其附表仅限于酒类消费税纳税人使用。

（3）《成品油消费税纳税申报表》及其附表仅限于成品油消费税纳税人使用。

（4）《小汽车消费税纳税申报表》及其附表仅限于小汽车消费税纳税人使用。

（5）《其他应税消费品消费税纳税申报表》及其附表限于高档化妆品、贵重首饰及珠宝玉石、鞭炮焰火、摩托车、高尔夫球及球具、高档手表、游艇、木制一次性筷子、实木地板等消费税纳税人。

纳税人进行消费税申报时要按上述规定进行分类申报，申报时申报表及其附表都要报送主管税务机关。

下面仅以《酒类应税消费品消费税纳税申报表》（见表3-2）为例加以说明。

**表3-2 酒类应税消费品消费税纳税申报表**

税款所属期：　　　年　月　日　至　　　年　月　日

纳税人名称（公章）：　　　纳税人识别号：　□□□□□□□□□□□□□□□□

填表日期：　　年　月　日　　　　　　　　　　　　金额单位：元（列至角分）

| 项目 应税消费品名称 | 适用税率 定额税率 | 适用税率 比例税率 | 销售数量 | 销售额 | 应纳税额 |
|---|---|---|---|---|---|
| 粮食白酒 | 0.5元/斤 | 20% | | | |
| 薯类白酒 | 0.5元/斤 | 20% | | | |
| 啤酒 | 250元/吨 | — | | | |
| 啤酒 | 220元/吨 | — | | | |
| 黄酒 | 240元/吨 | — | | | |
| 其他酒 | — | 10% | | | |
| 合计 | — | — | | | |

| | |
|---|---|
| 本期准予抵减税额： | 声明 |
| 本期减（免）税额： | 此纳税申报表是根据国家税收法律的规定填报的，我确定它是真实的、可靠的、完整的。 |
| 期初未缴税额： | 经办人（签章）：<br>财务负责人（签章）：<br>联系电话： |
| 本期缴纳前期应纳税额： | 如果你已委托代理人申报，请填写 |
| 本期预缴税额： | 授权声明 |
| 本期应补（退）税额： | 为代理一切税务事宜，现授权＿＿＿＿＿ |
| 期末未缴税额： | ＿＿＿＿＿（地址）为＿＿＿＿本纳税人的代理申报人，任何与本申报表有关的往来文件，都可寄于此人。<br>授权人签章： |
| 以下由税务机关填写 | |
| 受理人（签章）：　　　受理日期：　年　月　日　　　受理税务机关（章）： | |

**2. 消费税纳税申报表填写说明**

酒类消费税纳税申报表填表（见表3-2）说明：

（1）本表仅限酒类应税消费品消费税纳税人使用。

（2）本表"税款所属期"是指纳税人申报的消费税应纳税额的所属时间，应填写具体的起止年、月、日。

（3）本表"纳税人识别号"栏，填写纳税人的税务登记证号码。

（4）本表"纳税人名称"栏，填写纳税人单位名称全称。

（5）本表"销售数量"为《中华人民共和国消费税暂行条例》《中华人民共和国消费税暂行条例实施细则》及其他法规、规章规定的当期应申报缴纳消费税的酒类应税消费品销售（不含出口免税）数量。计量单位：粮食白酒和薯类白酒为斤（如果实际销售商品按照体积标注计量单位，应按500毫升为1斤换算），啤酒、黄酒和其他酒为吨。

（6）本表"销售额"为《中华人民共和国消费税暂行条例》《中华人民共和国消费税暂行条例实施细则》及其他法规、规章规定的当期应申报缴纳消费税的酒类应税消费品销售（不含出口免税）收入。

（7）根据《中华人民共和国消费税暂行条例》和《财政部 国家税务总局关于调整酒类产品消费税政策的通知》（财税〔2001〕84号）的规定，本表"应纳税额"计算公式如下：

① 粮食白酒、薯类白酒：

应纳税额=销售数量×定额税率+销售额×比例税率

② 啤酒、黄酒：

应纳税额=销售数量×定额税率

③ 其他酒：

应纳税额=销售额×比例税率

（8）本表"本期准予抵减税额"栏，填写按税收法规规定的本期准予抵减的消费税应纳税额。其准予抵减的消费税应纳税额情况，需填报本表附1《本期准予抵减税额计算表》予以反映。

"本期准予抵减税额"栏数值与本表附1《本期准予抵减税额计算表》"本期准予抵减税款合计"栏数值一致。。

（9）本表"本期减（免）税额"不含出口退（免）税额。

（10）本表"期初未缴税额"栏，填写本期期初累计应缴未缴的消费税额，多缴为负数。其数值等于上期申报表"期末未缴税额"栏数值。

（11）本表"本期缴纳前期应纳税额"栏，填写本期实际缴纳入库的前期应缴未缴消费税额。

（12）本表"本期预缴税额"栏，填写纳税申报前纳税人已预先缴纳入库的本期消费税额。

（13）本表"本期应补（退）税额"栏，填写纳税人本期应纳税额中应补缴或应退回的数额，计算公式如下，多缴为负数：

本期应补（退）税额＝应纳税额（合计栏金额）－本期准予抵减税额－本期减（免）税额－本期预缴税额

（14）本表"期末未缴税额"栏，填写纳税人本期期末应缴未缴的消费税税额，计算公式如下，多缴为负数：

期末未缴税额＝期初未缴税额＋本期应补（退）税额－本期缴纳前期应纳税额

（15）本表为 A4 竖式，所有数字小数点后保留两位。一式二份，一份纳税人留存，另一份税务机关留存。

# 第三节　消费税纳税综合实训

## 一、综合实训一

### 【案例材料】

企业名称：仁康酒业有限公司

纳税人识别号：370520010410682

注册资本：800 万元

经营范围：各类酒的生产和销售

业务资料：公司 2017 年 5 月发生以下业务：

（1）以外购粮食白酒和自产的糠麸白酒勾兑散装白酒 1 吨并销售，取得不含税的销售额 38 000 元，款已收到。

（2）自制粮食薯类白酒 6 吨，对外销售出 4 吨，收到不含税销售额 200 000 元（含包装费 30 000 元）。

（3）自产药酒 1 000 斤，全部售出，普通发票上注明含税销售额 58 500 元（含增值税）。

（4）从另一个酒厂购入粮食白酒 600 斤（已纳消费税 4 000 元），全部勾兑成低度白酒出售，数量 1 000 斤，取得不含税销售额 30 000 元。

（5）为厂庆活动特制啤酒 2 吨，全部发放给职工，同类产品的市场价为每吨 2 200 元，定额税率为 220 元/吨。

试计算该公司当月应纳的消费税税额，并根据上述数据填写《酒类应税消费品消费税纳税申报表》（见表 3-3）。

> **想一想**　公司交纳消费税的税法依据都有什么呢？试着自己总结一下，你都记住了吗？

### 【税法依据】

（1）用粮食和薯类、糠麸等多种原料混合生产的白酒，以粮食白酒为酒基的配置酒、泡制酒，以白酒或酒精为酒基，凡酒基所用原料无法确定的配置酒、泡制酒，一律按照粮食白酒的税率征税。

（2）应税消费品连同包装销售的，无论包装是否单独计价，也不论在会计上如何核算，均应并入应税消费品的销售额中缴纳消费税。

### 表 3-3　酒类应税消费品消费税纳税申报表

税款所属期：2017 年 05 月 01 日至 2017 年 05 月 31 日

纳税人名称（公章）：仁康酒业有限公司　　　　纳税人识别号：

| 3 | 7 | 0 | 5 | 2 | 0 | 0 | 1 | 0 | 4 | 1 | 0 | 6 | 8 | 2 | | | | |

填表日期：　2017 年 05 月 01 日　　　　　　　　　　金额单位：元（列至角分）

| 项目　　应税消费品名称 | 适用税率 | | 销售数量 | 销售额 | 应纳税额 |
|---|---|---|---|---|---|
| | 定额税率 | 比例税率 | | | |
| 粮食白酒 | 0.5 元/斤 | 20% | 3 000 | 68 000.00 | 15 100.00 |
| 薯类白酒 | 0.5 元/斤 | 20% | 8 000 | 200 000.00 | 44 000.00 |
| 啤酒 | 250 元/吨 | —— | | | |
| 啤酒 | 220 元/吨 | —— | 40 000 | 4 400.00 | 440.00 |
| 黄酒 | 240 元/吨 | | | | |
| 其他酒 | —— | 10% | 1 000 | 50 000.00 | 5 000.00 |
| 合计 | | | | —— | 64 540.00 |

| 本期准予抵减税额： | 声明 |
|---|---|
| 本期减（免）税额： | 此纳税申报表是根据国家税收法律的规定填报的，我确定它是真实的、可靠的、完整的。 |
| 期初未缴税额： | 经办人（签章）：<br>财务负责人（签章）：<br>联系电话： |
| 本期缴纳前期应纳税额： | 如果你已委托代理人申报，请填写<br>授权声明 |
| 本期预缴税额： | 为代理一切税务事宜，现授权_____ |
| 本期应补（退）税额： | （地址）_____为本纳税人的代理申报人， |
| 期末未缴税额：64 540.00 | 任何与本申报表有关的往来文件，都可寄予此人。<br>授权人签章： |
| 以下由税务机关填写 | |
| 受理人（签章）：　　　　受理日期：　　年　月　日　　　受理税务机关（章）： | |

（3）从 2001 年 5 月 1 日起停止执行生产领用外购酒和酒精已纳税款准予扣除的政策。所以此例中的外购白酒已纳消费税不得扣除。以外购的不同品种白酒勾兑的白酒，一律按照粮食白酒的税率征收。

（4）将自产应税消费品用于除生产以外的其他方面，如用于馈赠、赞助、广告、职工福利等方面的应税消费品，这种情况就应在自产应税消费品移送使用时计算缴纳消费税。计税时，应以纳税人生产的同类消费品的销售价格为计税依据，如果没有同类消费品销售价格的，可按组成计税价格计算纳税。

【计算与解析】

（1）对外购粮食和薯类、糠麸等多种原料混合生产的白酒，按粮食白酒的税率征税。

应纳税额=1×1 000×2×0.5+38 000×20%=8 600（元）

（2）销售薯类白酒。

应纳税额=4×1 000×2×0.5+200 000×20%=44 000（元）

（3）药酒归为其他酒类的范围内，实行从价计征消费税。

$$应纳税额 = 58\,500 \div (1+17\%) \times 10\% = 5\,000（元）$$

（4）外购白酒勾兑低度酒销售，外购白酒已纳税额不得扣除。低度白酒按粮食白酒征收消费税。

$$应纳税额 = 1\,000 \times 0.5 + 30\,000 \times 20\% = 6\,500（元）$$

（5）视同销售啤酒。

$$应纳税额 = 2 \times 220 = 440（元）$$

（6）计算该月应纳税额合计。

$$应纳税额合计 = 8\,600 + 44\,000 + 5\,000 + 6\,500 + 440 = 64\,540（元）$$

## 二、综合实训二

【案例材料】

企业名称：燕山卷烟有限责任公司，增值税一般纳税人

企业地址：济南市历山东路 26 号

企业纳税人识别号：370102103502167

注册资本：2 000 万元

经营范围：烟丝及成品烟的生产和销售

业务资料：公司 2017 年 6 月发生以下业务：

（1）本月烟厂门市部共销售 A 牌卷烟 40 箱，销售款为 702 000 元（含税），货款已收。

（2）本月对外销售 B 牌卷烟共 60 箱，即 15 000 标准条，每条调拨价 80 元（不含税），价款共 1 200 000 元，已收存银行。

（3）26 日，收回委托加工的烟丝 5 吨（本月尚未领用），合同载明该批烟丝材料成本 60 000 元，加工费 17 000 元，受托方无同类消费品的销售价格。

试计算该公司当月应纳的消费税额，并根据上述数据填写《烟类应税消费品消费税纳税申报表》（见表 3-4）。

> 想一想
> （1）门市部对外销售产品应如何纳税？
> （2）直接对外销售卷烟应如何纳税？
> （3）委托加工烟丝应如何纳税？

【税法依据】

（1）纳税人通过自设非独立核算门市部销售的自产应税消费品，应当按照门市部对外销售金额缴纳消费税。

（2）委托加工的应税消费品，除受托方为个人外，由受托方在向委托方交货时代收代缴税款。受托方应当按照同类消费品的销售价格计算纳税，如果没有同类消费品销售价格的，可以按照组成计税价格计算纳税。

**【申报表填写】**

**表 3-4　烟类应税消费品消费税纳税申报表**

税款所属期：　2017 年 6 月 1 日至 2017 年 6 月 30 日

纳税人名称（公章）：燕山卷烟有限责任公司

纳税人识别号：　| 3 | 7 | 0 | 1 | 0 | 2 | 1 | 0 | 3 | 5 | 0 | 2 | 1 | 6 | 7 |

填表日期：　2017 年 07 月 02 日　　　　　单位：卷烟万支、雪茄烟支、烟丝千克；金额单位：元（列至角分）

| 项目 / 应税消费品名称 | 适用税率 | | 销售数量 | 销售额 | 应纳税额 |
|---|---|---|---|---|---|
| | 定额税率 | 比例税率 | | | |
| 甲类卷烟 | 30 元/万支 | 56% | 60 箱 | 1 200 000.00 | 681 000.00 |
| 乙类卷烟 | 30 元/万支 | 36% | 40 箱 | 600 000.00 | 222 000.00 |
| 雪茄烟 | —— | 36% | | | |
| 烟丝 | —— | 30% | | | |
| 合计 | —— | —— | —— | 1 800 000.00 | 903 000.00 |

本期准予扣除税额：

本期减（免）税额：

期初未缴税额：

本期缴纳前期应纳税额：

本期预缴税额：

本期应补（退）税额：903 000.00

期末未缴税额：

声明　此纳税申报表是根据国家税收法律的规定填报的，我确定它是真实的、可靠的、完整的。
经办人（签章）：（略）　财务负责人（签章）：（略）　联系电话：（略）

如果你已委托代理人申报，请填写授权声明
为代理一切税务事宜，现授权_____（地址）_____为本纳税人的代理申报人，任何与本申报表有关的往来文件，都可寄予此人。
授权人签章：

以下由税务机关填写

受理人（签章）：　　受理日期：　年　月　日　　受理税务机关（章）：

**【计算与解析】**

（1）A 牌卷烟不含税销售额=702 000÷（1+17%）=600 000（元）

A 牌卷烟每条价格=600 000÷40÷250=60（元）

调拨价 70 元（不含增值税）/条以下的为乙类卷烟，适用比例税率 36%。

A 牌卷烟应纳税额=40×50 000×0.003+600 000×36%=222 000（元）

（2）每标准条售价 80 元的为甲类卷烟，适用比例税率 56%。

B 牌卷烟应纳税额=60×50 000×0.003+1 200 000×56%=681 000（元）

（3）烟丝组成计税价格=（60 000+17 000）÷（1-30%）=110 000（元）

委托加工烟丝应纳税额=110 000×30%=33 000（元）（由于本月未领用，委托加工烟丝的税额不予抵扣）

本月应纳税额共计 222 000+681 000=903 000 元。

知识链接

《财政部、国家税务总局关于调整卷烟消费税的通知》（财税〔2015〕60号）规定，自2015年5月10日起，将从事卷烟批发业务的单位和个人批发环节从价税税率由5%提高至11%，并按0.005元/支加征从量税。

纳税人兼营卷烟批发和零售业务的，应当分别核算批发和零售环节的销售额、销售数量；未分别核算批发和零售环节销售额、销售数量的，按照全部销售额、销售数量计征批发环节消费税。

纳税人应将卷烟销售额与其他商品销售额分开核算，未分开核算的，一并征收消费税。

纳税人销售给纳税人以外的单位和个人的卷烟于销售时纳税。纳税人之间销售的卷烟不缴纳消费税。

卷烟消费税在生产和批发两个环节征收后，批发企业在计算纳税时不得扣除已含的生产环节的消费税税款。

## 强化训练

### 一、单项选择题

1. 下列各项中，应征收消费税的是（ ）。
   A. 高档手表　　　B. 摄像机　　　C. 自行车　　　D. 电视机

2. 下列各项中，实行从量定额与从价定率相结合的复合计税方法计算消费税的是（ ）。
   A. 化妆品　　　B. 汽车轮胎　　　C. 啤酒　　　D. 卷烟

3. 消费税是选择部分消费品列举品目征收的，目前，我国的消费税共列举（ ）个税目的征税范围。
   A. 14　　　B. 11　　　C. 9　　　D. 15

4. 纳税人自产自用的应税消费品，其纳税义务的发生时间为（ ）。
   A. 收款日期的当天　　　　　　B. 移送使用的第二天
   C. 移送使用的当天　　　　　　D. 销售合同规定的收款日期的当天

5. 高档化妆品适用的消费税税率为（ ）。
   A. 10%　　　B. 30%　　　C. 15%　　　D. 35%

6. 纳税人委托加工的应税消费品，应当按照同类消费品的销售价格计算纳税，如果没有同类消费品销售价格的，可以按照组成计税价格计算纳税，组成计税价格计算公式为（ ）。
   A. 组成计税价格=材料成本÷（1－消费税税率）
   B. 组成计税价格=（材料成本+加工费）÷（1－消费税税率）
   C. 组成计税价格=（关税完税价格+关税）÷（1－消费税税率）
   D. 组成计税价格=（成本＋利润）÷（1－消费税税率）

7. 卷烟的定额税率为每标准箱（ ）元。

A．150　　　　　B．100　　　　　C．200　　　　　D．180

8．进口的应税消费品，实行从价定率办法计算应纳税额，按照（　　）计算纳税。

A．完税价格　　　B．消费品价格　　　C．组成计税价格　　　D．同类商品价格

9．纳税人用委托加工收回的应税消费品连续生产应税消费品，在计算纳税时，其委托加工应税消费品的已纳消费税税款的处理方法正确的是（　　）。

A．该已纳税款不得扣除

B．该已纳税款当期可全部扣除

C．该已纳税款当期可扣除50%

D．可对收回的委托加工应税消费品当期动用部分的已纳税款予以扣除

10．某酒厂2016年12月销售粮食白酒12 000斤，售价为5元/斤，连同包装物一起销售，另取得包装物价款共计6 200元；将特制的粮食白酒2斤（单价80元）、干红酒2斤（单价70元）组成礼品盒，本月销售礼品盒6 000套，每套售价为300元/盒。该企业12月应纳消费税（　　）元（题中的价格均为不含税价格）。

A．385 240　　　　B．373 240　　　　C．391 240　　　　D．241 240

## 二、多项选择题

1．消费税的纳税环节分为（　　）。

A．生产环节　　　B．批发环节　　　C．零售环节　　　D．进口环节

2．消费税是对我国境内从事生产、委托加工应税消费品的单位和个人，就其（　　）在特定环节征收的一种税。

A．销售额　　　　B．所得额　　　　C．销售数量　　　　D．生产额

3．消费税纳税人发生下列行为，其具体纳税地点是（　　）。

A．纳税人到外县（市）销售应税消费品的，应向销售地税务机关申报缴纳消费税

B．纳税人直接销售应税消费品的，应当向纳税人核算地主管税务机关申报纳税

C．委托非个体经营者加工应税消费品的，由受托方向其所在地主管税务机关解缴消费税税款

D．进口应税消费品，由进口人或者其代理人向报关地海关申报纳税

4．我国消费税分别采用（　　）的计征方法。

A．从价定率　　　　　　　　　　B．从量定额

C．从价定额　　　　　　　　　　D．从量定额与从价定率相结合

5．实行从量定额与从价定率相结合征税办法的产品有（　　）。

A．卷烟　　　　B．啤酒　　　　C．粮食白酒　　　　D．薯类白酒

6．应征收消费税的产品有（　　）。

A．将自产的应税消费品奖励职工　　　B．将出厂前的化妆品进行化学检验

C．委托加工的应税消费品　　　　　　D．自行车轮胎

7．下列情况下，可按委托加工应税消费品的规定征收消费税的有（　　）。

A．由委托方提供原料、主要材料和全部辅助材料加工的应税消费品

B．由受托方代垫原料，委托方提供辅助材料加工的应税消费品

C．受托方先将原材料卖给委托方，然后再接受加工的应税消费品

D. 由委托方提供原料和主要材料，受托方代垫部分辅助材料加工的应税消费品

8. 下列单位中属于消费税纳税人的有（　　）。

　　A. 零售化妆品的商店　　　　　　　　B. 委托加工高档手表的单位

　　C. 批发烟酒的贸易公司　　　　　　　D. 进口实木地板的单位

9. 关于应税消费品销售额的确定，下列表述正确的有（　　）。

　　A. 应税消费品的销售额包括向购买方收取的增值税款

　　B. 随同应税消费品出售的包装物，无论是否单独计价，也无论会计上如何核算，均应并入销售额中征收消费税

　　C. 自产自用的应税消费品，按照本企业同类产品的销售价格确定销售额

　　D. 随同应税消费品出售的包装物，其适用的消费税税率和应税消费品的消费税税率相同

10. 下列情况中，应征收消费税的有（　　）。

　　A. 将应税消费品发给职工使用

　　B. 用于广告的高档化妆品

　　C. 舞台、戏剧、影视演员化妆用的上妆油、卸妆油

　　D. 体育发令枪用的焰火剂

## 三、判断题

1. 纳税人自产自用的应税消费品无论用途如何均应缴纳消费税。　　　　　（　　）

2. 消费税在消费品的生产、流通、消费的每一个环节都要征收。　　　　　（　　）

3. 纳税人委托加工收回的应税消费品直接出售的，不再征收消费税。　　　（　　）

4. 企业受托加工应税消费品所代收代缴的消费税，在采用组成计税价格计税时，组成计税价格的构成应当是材料成本与加工费之和。　　　　　　　　　　　（　　）

5. 纳税人兼营不同税率应税消费品的，一律从高适用税率。　　　　　　　（　　）

6. 纳税人进口应税消费品，其纳税义务发生时间为报关进口的当天。　　　（　　）

7. 纳税人到外县销售应税消费品，应当于应税消费品销售后，向销售地主管税务机关申报缴纳。　　　　　　　　　　　　　　　　　　　　　　　　　　　　　　　（　　）

8. 消费税的纳税期限分别为 1 日、3 日、5 日、10 日、15 日、1 个月或者 1 个季度。
　　　　　　　　　　　　　　　　　　　　　　　　　　　　　　　　　　（　　）

9. 纳税人采取赊销或分期收款方式销售应税消费品的，其纳税义务发生的时间为销售合同约定的收款日期的当天。　　　　　　　　　　　　　　　　　　　　　（　　）

10. 某生产企业本月接受委托加工应税消费品（没有同类消费品销售价格），收取的加工费为 18 万元、增值税 3.06 万元；委托方提供的原材料成本为 585 万元。该生产企业代收代缴的消费税为 106.41 万元（应税消费品消费税税率为 15%）。　　　　　（　　）

## 四、简答题

1. 消费税的征收范围有哪些？

2. 消费税计算应纳税额的方法有哪几种？

3. 消费税的税目和税率是如何设置的？

4. 消费税的纳税期限是如何规定的？

5. 缴纳消费税时应填报哪些材料？

## 五、综合实训题

1. 甲企业委托乙企业加工一批烟丝，甲企业为乙企业提供原材料等，提供的原材料实际成本 30 000 元，生产过程中乙企业代垫的原材料成本为 5 000 元，支付乙企业加工费 2 000 元，已知烟丝消费税税率为 30%，受托方无该批烟丝同类消费品的销售价格。试计算乙企业应代扣代缴的消费税税额。

2. 甲卷烟厂委托乙烟丝加工厂加工一批烟丝，卷烟厂提供的烟叶在委托加工合同上注明的成本金额为 60 000 元；烟丝加工完，卷烟厂提货时支付的加工费用为 3 700 元，并支付了烟丝加工厂按烟丝组成计税价格计算的消费税税款。卷烟厂将这批加工好的烟丝全部用于生产甲类卷烟并予以对外销售。向购货方开具的增值税专用发票上注明的价税合计金额为 1 053 000 元。试计算销售卷烟的应纳消费税税款。

3. 宁元石化厂当月销售汽油 15 吨、柴油 6 吨。另提供本厂基建工程车辆、设备使用柴油 2 吨。试计算该厂本月应缴纳的消费税税款。

4. 力驰摩托车生产企业为增值税的一般纳税人，2014 年 2 月发生以下经济业务：

（1）6 日，销售气缸容量为 125 毫升的摩托车 60 辆，不含税价格为 5 000 元/辆。适用消费税税率为 3%。

（2）22 日，将自行研制生产的气缸容量为 500 毫升的新型摩托车 10 辆赞助给本市交警使用，生产成本为 12 000 元，摩托车全国平均成本利润率为 6%，适用的消费税税率为 10%。试计算该企业本月应缴纳的消费税税额。

5. 顺义康卷烟厂 2014 年 2 月生产并销售甲类卷烟 50 箱（每箱 50 000 支），该批卷烟每标准条（200 支）的调拨价格为 80 元。试计算顺义康卷烟厂本月卷烟应纳的消费税税额。

6. 某餐饮公司 2013 年 7 月销售自酿的啤酒 6 吨，本月本企业内部员工聚餐消费这种自酿的啤酒 1 吨，已知该种啤酒的消费税税率为 250 元/吨。试计算该餐饮公司本月应缴纳的消费税税额。

7. 玉涵卷烟厂 2013 年 10 月发生以下经济业务：

（1）购买一批烟叶，取得增值税专用发票注明的价款为 10 万元，增值税为 1.7 万元。

（2）将购进的烟叶发往立领烟厂，委托立领烟厂加工成烟丝，收到的专用发票注明的加工费为 3 万元，税款为 0.51 万元，立领烟厂代垫辅助材料 2 万元，立领烟厂无同类烟丝销售价格。

（3）玉涵卷烟厂收回烟丝后将一半用于某牌号的卷烟的生产，另一半直接出售，取得价款 8 万元，增值税 1.36 万元。

（4）玉涵卷烟厂销售该牌号卷烟 100 标准箱，不含税销售价 15 000 元/箱。

根据以上资料，回答下列问题：

（1）委托立领卷烟厂加工的烟丝的组成计税价格为多少万元？

（2）立领卷烟厂代收代缴的消费税税额为多少万元？

（3）玉涵卷烟厂当月应纳消费税税额为多少万元？

（4）下载并填写《烟类应税消费品消费税纳税申报表》。

# 第四章　企业所得税

【学习目标】

1. **知识目标**
   - ➢ 了解企业所得税的发展。
   - ➢ 熟悉企业所得税的纳税人、征税对象、税率、税收优惠。
   - ➢ 掌握企业所得税纳税申报的方法。
   - ➢ 掌握收入总额、免税收入、扣除费用的规定标准、应纳税所得额的确定、税额计算。
   - ➢ 掌握企业所得税的纳税申报与缴纳方法。

2. **能力目标**
   - ➢ 能够熟练说出所得税计税收入、扣除项目及所适用的税率。
   - ➢ 学会企业所得税应纳税额的计算。
   - ➢ 学会作为优秀办税员应如何按时申报与缴纳消费税。

3. **情感目标**
   - ➢ 培养良好的职业道德素养。
   - ➢ 做一名按时纳税的优秀办税员。

【本章重点】
   - ➢ 收入总额确定。
   - ➢ 免税收入。
   - ➢ 各项扣除费用的规定标准。
   - ➢ 应纳税所得额的确定。
   - ➢ 应纳税额计算。
   - ➢ 企业所得税的纳税申报。

【本章难点】
   - ➢ 收入总额确定。
   - ➢ 免税收入。
   - ➢ 各项扣除费用的规定标准。
   - ➢ 纳税申报表的填写与使用。

# 第一节　企业所得税的基本知识

　　我国 1958 年实行工商税制改革时，所得税从工商业税中分离出来，定名为工商所得税，这是新中国成立后所得税成为一个独立税种的标志。

　　改革开放后，我国的企业所得税制建设经历了四个重要时期：1978 至 1982 年的企业所得税制，主要对中外合资经营企业、外国企业开征了企业所得税；1983 年至 1990 年的企业所得税制，主要对国营企业、集体企业、私营企业开征企业所得税；1991 年至 2007 年的企业所得税制，主要对内、外资企业所得税分别进行整合统一，内、外资企业所得税两法并存。

　　2007 年 3 月 16 日，第十届全国人民代表大会第五次会议通过了《中华人民共和国企业所得税法》，2007 年 12 月 6 日，国务院发布《中华人民共和国企业所得税法实施条例》，新企业所得税法自 2008 年 1 月 1 日起施行，从而实现了内、外资企业所得税计征的合一。

## 一、企业所得税的概念

企业所得税是对企业和其他取得收入的组织实现的所得征收的一种税。

## 二、企业所得税的纳税主体

### （一）纳税人

在中华人民共和国境内，企业和其他取得收入的组织（以下统称企业）为企业所得税的纳税人。包括国有企业、私营企业、联营企业、股份制企业、外商投资企业和外国企业、有生产经营所得和其他所得的组织；不包括个人独资企业和合伙企业。

企业分为居民企业和非居民企业。

> 想一想
>
> 如何区分居民企业、非居民企业？

### 1. 居民企业

居民企业是指依照我国法律、行政法规在我国境内成立的企业、事业单位、社会团体及其他取得收入的组织（简称中国企业），或者依照外国（地区）法律成立，但实际管理机构在我国境内的企业和其他取得收入的组织（简称管理机构设在我国的外国企业）。

### 2. 非居民企业

非居民企业是指依照外国（地区）法律成立且实际管理机构不在我国境内，但在我国境内设立机构、场所的，或者在我国境内未设立机构、场所，但有来源于我国境内所得的企业和其他取得收入的组织（简称管理机构不设在我国的外国企业）。

### （二）企业所得税的扣缴义务人

非居民企业在我国境内设立机构、场所的，但取得的收入与其所设机构场所没有实际联系或者在我国境内未设立机构、场所，其来源于我国境内所得缴纳企业所得税，缴纳企业所得税实行源泉扣缴，以支付人为扣缴义务人。

## 三、企业所得税的征税对象

企业所得税的征税对象为企业取得的所得，包括销售货物所得、提供劳务所得、转让财产所得、股息红利等权益性投资所得、利息所得、租金所得、特许权使用费所得、接受捐赠所得和其他所得。

企业所得税的具体征税范围如下：

（1）我国企业应当就其来源于我国境内、境外的所得缴纳企业所得税。

（2）管理机构设在我国的外国企业应当就其来源于我国境内、境外的所得缴纳企业所得税。

（3）管理机构不设在我国的外国企业在我国境内设立机构、场所的，应当就其所设机构、场所取得的来源于我国境内的所得，以及发生在我国境外但与其所设机构、场所有实际联系的所得缴纳企业所得税。

（4）管理机构不设在我国的外国企业在我国境内未设立机构、场所的，或者虽设立机构、场所但取得的所得与其所设机构、场所没有实际联系的，应当就其来源于我国境内的所得缴纳企业所得税。

> **想一想**　依据《企业所得税法》的规定，判定居民企业的标准有哪些？

## 四、企业所得税的税率

### 1. 一般税率

企业所得税按比例税率计征，企业所得税的税率为25%。

### 2. 优惠税率

（1）符合条件的小型微利企业减按 20%的税率征收企业所得税，国家重点扶持的高新技术企业减按 15%的税率征收企业所得税。

小型微利企业是指从事国家非限制和禁止行业，并符合下列条件的企业：

① 工业企业，年度应纳税所得额不超过 30 万元，从业人数不超过 100 人，资产总额不超过 3 000 万元；

② 其他企业，年度应纳税所得额不超过 30 万元，从业人数不超过 80 人，资产总额不超过 1 000 万元。

　　自 2017 年 1 月 1 日至 2019 年 12 月 31 日，对年应纳税所得额低于 50 万元（含）的小型微利企业，其所得减按 50% 计入应纳税所得额，按 20% 的税率缴纳企业所得税。

（2）非居民企业在中国境内未设立机构、场所的，或者虽设立机构、场所但取得的所得与其所设机构、场所没有实际联系的，应当就其来源于中国境内的所得缴纳企业所得税，其适用税率为 20%。

## 五、应纳税所得额的确定

企业所得税的计税依据是应纳税所得额。所谓应纳税所得额，是指企业每一纳税年度的收入总额，减除不征税收入、免税收入、各项扣除项目，以及允许弥补以前年度亏损后的余额。企业应纳税所得额的计算，以权责发生制为原则，属于当期的收入和费用，不论款项是否收付，均作为当期的收入和费用；不属于当期的收入和费用，即使款项已经在当期收付，均不作为当期的收入和费用。税法条例和国务院财政、税务主管部门另有规定的除外。

应纳税所得额的计算公式：

（1）直接法。

应纳税所得额=收入总额-不征税收入-免税收入-准予扣除项目金额-弥补以前年度亏损

**拓展阅读**

第一，新税法计税公式中，增加了"不征税收入"一项，新税法创设该项的主要目的是对有些非经营活动或非营利活动带来的经济利益流入从应税总收入中排除。"不征税收入"的概念，不属于税收优惠的范畴，与"免税收入"的概念不同。

第二，新税法计税公式中，除了从"收入总额"中减掉"扣除额"之外，还将"不征税收入""免税收入"和"允许弥补的以前年度亏损"均从"收入总额"中减去，这样更能准确地反映应纳税所得额的内容。

（2）间接法。

应纳税所得额=利润总额+纳税调整增加额-纳税调整减少额-弥补以前年度亏损-免税所得-加计扣除额

在实际工作中，纳税人的应纳税所得额是以利润总额为基础，加减税收调整项目的金额后确定的。

### （一）收入总额

收入总额包括企业以货币形式和非货币形式从各种来源取得的收入。企业取得的货币形式收入，包括现金、存款、应收账款、应收票据、准备持有至到期的债券投资，以及债务的豁免等。企业取得的非货币形式收入，包括固定资产、生物资产、无形资产、股权投资、存货、不准备持有至到期的债券投资、劳务，以及有关权益等。企业以非货币形式取得的收入，应当按照公允价值（即按照市场价格确定的价值）确定收入额。收入内容具体包括：

（1）销售货物收入：是指企业销售商品、产品、原材料、包装物、低值易耗品，以及其他存货取得的收入。

（2）提供劳务收入：是指企业从事建筑安装、修理修配、交通运输、仓储租赁、金融保险、邮电通信、咨询经纪、文化体育、科学研究、技术服务、教育培训、餐饮住宿、中介代理、卫生保健、社区服务、旅游、娱乐、加工，以及其他劳务服务活动取得的收入。

（3）转让财产收入：是指企业转让固定资产、生物资产、无形资产、股权、债权等财产取得的收入。

（4）股息、红利等权益性投资收益，是指企业因权益性投资从被投资方取得的收入。

（5）利息收入：是指企业将资金提供他人使用但不构成权益性投资，或者因他人占用本企业资金取得的收入，包括存款利息、贷款利息、债券利息、欠款利息等收入。

（6）租金收入：是指企业提供固定资产、包装物或者其他有形资产的使用权取得的收入。

（7）特许权使用费收入：是指企业提供专利权、非专利技术、商标权、著作权以及其他特许权的使用权取得的收入。

（8）接受捐赠收入：是指企业接受来自其他企业、组织或者个人无偿给予的货币性资产、非货币性资产。

（9）其他收入：是指企业取得的除以上收入之外的其他收入，包括企业资产溢余收入、逾期未退还包装物押金收入、确实无法偿付的应付款项、已作坏账损失处理后又收回的应收款项、债务重组收入、补贴收入、违约金收入、汇兑收益等。

### （二）不征税收入与免税收入

**1. 不征税收入**

收入总额中的下列收入为不征税收入：

（1）财政拨款；

（2）依法收取并纳入财政管理的行政事业性收费、政府性基金；

（3）国务院规定的其他不征税收入。

**拓展阅读**

企业从县级以上各级人民政府财政部门及其他部门取得的应计入收入总额的财政性资金，凡同时符合以下条件的，可作为不征税收入，在计算应纳税所得额时从收入总额中减除：

（1）企业能够提供规定资金专项用途的资金拨付文件；

（2）财政部门或其他拨付资金的政府部门对该资金有专门的资金管理办法或具体管理要求；

（3）企业对该资金及以该资金发生的支出单独进行核算。

上列不征税收入用于支出所形成的费用，不得在计算应纳税所得额时扣除；用于支出所形成的资产，其计算的折旧、摊销不得在计算应纳税所得额时扣除。

企业将符合上述规定条件的财政性资金作不征税收入处理后，在5年（60个月）内未发生支出且未缴回财政部门或其他拨付资金的政府部门的部分，应计入取得该资金第六年的应税收入总额；计入应税收入总额的财政性资金发生的支出，允许在计算应纳税所得额时扣除。

**2. 免税收入**

企业的下列收入为免税收入：

（1）国债利息收入：是指企业持有国务院财政部门发行的国债取得的利息收入。

（2）符合条件的居民企业之间的股息、红利等权益性投资收益，是指居民企业直接投资于其他居民企业取得的投资收益；

（3）在我国境内设立机构、场所的非居民企业从居民企业取得与该机构、场所有实际联系的股息、红利等权益性投资收益；

（4）符合条件的非营利组织的收入，不包括非营利组织从事盈利性活动取得的收入。

> **想一想**
> （1）如何区分不征税收入与免税收入？
> （2）企业从上市公司取得的债券收入是否属于免税收入？
> （3）国债利息收入是属于免税收入还是属于不征税收入？

## （三）扣除项目

计算应纳税所得额时准予扣除的项目，是指企业实际发生的与取得收入有关的、合理的成本、费用、税金、损失和其他支出。

（1）成本：是指企业在生产经营活动中发生的销售成本、销货成本、业务支出，以及其他耗费。

（2）费用：是指企业在生产经营活动中发生的销售费用、管理费用和财务费用，已经计入成本的有关费用除外。

（3）税金：是指企业发生的除企业所得税和允许抵扣的增值税以外的各项税金及其附加。

（4）损失：是指企业在生产经营活动中发生的固定资产和存货的盘亏、毁损、报废损失，转让财产损失，呆账损失，坏账损失，自然灾害等不可抗力因素造成的损失及其他损失。

（5）其他支出：是指除成本、费用、税金、损失外，企业在生产经营活动中发生的与生产经营活动有关的、合理的支出。

对企业依据财务会计制度规定，并实际在财务会计处理上已确认的支出，凡没有超过《企业所得税法》和有关税收法规规定的税前扣除范围和标准的，可按企业实际会计处理确认的支出，在企业所得税前扣除，计算其应纳税所得额。

### 拓展阅读

《企业所得税法》所指的成本和费用的概念与一般会计意义上的概念有所不同。会计上的费用是指企业全部的实际支出，而成本是指对象化的费用。税法所指的成本，是指纳税申报期间已经申报确认的销售商品（包括产品、材料、下脚料、废料和废旧物资等）、提供劳务、转让、处置固定资产和无形资产的成本。企业对象化的费用，有的成为在产品、产成品等存货，只有销售出去，并在申报纳税期间确认了销售（营业）收入的相关部分商品的成本才能申报扣除。

**想一想**

根据《企业所得税法》的规定，在计算企业纳税所得额时，增值税、消费税中有哪些税金可从收入总额中扣除？

## （四）限定条件准予扣除项目的范围和标准

### 1. 工资薪金

企业发生的合理的工资薪金支出，准予扣除。合理工资薪金，是指企业按照股东大会、董事会、薪酬委员会或相关管理机构制定的工资薪金制度规定实际发放给员工的工资薪金，包括企业每一纳税年度支付给在本企业任职或者受雇的员工的所有现金形式或者非现金形式的劳动报酬，如基本工资、奖金、津贴、补贴、年终加薪、加班工资，以及与员工任职或者受雇有关的其他支出等工资薪酬总额。

**拓展阅读**

在《国家税务总局关于企业工资薪金及职工福利费扣除问题的通知》（国税函〔2009〕3号）中规定，税务机关在对工资薪金进行合理性确认时，可按以下原则掌握：

（一）企业制定了较为规范的员工工资薪金制度；

（二）企业所制定的工资薪金制度符合行业及地区水平；

（三）企业在一定时期所发放的工资薪金是相对固定的，工资薪金的调整是有序进行的；

（四）企业对实际发放的工资薪金，已依法履行了代扣代缴个人所得税义务；

（五）有关工资薪金的安排，不以减少或逃避税款为目的。

工资薪金总额，是指企业按照本通知第一条规定实际发放的工资薪金总和，不包括企业的职工福利费、职工教育经费、工会经费，以及养老保险费、医疗保险费、失业保险费、工伤保险费、生育保险费等社会保险费和住房公积金。属于国有性质的企业，其工资薪金，不得超过政府有关部门给予的限定数额；超过部分，不得计入企业工资薪金总额，也不得在计算企业应纳税所得额时扣除。

### 2. 福利费支出

企业发生的职工福利费支出，不超过工资薪金总额 14%的部分，准予扣除。企业职工福利费，包括以下内容：

（1）尚未实行分离办社会职能的企业，其内设福利部门所发生的设备、设施和人员费用，包括职工食堂、职工浴室、理发室、医务所、托儿所、疗养院等集体福利部门的设备、设施及维修保养费用和福利部门工作人员的工资薪金、社会保险费、住房公积金、劳务费等；

（2）为职工卫生保健、生活、住房、交通等所发放的各项补贴和非货币性福利，包括企业向职工发放的因公外地就医费用、未实行医疗统筹企业职工医疗费用、职工供养直系亲属医疗补贴、供暖费补贴、职工防暑降温费、职工困难补贴、救济费、职工食堂经费补贴、职工交通补贴等；

（3）按照其他规定发生的其他职工福利费，包括丧葬补助费、抚恤费、安家费、探亲假路费等。

职工福利费核算时要注意以下问题：企业发生的职工福利费，应该单独设置账册，进行准确核算。没有单独设置账册准确核算的，税务机关应责令企业在规定的期限内进行改正。逾期仍未改正的，税务机关可对企业发生的职工福利费进行合理的核定。

### 3. 工会经费

企业拨缴的工会经费，不超过工资薪金总额2%的部分，准予扣除。

### 4. 教育经费

企业发生的职工教育经费支出，不超过工资薪金总额2.5%的部分，准予扣除；超过部分，准予在以后纳税年度结转扣除。

> **小提示** 企业因雇用季节工、临时工、实习生、返聘离退休人员，以及接受外部劳务派遣用工所实际发生的费用，应区分为工资薪金支出和职工福利费支出，并按《企业所得税法》规定在企业所得税前扣除。其中属于工资薪金支出的，准予计入企业工资薪金总额的基数，作为计算其他各项相关费用扣除的依据。

**【例4-1】** 广达公司为居民企业，2017年实际发生的工资薪金支出为100万元，核算列支三项经费16万元。其中福利费本期发生12万元，工会经费为2万元，实际发生职工教育经费2万元，已取得合法收据。

问：该公司2017年计算应纳税所得额时应如何调整？

**解** 福利费扣除限额=100×14%=14（万元）

工会经费扣除限额=100×2%=2（万元）

职工教育经费扣除限额=100×2.5%=2.5（万元）

实际发生的三项经费均未超出税法规定的限额，所以不需要调整应纳税所得额。

### 5. 保险费及公积金

企业依照国务院有关主管部门或者省级人民政府规定的范围和标准为职工缴纳的基本养老保险费、基本医疗保险费、失业保险费、工伤保险费、生育保险费等基本社会保险费和住房公积金，准予扣除。

企业为投资者或者职工支付的补充养老保险费、补充医疗保险费，在国务院财政、税务主管部门规定的范围和标准内，准予扣除。

企业依照国家有关规定为特殊工种职工支付的人身安全保险费和国务院财政、税务主管部门规定可以扣除的其他商业保险费以外，企业为投资者或者职工支付的商业保险费，不得扣除。

### 6. 借款利息

企业在生产经营活动中向金融企业借款的利息支出，向非金融企业借款的利息支出，不超过按照金融企业同期同类贷款利率计算的数额的部分，准予扣除。

**【例4-2】** 大光公司在2017年税务审核中发现财务费用账户中扣除了两次利息：一次向银行借款200万元，期限6个月，贷款利率为4.5%，支付利息4.5万元；另一次经批准向公司员工借入流动资金 100 万元，借款期 6 个月，支付员工利息 4.5 万元。

问：该公司在计算应纳税所得额时应如何调整？

**解**　税法允许扣除限额=4.5+100×4.5%÷2=6.75（万元）

账务处理中已扣除=4.5+4.5=9（万元），超过规定限额标准，因此：

应调增纳税所得额=9-6.75=2.25（万元）。

### 7. 招待费

企业发生的与生产经营活动有关的业务招待费支出，按照发生额的 60%扣除，但最高不得超过当年销售（营业）收入的 5‰。

【例 4-3】　英超公司为居民纳税企业，2017 年实现产品销售收入 5 000 万元，实际报销业务招待费 26.5 万元。

问：该公司 2017 年度纳税所得额应如何调整？

**解**　业务招待费扣除限额：

按销售收入的 5‰计算：5 000×5‰=25（万元）

按业务招待费发生额的 60%计算：26.5×60%=15.9（万元）

业务招待费扣除限额为 15.9 万元，因此：

应调增纳税所得额=26.5-15.9=10.6（万元）。

### 8. 广告费和宣传费

企业发生的符合条件的广告费和业务宣传费支出，除国务院财政、税务主管部门另有规定外，不超过当年销售（营业）收入 15%的部分，准予扣除；超过部分，准予在以后纳税年度结转扣除。

【例 4-4】　武陵电信公司 2017 年度实现主营业务收入 1 600 万元，本年度发生广告收入 144 万元，业务宣传费 36 万元。

问：该公司广告费、业务宣传费合计在税前扣除多少万元？

**解**　广告费、业务宣传费扣除限额=1 600×15%=240（万元）

实际发生额=144+36=180（万元），低于规定限额标准，因此：

广告费、业务宣传费 180 万元可以在当期税前全额扣除。

✂ **拓展阅读**

2016 年 1 月 1 日起至 2020 年 12 月 31 日，对化妆品制造或销售、医药制造和饮料制造（不含酒类制造）企业发生的广告费和业务宣传费支出，不超过当年销售（营业）收入 30%的部分，准予扣除；超过部分，准予在以后纳税年度结转扣除。

对签订广告费和业务宣传费分摊协议（简称分摊协议）的关联企业，其中一方发生的不超过当年销售（营业）收入税前扣除限额比例内的广告费和业务宣传费支出可以在本企业扣除，也可以将其中的部分或全部按照分摊协议归集至另一方扣除。另一方在计算本企业广告费和业务宣传费支出企业所得税税前扣除限额时，可不将按照上述办法归集至本企业的广告费和业务宣传费计算在内。

烟草企业的烟草广告费和业务宣传费支出，一律不得在计算应纳税所得额时扣除。

**9. 环境保护资金**

企业依照法律、行政法规有关规定提取的用于环境保护、生态恢复等方面的专项资金，准予扣除，上述专项资金提取后改变用途的，不得扣除。

**10. 保险费企业**

企业参加财产保险，按照规定缴纳的保险费，准予扣除。

**11. 租赁费**

企业根据生产经营活动的需要租入固定资产支付的租赁费，按照以下方法扣除：

（1）以经营租赁方式租入固定资产发生的租赁费支出，按照租赁期限均匀扣除；

（2）以融资租赁方式租入固定资产发生的租赁费支出，按照规定构成融资租入固定资产价值的部分应当提取折旧费用，分期扣除。

**【例4-5】** 宏达公司2017年4月1日，以经营租赁方式租入固定资产一台，租期一年，一次性支付租金24万元；7月1日以融资租赁方式租入设备一台，租期十年，年租金12万元。

问：该公司在计算2017年纳税所得时应扣除的租赁费费用是多少？

**解** 采用融资租赁方式租入设备只能以提取折旧的方式扣除，因此：

该公司2017年计算纳税所得时应扣除的租赁费=24÷12×9=18（万元）。

**12. 劳动保护支出**

企业发生的合理的劳动保护支出，准予扣除。

**13. 公益性捐赠支出**

企业发生的公益性捐赠支出，不超过年度利润总额12%的部分，准予扣除。

公益性捐赠，是指企业通过公益性社会团体或者县级以上人民政府及其部门，用于《中华人民共和国公益事业捐赠法》规定的公益事业的捐赠。年度利润总额，是指企业依照国家统一会计制度的规定计算的年度会计利润。

**拓展阅读**

公益性捐赠支出应同时具备以下条件：一是指企业通过国家机关和经认定的公益性社会团体；二是公益性捐赠支出必须用于下列公益事业的捐赠：救助灾害、救济贫困、扶助残疾人等困难的社会群体和个人的活动；教育、科学、文化、卫生、体育事业；环境保护、社会公共设施建设。界定公益性捐赠支出的关键是明确国家机关和公益性社会团体。

**【例4-6】** 港萨公司2017年度实现会计利润200万元，经审核，当年营业外支出账户中列支了通过省文化行政管理部门向当地公益性图书馆捐赠37万元，无其他调整项目。该公司2017年度的纳税所得额应作何调整？

**解** 可扣除公益性捐赠支出限额=200×12%=24（万元）

2017年度应调增纳税所得额=37-24=13（万元）

**14. 加计扣除的项目**

企业的下列支出，可以在计算应纳税所得额时加以扣除：

（1）企业为开发新技术、新产品、新工艺发生的研究开发费用未形成无形资产计入当期损益的，在按规定据实扣除的基础上，按照研究开发费用的 50%加计扣除；形成无形资产的，按照无形资产成本的 150%摊销。

> 小提示
>
> 　　2017 年 1 月 1 日至 2019 年 12 月 31 日，符合条件的科技型中小企业开展研发活动中实际发生的研发费用，未形成无形资产的，在按规定据实扣除的基础上，再按照实际发生额的 75%在税前加计扣除；形成无形资产的，按照无形资产成本的 175%在税前摊销。

（2）企业安置残疾人员的，在按支付给残疾职工工资据实扣除的基础上，按照支付给残疾职工工资的 100%加计扣除。

### 15. 不得扣除的项目

在计算应纳税所得额时，下列支出不得扣除：

（1）向投资者支付的股息、红利等权益性投资收益款项。

（2）企业所得税税款。

（3）税收滞纳金。

（4）罚金、罚款和被没收财物的损失。

> 小提示
>
> 　　罚款，是行政处罚的一种，是指行为人的行为没有违反刑法的规定，而是违反了治安管理、工商、行政、税务等各行政法规的规定，给予的经济处罚，不含金融罚款（金融罚款可税前扣除）。

（5）《企业所得税法》第 9 条规定以外的捐赠支出。

（6）赞助支出。赞助支出是指企业发生的与生产经营活动无关的各种非广告性质支出。

（7）未经核定的准备金支出。未经核定的准备金支出，是指不符合国务院财政、税务主管部门规定的各项资产减值准备、风险准备等准备金支出。

（8）与取得收入无关的其他支出。

> 想一想
>
> 　　根据《企业所得税法》的规定，企业为投资者支付的保险费、企业之间支付的管理费、未经核定的准备金支出、向投资者支付的股利是否可以在计算应纳税所得额时扣除？

#### 拓展阅读

#### 以前年度发生应扣未扣支出的税务处理

　　根据《中华人民共和国税收征收管理法》的有关规定，对企业发现以前年度实际发生的、按照税收规定应在企业所得税前扣除而未扣除或者少扣除的支出，企业做出专项申报及说明后，准予追补至该项目发生年度计算扣除，但追补确认期限不得超过 5 年。

　　企业由于上述原因多缴的企业所得税税款，可以在追补确认年度企业所得税应纳税款中抵扣，不足抵扣的，可以向以后年度递延抵扣或申请退税。

亏损企业追补确认以前年度未在企业所得税前扣除的支出，或盈利企业经过追补确认后出现亏损的，应首先调整该项支出所属年度的亏损额，然后再按照弥补亏损的原则计算以后年度多缴的企业所得税款，并按前款规定处理。

### （五）资产的税务处理

企业的各项资产，包括固定资产、生物资产、无形资产、长期待摊费用、投资资产、存货等，以历史成本为计税基础。

**1. 固定资产的计价和折旧**

固定资产，是指企业为生产产品、提供劳务、出租或者经营管理而持有的、使用时间超过 12 个月的非货币性资产，包括房屋、建筑物、机器、机械、运输工具，以及其他与生产经营活动有关的设备、器具、工具等。

（1）固定资产的计价。固定资产按照以下方法确定计税基础：

① 外购的固定资产，以购买价款和支付的相关税费，以及直接归属于使该资产达到预定用途发生的其他支出为计税基础；

② 自行建造的固定资产，以竣工结算前发生的支出为计税基础；

③ 融资租入的固定资产，以租赁合同约定的付款总额和承租人在签订租赁合同过程中发生的相关费用为计税基础，租赁合同未约定付款总额的，以该资产的公允价值和承租人在签订租赁合同过程中发生的相关费用为计税基础；

④ 盘盈的固定资产，以同类固定资产的重置完全价值为计税基础；

⑤ 通过捐赠、投资、非货币性资产交换、债务重组等方式取得的固定资产，以该资产的公允价值和支付的相关税费为计税基础；

⑥ 改建的固定资产，以改建过程中发生的改建支出，增加计税基础。

（2）固定资产的折旧。固定资产按照直线法计算的折旧，准予扣除。

企业应当自固定资产投入使用月份的次月起计算折旧；停止使用的固定资产，应当自停止使用月份的次月起停止计算折旧。

企业应当根据固定资产的性质和使用情况，合理确定固定资产的预计净残值。固定资产的预计净残值一经确定，不得变更。

① 固定资产计算折旧的最低年限除另有规定外，均按以下规定年限计提折旧：

● 房屋、建筑物，为 20 年；

● 飞机、火车、轮船、机器、机械和其他生产设备，为 10 年；

● 与生产经营活动有关的器具、工具、家具等，为 5 年；

● 飞机、火车、轮船以外的运输工具，为 4 年；

● 电子设备，为 3 年。

企业的固定资产由于技术进步等原因，确需加速折旧的，可以缩短折旧年限或者采取加速折旧的方法。

② 可以采取缩短折旧年限或者采取加速折旧的方法的固定资产

● 由于技术进步，产品更新；

● 常年处于强震动、高腐蚀状态的固定资产。

采取缩短折旧年限方法的，最低折旧年限不得低于上述规定最低折旧年限的 60%；采取加速折旧方法的，可以采取双倍余额递减法或者年数总和法换代较快的固定资产。

**拓展阅读**

2014 年 1 月 1 日起，对所有行业企业在 2014 年 1 月 1 日后购进并专门用于研发活动的仪器、设备，单位价值不超过 100 万元的，可以一次性在计算应纳税所得额时扣除；单位价值超过 100 万元的，允许按不低于《企业所得税法》规定折旧年限的 60%缩短折旧年限，或选择采取双倍余额递减法或年数总和法进行加速折旧；对所有行业企业持有的单位价值不超过 5 000 元的固定资产，允许一次性计入当期成本费用在计算应纳税所得额时扣除，不再分年度计算折旧。

对生物药品制造业，专用设备制造业，铁路、船舶、航空航天和其他运输设备制造业，计算机、通信和其他电子设备制造业，仪器仪表制造业，信息传输、软件和信息技术服务业等 6 个行业企业，2014 年 1 月 1 日后新购进的固定资产（包括自行建造），允许按不低于《企业所得税法》规定折旧年限的 60%缩短折旧年限，或选择采取双倍余额递减法或年数总和法进行加速折旧。

自 2015 年 1 月 1 日起，对规定范围内轻工、纺织、机械、汽车 4 个领域重点行业的企业新购进的固定资产，可由企业按不低于《企业所得税法》规定折旧年限的 60%缩短折旧年限，或选择采取双倍余额递减法或年数总和法进行加速折旧。

**2. 无形资产的计价和摊销**

无形资产，是指企业为生产产品、提供劳务、出租或者经营管理而持有的、没有实物形态的非货币性长期资产，包括专利权、商标权、著作权、土地使用权、非专利技术和商誉等。

（1）无形资产的计价。无形资产按照以下方法确定计税基础：

① 外购的无形资产，以购买价款和支付的相关税费，以及直接归属于使该资产达到预定用途发生的其他支出为计税基础；

② 自行开发的无形资产，以开发过程中该资产符合资本化条件后至达到预定用途前发生的支出为计税基础；

③ 通过捐赠、投资、非货币性资产交换、债务重组等方式取得的无形资产，以该资产的公允价值和支付的相关税费为计税基础。

（2）无形资产的摊销。无形资产按照直线法计算的摊销费用，准予扣除。无形资产的摊销年限不得低于 10 年。作为投资或者受让的无形资产，有关法律规定或者合同约定了使用年限的，可以按照规定或者约定的使用年限分期摊销。

**3. 长期待摊费用的扣除**

企业发生的下列支出作为长期待摊费用，按照规定摊销的，准予扣除：

（1）已足额提取折旧的固定资产的改建支出，按照固定资产预计尚可使用年限分期摊销；

（2）租入固定资产的改建支出，按照合同约定的剩余租赁期限分期摊销；

（3）固定资产的大修理支出，按照固定资产尚可使用年限分期摊销；

（4）其他应当作为长期待摊费用的支出，自支出发生月份的次月起，分期摊销，摊销年限不得低于3年。

### 4. 存货成本的扣除

存货，是指企业持有以备出售的产品或者商品、处在生产过程中的在产品、在生产或者提供劳务过程中耗用的材料和物料等。

存货按照以下方法确定成本：

（1）通过支付现金方式取得的存货，以购买价款和支付的相关税费为成本；

（2）通过支付现金以外的方式取得的存货，以该存货的公允价值和支付的相关税费为成本；

（3）生产性生物资产收获的农产品，以产出或者采收过程中发生的材料费、人工费和分摊的间接费用等必要支出为成本。

企业使用或者销售的存货的成本计算方法，可以在先进先出法、加权平均法、个别计价法中选用一种。计价方法一经选用，不得随意变更。

企业使用或者销售存货，按照规定计算的存货成本，准予在计算应纳税所得额时扣除。

### （六）亏损弥补

企业上年度发生的亏损，可以当年所得弥补，当年不足弥补的，可以逐年弥补，但弥补期最长不超过5年。弥补期从亏损年度后一年算起，连续5年内不论是盈利或亏损，都作为实际弥补年限计算。5年内又发生年度亏损，也必须从亏损年度后一年算起，先亏先补，按顺序连续计算补亏期限，不允许将每个亏损年度的亏损相加和连续弥补期相加，更不得断开计算。

【例4-7】 广达公司2016年经税务机关审核确认的亏损额为16万元，2017年盈利53万元（无其他纳税调整事项）。

问：该公司2017年应纳税所得额为多少？

**解** 2017年纳税所得额 = 53-16 = 37（万元）

## 六、应纳所得税税额的计算

《企业所得税法》第二十二条规定的应纳所得税税额的计算公式如下（公式中的减免税额和抵免税额，详见后面的内容）：

$$应纳税额=应纳税所得额×适用税率-减免税额-抵免税额$$

在工作中，企业所得税实行按年计征、分期预缴、年终汇算清缴、多退少补的办法。其应纳所得税额的计算分为按月（季）预缴所得税计算和年终汇算清缴所得税计算两部分。

### （一）按月（季）预缴企业所得税的计算方法

纳税人按月或者按季预缴企业所得税时，应当按照月度或者季度的实际利润额预缴；按照实际利润额预缴有困难的，可以按照上一纳税年度应纳税所得额的月度或者季度平均额预缴，或者按照经税务机关认可的其他方法预缴。预缴方法一经确定，该纳税年度内不得随意变更。

预缴税款的计算公式为：

$$应预缴所得税额=累计利润总额×适用税率-减免所得税额-实际已预缴的所得税额$$
$$或=上年应纳税所得额×1/12（或1/4）×适用税率$$

**【例4-8】** 回力公司2015年全年应纳税所得额为120万元，经税务机关同意，2016年每月按2015年月均纳税所得额预缴企业所得税。2016年全年实现利润经调整后的应纳税所得额为150万元。该企业适用的所得税税率为25%。

问：该公司2016年每月应预缴的企业所得税和年终汇算清缴时应补缴的企业所得税。

**解**（1）2016年1～12月每月应预缴的企业所得税税额为：

应纳税额=120÷12×25%=2.5（万元）

（2）2016年1～12月实际预缴的企业所得税税额为：

实际预缴额=2.5×12=30（万元）

（3）2016年全年应纳企业所得税税额为：

应纳税额=150×25%=37.5（万元）

（4）年终汇算清缴时应补缴的企业所得税税额为：

应补缴的企业所得税税额=37.5–30=7.5（万元）

### （二）年终汇算清缴企业所得税的计算

企业所得税应纳税额等于企业的应纳税所得额乘以适用税率，减除依照规定减免和抵免的税额后的余额。应纳税额的计算公式为：

全年应纳所得税额=全年应纳税所得额×适用税率–减免税额–抵免税额

多退少补所得税额=全年应纳所得税额–月（季）已预缴所得税额

公式中的减免税额和抵免税额，是指依照《企业所得税法》和国务院的税收优惠规定减征、免征和抵免的应纳税额。

**【例4-9】** 大力公司2016年生产经营情况如下：

（1）主营业务收入600万元；

（2）出租房屋租金收入60万元；

（3）购买公司债券利息收入10万元；

（4）主营业务成本450万元；

（5）出租房屋相关支出18万元；

（6）产品销售费用50万元；

（7）缴纳消费税、城市维护建设税和教育费附加共计40万元；

（8）发生管理费用47万元（其中业务招待费用7万元）；

（9）发生财务费用15万元，其中支付经批准向企业职工集资100万元的年息12万元，同期向银行贷款利率为4.35%；

（10）通过民政部门向灾区捐赠10万元。

根据上述资料，计算该公司2016年利润总额、应纳税所得额和应纳企业所得税额。

**解**（1）2016年利润总额=600+60+10-450-18-50-40-47-15-10=40（万元）

（2）应纳税所得额的计算：

① 债券利息收入10万元免税，应调减纳税所得额10万元

② 业务招待费用扣除限额：7×60%=4.2（万元），（600+60）×5‰=3.3（万元）

准予扣除的业务招待费3.3万元，应调增纳税所得额：7-3.3=3.7（万元）

③ 企业集资利息费用扣除限额：100×4.35%=4.35（万元）

应调增纳税所得额：12-4.35=7.65（万元）

④ 公益性捐赠扣除限额：40×12%=4.8（万元）

应调增纳税所得额：10-4.8=5.2（万元）

应纳税所得额=40-10+3.7+7.65+5.2=46.55（万元）

（3）应纳企业所得税额=46.55×25%=11.6375（万元）

【例4-10】 惠通公司2016年利润总额为120万元。税务机关经过检查发现该企业当年有以下几项支出均已列支：

（1）支付工资薪金60万元；

（2）实际缴拨工会经费2万元，发生职工福利费支出10万元、职工教育经费2.5万元；

（3）业务招待费支出9万元（当年营业收入1300万元）；

（4）广告费和业务宣传费支出200万元；

（5）财务费用中有按10%利率支付的企业职工集资款利息26万元，同期向银行贷款利率为4.75%；

（6）赞助明星演唱会10万元。

问：该公司2016年应纳税所得额和应纳企业所得税税额是多少？

**解** （1）应纳税所得额的计算：

① 工会经费扣除限额：60×2%=1.2（万元）

应调增纳税所得额：2-1.2=0.8（万元）

职工福利费支出限额：60×14%=8.4（万元）

应调增纳税所得额：10-8.4=1.6（万元）

职工教育经费限额：60×2.5%=1.5（万元）

应调增纳税所得额：2.5-1.5=1（万元）

② 业务招待费支出限额：9×60%=5.4（万元），1300×5‰=6.5（万元）

应调增纳税所得额：9-5.4=3.6（万元）

③ 广告费和业务宣传费支出限额：1300×15%=195（万元）

应调增纳税所得额：200-195=5（万元）

④ 利息扣除限额：26÷10%×4.75%=12.35（万元）

应调增纳税所得额：26-12.35=13.65（万元）

⑤ 赞助明星演唱会10万元，是对个人赞助，税前不得扣除，所以应调增纳税所得额10万元

⑥ 应纳税所得额=120+0.8+1.6+1+3.6+5+13.65+10=155.65（万元）

（2）应纳企业所得税额的计算：

应纳所得税额=155.65×25%=38.9125（万元）

# 七、税收优惠

## （一）国债利息收入、权益性投资收益和非营利组织收入的优惠

### 1. 国债利息收入

《企业所得税法》规定，国债利息收入为免税收入。国债利息收入，是指企业持有国务院

财政部门发行的国债取得的利息收入，不包括企业取得其他部门发行的专项债券的利息收入。

> **小提示**
>
> 　　企业转让国债，应作为转让财产，其取得的收益（损失）应作为企业应纳税所得额计算纳税。
> 　　企业转让或到期兑付国债取得的价款，减除其购买国债成本，并扣除其持有期间的国债利息收入，以及交易过程中相关税费后的余额，为企业转让国债收益（损失）。
> 　　国债成本确定：①通过支付现金方式取得的国债，以买入价和支付的相关税费为成本；②通过支付现金以外的方式取得的国债，以该资产的公允价值和支付的相关税费为成本。

**2．股息、红利等权益性投资收益**

《企业税法》第 26 条第 2 项规定，符合条件的居民企业之间的股息、红利等权益性投资收益为免税收入。

《企业税法》第 26 条第 3 项规定，在中国境内设立机构、场所的非居民企业从居民企业取得与该机构、场所有实际联系的股息、红利等权益性投资收益为免税收入。

**3．符合条件的非营利组织的收入**

《企业税法》第 26 条新增了对非营利组织的优惠，规定符合条件的非营利组织的收入为免税收入。

税法实施条例规定享受税收优惠的非营利组织，必须同时符合下列条件：

（1）依法履行非营利组织登记手续；

（2）从事公益性或者非营利性活动；

（3）取得的收入除用于与该组织有关的、合理的支出外，全部用于登记核定或者章程规定的公益性或者非营利性事业；

（4）财产及其孳息不用于分配；

（5）按照登记核定或者章程规定，该组织注销后的剩余财产用于公益性或者非营利性目的，或者由登记管理机关转赠给与该组织性质、宗旨相同的组织，并向社会公告；

（6）投入人对投入该组织的财产不保留或者享有任何财产权利；

（7）工作人员工资福利开支控制在规定的比例内，不变相分配该组织的财产。

**（二）农、林、牧、渔业项目优惠**

税法实施条例将企业从事农、林、牧、渔业项目所得减征、免征企业所得税的范围具体界定为：

**1．企业从事下列项目的所得，免征企业所得税**

蔬菜、谷物、薯类、油料、豆类、棉花、麻类、糖料、水果、坚果的种植；农作物新品种的选育；中药材的种植；林木的培育和种植；牲畜、家禽的饲养，林产品的采集；灌溉、农产品初加工、兽医、农技推广、农机作业和维修等农、林、牧、渔服务业项目；远洋捕捞。

**2．企业从事下列项目的所得，减半征收企业所得税**

（1）花卉、茶及其他饮料作物和香料作物的种植；

（2）海水养殖、内陆养殖。

以上享受税收优惠的范围，不包括国家禁止和限制发展的项目。

### （三）基础产业优惠

企业从事国家重点扶持的公共基础设施项目投资经营的所得，从项目取得第一笔生产经营收入所属纳税年度起，第一年至第三年免征企业所得税，第四年至第六年减半征收企业所得税。

企业按规定享受减免税优惠的项目，在减免税期未满时转让的，受让方自受让之日起，可以在剩余期限内享受规定的减免税优惠；减免税期满后转让的，受让方不得就该项目重复享受减免税优惠。为鼓励企业的投资行为，实施条例同时规定企业承包经营、承包建设和内部自建自用以上项目，不得享受企业所得税优惠。

国家重点扶持的公共基础设施项目，主要界定为港口码头、机场、铁路、公路、城市公共交通、电力、水利等能源、交通项目。

### （四）技术转让所得优惠

一个纳税年度内居民企业转让技术所得不超过500万元的部分免征企业所得税，超过500万元的部分减半征收企业所得税。

### （五）小型微利企业优惠

《企业所得税法》规定，对符合条件的小型微利企业实行20%照顾性税率并在一定期限内减半征收。

### （六）高新技术优惠

国家需要重点扶持的高新技术企业，减按15%的税率征收企业所得税。《企业所得税法实施条例》规定的高新技术企业是指拥有核心自主知识产权，并同时符合下列条件的企业：

（1）产品（服务）属于"国家重点支持的高新技术领域"规定的范围；

（2）研究开发费用占销售收入不低于规定比例；

（3）高新技术产品（服务）收入占企业总收入不低于规定比例；

（4）科技人员占企业职工总数不低于规定比例；

（5）高新技术企业认定管理办法规定的其他条件。

### （七）民族自治地方优惠

依照《中华人民共和国民族区域自治法》的规定，实行民族区域自治的自治区、自治州和自治县，其自治机关对本民族自治地方的企业应缴纳的企业所得税中属于地方分享（财政收入）的部分，可以决定减税或者免税。

《企业所得税法》规定，民族自治地方只能减免地方财政收入的所得税部分，而不能减免中央财政收入部分的企业所得税。此外，为与国家产业政策相衔接，对民族自治地方内国家限制和禁止行业的企业，也不得减征或者免征企业所得税。民族自治地方的企业地方所得税的减免，新《企业所得税法》规定其决定权在省级地方政府。自治州、自治县决定减征或者免征的，须报省、自治区、直辖市人民政府批准。

## （八）安置特殊人员就业优惠

企业安置残疾人员及国家鼓励安置的其他就业人员所支付的工资可以在计算应纳税所得额时加计扣除。

企业安置残疾人员就业的工资"加计扣除"的比例，《企业所得税法实施条例》中具体明确为在按照支付给残疾职工工资据实扣除的基础上，按照支付给上述人员工资的100%加计扣除。

残疾人员的范围适用《中华人民共和国残疾人保障法》的有关规定。

考虑到国家鼓励安置其他就业人员的税收优惠政策新做了调整，新《企业所得税法实施条例》暂未对具体加计扣除的比例予以明确，在该项政策执行到期后，再予规定。

## （九）环境保护、资源再利用的优惠

### 1. 环境保护、节能节水项目的减免税

企业从事规定的符合条件的环境保护、节能节水项目的所得，从项目取得第一笔生产经营收入所属纳税年度起，第一年至第三年免征企业所得税，第四年至第六年减半征收企业所得税。

符合条件的环境保护、节能节水项目，包括公共污水处理、公共垃圾处理、沼气综合开发利用、节能减排技术改造、海水淡化等，具体条件和范围由国务院财政、税务主管部门与有关部门共同制订报国务院批准后公布施行。

企业按规定享受减免税优惠的项目，在减免税期未满时转让的，受让方自受让之日起，可以在剩余期限内享受规定的减免税优惠；减免税期满后转让的，受让方不得就该项目重复享受减免税优惠。

### 2. 综合利用资源的减计收入

企业综合利用资源取得的收入可以减计，是指企业以《资源综合利用企业所得税优惠目录》规定的资源作为主要原材料，生产国家非限制和禁止并符合国家和行业相关标准的产品取得的收入，减按90%计入收入总额。

《资源综合利用企业所得税优惠目录》由国务院财政、税务主管部门商国务院有关部门另外制定后，报国务院批准颁布实施，企业利用资源作为主要原材料，以及生产产品等相关标准，将在该目录中进一步明确。

### 3. 环境保护、节能节水、安全生产专用设备的投资抵免

企业购置并实际使用《环境保护专用设备企业所得税优惠目录》《节能节水专用设备企业所得税优惠目录》和《安全生产专用设备企业所得税优惠目录》规定的环境保护、节能节水、安全生产等专用设备，其设备投资额的10%可以从企业当年的应纳税额中抵免；当年不足抵免的，可以在以后5个纳税年度结转抵免。

享受企业所得税优惠的环境保护、节能节水、安全生产等专用设备，应当是企业实际购置并自身实际投入使用的设备，企业购置上述设备在5年内转让、出租的，应当停止执行本条规定的企业所得税优惠政策，并补缴已经抵免的企业所得税税款。

环境保护、节能节水、安全生产专用设备投资抵免企业所得税的优惠目录由国务院财政、税务主管部门与有关部门共同制定后，报国务院批准公布施行。

### （十）企业研究开发费用的优惠

企业研究开发费用加计扣除，如前加计扣除项目所述。

### （十一）创业投资优惠

创业投资企业抵扣应纳税所得额，是指创业投资企业采取股权投资方式投资于未上市的中小高新技术企业2年以上的，可以按照其投资额的70%在股权持有满2年的当年抵扣该创业投资企业的应纳税所得额；当年不足抵扣的，可以在以后纳税年度结转抵扣。

### （十二）固定资产的加速折旧

企业的固定资产由于技术进步等原因，确需加速折旧的，可以缩短折旧年限或者采取加速折旧的方法。

《企业所得税法》可以采取缩短折旧年限或者采取加速折旧方法的固定资产，包括：

（1）由于技术进步，产品更新换代较快的固定资产；

（2）常年处于强震动、高腐蚀状态的固定资产。

采取缩短折旧年限方法的，最低折旧年限不得低于规定折旧年限的60%，采取加速折旧方法的，可以采取双倍余额递减法或者年数总和法。

### （十三）关于鼓励软件产业和集成电路产业发展的优惠政策

（1）软件生产企业实行增值税即征即退政策所退还的税款，由企业用于研究开发软件产品和扩大再生产，不作为企业所得税应税收入，不予征收企业所得税。

（2）我国境内新办软件生产企业经认定后，自获利年度起，第一年和第二年免征企业所得税，第三年至第五年减半征收企业所得税。

（3）国家规划布局内的重点软件生产企业，如当年未享受免税优惠的，减按10%的税率征收企业所得税。

（4）软件生产企业的职工培训费用，可按实际发生额在计算应纳税所得额时扣除。

（5）企事业单位购进软件，凡符合固定资产或无形资产确认条件的，可以按照固定资产或无形资产进行核算，经主管税务机关核准，其折旧或摊销年限可以适当缩短，最短可为2年。

（6）集成电路设计企业视同软件企业，享受上述软件企业的有关企业所得税政策。

（7）集成电路生产企业的生产性设备，经主管税务机关核准，其折旧年限可以适当缩短，最短可为3年。

（8）投资额超过80亿元人民币或集成电路线宽小于0.25μm的集成电路生产企业，可以减按15%的税率缴纳企业所得税，其中，经营期在15年以上的，从开始获利的年度起，第一年至第五年免征企业所得税，第六年至第十年减半征收企业所得税。

（9）对生产线宽小于0.8μm（含）集成电路产品的生产企业，经认定后，自获利年度起，第一年和第二年免征企业所得税，第三年至第五年减半征收企业所得税。已经享受自获利年度起企业所得税"两免三减半"政策的企业，不再重复执行本条规定。

### （十四）关于鼓励证券投资基金发展的优惠政策

（1）对证券投资基金从证券市场中取得的收入，包括买卖股票、债券的差价收入，股权的股息、红利收入，债券的利息收入及其他收入，暂不征收企业所得税。

（2）对投资者从证券投资基金分配中取得的收入，暂不征收企业所得税。

（3）对证券投资基金管理人运用基金买卖股票、债券的差价收入，暂不征收企业所得税。

### （十五）非居民企业

在中国境内未设立机构、场所的，或者虽设立机构、场所但取得的所得与其所设机构、场所没有实际联系的，应当就其来源于中国境内的所得缴纳企业所得税，税率为20%。

# 第二节　企业所得税预缴的纳税申报

## 一、企业所得税的征管与缴纳

### （一）纳税地点

（1）除税收法律、行政法规另有规定外，居民企业以企业登记注册地为纳税地点；但登记注册地在境外的，以实际管理机构所在地为纳税地点；

（2）居民企业在中国境内设立不具有法人资格的营业机构的，应当汇总计算缴纳企业所得税；

（3）非居民企业在中国境内设立机构、场所的，应当就其机构、场所取得的来源于中国境内的所得，以及发生在中国境外但与其设立机构、场所有实际联系的所得，以其机构、场所所在地为纳税地点；

（4）非居民企业在中国境内未设立机构、场所，或虽设立机构、场所但取得的所得与其机构、场所没有实际联系的所得，以扣缴义务人所在地为纳税地点。

除国务院另有规定外，企业之间不得合并缴纳企业所得税。

### （二）纳税期限

（1）企业所得税按纳税年度计算，分月或分季预缴。纳税年度自公历年度1月1日至12月31日；

（2）企业应当自年度终了之日起5个月内，向税务机关报送年度企业所得税申报表，并汇算清缴，结清应缴应退税款；

（3）企业在一个纳税年度中间开业，或者终止经营活动，应当以实际经营期为一个纳税年度；

（4）企业依法清算时，应当以清算期间作为一个纳税年度；

（5）企业在年度中间终止经营活动的，应当自实际经营中止之日起60天内，向税务机关办理当期所得税汇算清缴。

### （三）纳税申报

（1）按月或按季预缴的，应当自按月或按季终了之日起15天内，向税务机关报送预缴企业所得税纳税申报表预缴税款；

（2）企业在年度内无论盈利或者亏损，都应当按照规定的期限，向税务机关报送预缴企业所得税纳税申报表、年度企业所得税纳税申报表和税务机关规定应当报送的资产负债表、利润表等其他有关材料；

（3）纳税人按查账征收或核定征收的方式不同需要分别填写企业所得税月（季）度预缴纳

税申报表（A 类）、企业所得税月（季）度和年度纳税申报表（B 类）进行纳税申报。

## 二、查账征收企业所得税月（季）度预缴纳税申报表（A 类）的填报

### （一）企业所得税月（季）度预缴纳税申报表（A 类）的格式

企业所得税月（季）度预缴纳税申报表（A 类）的格式如表 4-1 所示。

表 4-1　中华人民共和国企业所得税月(季)度预缴纳税申报表(A 类)

税款所属期间：　　年　月　日 至　　年　月　日

纳税人识别号：□□□□□□□□□□□□□□□

纳税人名称：　　　　　　　　　　　　　　　　金额单位：人民币元（列至角分）

| 行次 | 项　　　目 | 本 期 金 额 | 累 计 金 额 |
|---|---|---|---|
| 1 | **一、按照实际利润额预缴** | | |
| 2 | 营业收入 | | |
| 3 | 营业成本 | | |
| 4 | 利润总额 | | |
| 5 | 加：特定业务计算的应纳税所得额 | | |
| 6 | 减：不征税收入和税基减免应纳税所得额（请填附表 1） | | |
| 7 | 　固定资产加速折旧（扣除）调减额（请填附表 2） | | |
| 8 | 　弥补以前年度亏损 | | |
| 9 | 实际利润额（4 行+5 行−6 行−7 行−8 行） | | |
| 10 | 税率（25%） | | |
| 11 | 应纳所得税额（9 行×10 行） | | |
| 12 | 减:减免所得税额（请填附表 3） | | |
| 13 | 　实际已预缴所得税额 | | —— |
| 14 | 　特定业务预缴（征）所得税额 | | |
| 15 | 应补（退）所得税额（11 行−12 行−13 行−14 行） | | —— |
| 16 | 减：以前年度多缴在本期抵缴所得税额 | | |
| 17 | 本月（季）实际应补（退）所得税额 | | —— |
| 18 | **二、按照上一纳税年度应纳税所得额平均额预缴** | | |
| 19 | 上一纳税年度应纳税所得额 | | —— |
| 20 | 本月（季）应纳税所得额（19 行×1/4 或 1/12） | | |
| 21 | 税率（25%） | | |
| 22 | 本月（季）应纳所得税额（20 行×21 行） | | |
| 23 | 减:减免所得税额（请填附表 3） | | |
| 24 | 本月（季）实际应纳所得税额（22 行−23 行） | | |
| 25 | **三、按照税务机关确定的其他方法预缴** | | |
| 26 | 本月（季）税务机关确定的预缴所得税额 | | |
| 27 | **总分机构纳税人** | | |
| 28 | 总机构 | 总机构分摊所得税额（15 行或 24 行或 26 行×总机构分摊预缴比例） | | |
| 29 | | 财政集中分配所得税额 | | |
| 30 | | 分支机构分摊所得税额（15 行或 24 行或 26 行×分支机构分摊比例） | | |
| 31 | | 其中：总机构独立于生产经营部门应分摊所得税额 | | |
| 32 | 分支机构 | 分配比例 | | |
| 33 | | 分配所得税额 | | |
| | **是否属于小型微利企业：** | 是 □　　　　　　　　　　否 □ | | |
| | 谨声明：此纳税申报表是根据《中华人民共和国企业所得税法》《中华人民共和国企业所得税法实施条例》和国家有关税收规定填报的，是真实的、可靠的、完整的。 | | |
| | 法定代表人（签字）：　　　　　　　年 月 日 | | |
| | 纳税人公章：<br>会计主管：<br><br>填表日期：　年 月 日 | 代理申报中介机构公章：<br>经办人：<br>经办人执业证件号码：<br>代理申报日期：　年 月 日 | 主管税务机关受理专用章：<br>受理人：<br><br>受理日期：　　年 月 日 |

（二）预缴纳税申报表的填写方法

**1. 适用范围**

本表适用于实行查账征收企业所得税的居民纳税人在月（季）度预缴企业所得税时使用。跨地区经营汇总纳税企业的分支机构年度汇算清缴申报适用本表。

**2. 表头项目**

（1）"税款所属期间"：为税款所属期月（季）度第一日至所属期月（季）度最后一日。

年度中间开业的纳税人，"税款所属期间"为当月(季)开始经营之日至所属月（季）度的最后一日。次月(季)度起按正常情况填报。

（2）"纳税人识别号"：填报税务机关核发的税务登记证号码（15位）。

（3）"纳税人名称"：填报税务机关核发的税务登记证记载的纳税人全称。

**3. 各列次的填报**

（1）第一部分，按照实际利润额预缴税款的纳税人，填报第2行至第17行。

其中：第2行至第17行的"本期金额"列，填报所属月（季）度第一日至最后一日的数据；第2行至第17行的"累计金额"列，填报所属年度1月1日至所属月（季）度最后一日的累计数额。

（2）第二部分，按照上一纳税年度应纳税所得额平均额计算预缴税款的纳税人，填报第19行至第24行。

其中：第19行至第24行的"本期金额"列，填报所属月（季）度第一日至最后一日的数据；第19行至第24行的"累计金额"列，填报所属年度1月1日至所属月（季）度最后一日的累计数额。

（3）第三部分，按照税务机关确定的其他方法预缴的纳税人，填报第26行。

其中："本期金额"列，填报所属月（季）度第一日至最后一日的数额；"累计金额"列，填报所属年度1月1日至所属月（季）度最后一日的累计数额。

**4. 各行次的填报**

（1）第1行至第26行，纳税人根据其预缴申报方式分别填报。

实行"按照实际利润额预缴"的纳税人填报第2行至第17行。实行"按照上一纳税年度应纳税所得额平均额预缴"的纳税人填报第19行至第24行。实行"按照税务机关确定的其他方法预缴"的纳税人填报第26行。

（2）第27行至第33行，由跨地区经营汇总纳税企业（以下简称汇总纳税企业）填报。其中：汇总纳税企业总机构在填报第1行至第26行的基础上，填报第28行至第31行。汇总纳税企业二级分支机构只填报本表第30行、第32行、第33行。

**5. 具体项目填报说明**

按照实际利润额预缴：

（1）第2行"营业收入"：填报按照企业会计制度、企业会计准则等国家会计规定核算的营业收入。本行主要列示纳税人营业收入数额，不参与计算。

（2）第3行"营业成本"：填报按照企业会计制度、企业会计准则等国家会计规定核算的营业成本。本行主要列示纳税人营业成本数额，不参与计算。

（3）第4行"利润总额"：填报按照企业会计制度、企业会计准则等国家会计规定核算的利润总额。本行数据与利润表列示的利润总额一致。

（4）第5行"特定业务计算的应纳税所得额"：从事房地产开发等特定业务的纳税人，填报按照税收规定计算的特定业务的应纳税所得额。房地产开发企业销售未完工开发产品取得的预售收入，按照税收规定的预计计税毛利率计算的预计毛利额填入此行。

（5）第6行"不征税收入和税基减免应纳税所得额"：填报属于税法规定的不征税收入、免税收入、减计收入、所得减免、抵扣应纳税所得额等金额。本行通过《不征税收入和税基类减免应纳税所得额明细表》（见附表1）填报。

（6）第7行"固定资产加速折旧（扣除）调减额"：填报按照《财政部 国家税务总局关于完善固定资产加速折旧税收政策有关问题的通知》（财税〔2014〕75号）等相关规定，固定资产税收上采取加速折旧，会计上未加速折旧的纳税调整情况。本行通过《固定资产加速折旧（扣除）明细表》（见附表2）填报。

（7）第8行"弥补以前年度亏损"：填报按照税收规定可在企业所得税前弥补的以前年度尚未弥补的亏损额。

（8）第9行"实际利润额"：根据本表相关行次计算结果填报。 第9行=4行+5行−6行−7行−8行。

（9）第10行"税率（25%）"：填报企业所得税法规定税率25%。

（10）第11行"应纳所得税额"：根据相关行次计算结果填报。第11行=9行×10行，且11行≥0。跨地区经营汇总纳税企业总机构和分支机构适用不同税率时，第11行≠9行×10行。

（11）第12行"减免所得税额"：填报按照税收规定，当期实际享受的减免所得税额。本行通过《减免所得税额明细表》（见附表3）填报。

（12）第13行"实际已预缴所得税额"：填报纳税人本年度此前月份、季度累计已经预缴的企业所得税额，"本期金额"列不填写。

（13）第14行"特定业务预缴（征）所得税额"：填报按照税收规定的特定业务已经预缴（征）的所得税额。建筑企业总机构直接管理的跨地区设立的项目部，按规定向项目所在地主管税务机关预缴的企业所得税填入此行。

（14）第15行"应补（退）所得税额"：根据本表相关行次计算填报。15行"累计金额"列=11行−12行−13行−14行，且15行≤0时，填0；"本期金额"列不填。

（15）第16行"减：以前年度多缴在本期抵缴所得税额"：填报以前年度多缴的企业所得税税款未办理退税，在本纳税年度抵缴的所得税额。

（16）第17行"本月（季）实际应补（退）所得税额"：根据相关行次计算填报。第17行"累计金额"列=15行−16行，且第17行≤0时，填0，"本期金额"列不填。

按照上一纳税年度应纳税所得额平均额预缴：

（1）第19行"上一纳税年度应纳税所得额"：填报上一纳税年度申报的应纳税所得额。"本期金额"列不填。

（2）第20行"本月（季）应纳税所得额"：根据相关行次计算填报。

① 按月度预缴的纳税人：第20行=第19行×1/12。

② 按季度预缴的纳税人：第 20 行=第 19 行×1/4。

（3）第 21 行"税率（25%）"：填报企业所得税法规定的 25%税率。

（4）第 22 行"本月（季）应纳所得税额"：根据本表相关行次计算填报。第 22 行=20 行×21 行。

（5）第 23 行"减：减免所得税额"：填报按照税收规定，当期实际享受的减免所得税额。本行通过《减免所得税额明细表》（见附表 3）填报。

（6）第 24 行"本月（季）实际应纳所得税额"：根据相关行次计算填报。第 24 行=22 行−23 行。

按照税务机关确定的其他方法预缴：

第 26 行"本月（季）税务机关确定的预缴所得税额"：填报税务机关认可的其他方法确定的本月（季）度应缴纳所得税额。

汇总纳税企业总分机构有关项目的填报：

（1）第 28 行"总机构分摊所得税额"：汇总纳税企业的总机构，以本表（第 1 行至第 26 行）本月（季）度预缴所得税额为基数，按总机构应当分摊的预缴比例计算出的本期预缴所得税额填报，并按不同预缴方式分别计算：

①"按照实际利润额预缴"的汇总纳税企业的总机构：第 15 行×总机构应分摊预缴比例。

②"按照上一纳税年度应纳税所得额的平均额预缴"的汇总纳税企业的总机构：第 24 行×总机构应分摊预缴比例。

③"按照税务机关确定的其他方法预缴"的汇总纳税企业的总机构：第 26 行×总机构应分摊预缴比例。

上述计算公式中"总机构分摊预缴比例"：跨地区经营（跨省、自治区、直辖市、计划单列市）汇总纳税企业，总机构分摊的预缴比例填报 25%；省内经营的汇总纳税企业，总机构应分摊的预缴比例按各省级税务机关规定填报。

（2）第 29 行"财政集中分配所得税额"：汇总纳税企业的总机构，以本表（第 1 行至第 26 行）本月（季）度预缴所得税额为基数，按财政集中分配的预缴比例计算出的本期预缴所得税额填报，并按不同预缴方式分别计算：

①"按照实际利润额预缴"的汇总纳税企业的总机构：第 15 行×财政集中分配预缴比例。

②"按照上一纳税年度应纳税所得额平均额预缴"的汇总纳税企业的总机构：第 24 行×财政集中分配预缴比例。

③"按照税务机关确定的其他方法预缴"的汇总纳税企业的总机构：第 26 行×财政集中分配预缴比例。

跨地区经营（跨省、自治区、直辖市、计划单列市）汇总纳税企业，中央财政集中分配的预缴比例填报 25%；省内经营的汇总纳税企业，财政集中分配的预缴比例按各省级税务机关规定填报。

（3）第 30 行"分支机构应分摊所得税额"：汇总纳税企业的总机构，以本表（第 1 行至第 26 行）本月（季）度预缴所得税额为基数，按分支机构应分摊的预缴比例计算出的本期预缴所得税额填报，并按不同预缴方式分别计算：

①"按照实际利润额预缴"的汇总纳税企业的总机构：第 15 行×分支机构应分摊预缴比例。

②"按照上一纳税年度应纳税所得额平均额预缴"的汇总纳税企业的总机构：第24行×分支机构应分摊预缴比例。

③"按照税务机关确定的其他方法预缴"的汇总纳税企业的总机构：第26行×分支机构应分摊预缴比例。

上述计算公式中"分支机构应分摊预缴比例"：跨地区经营（跨省、自治区、直辖市、计划单列市）汇总纳税企业，分支机构应分摊的预缴比例填报50%；省内经营的汇总纳税企业分支机构应分摊的预缴比例按各省级税务机关规定执行填报。

分支机构根据《中华人民共和国企业所得税汇总纳税分支机构所得税分配表（2015年版）》中的"分支机构分摊所得税额"填写本行。

（4）第31行"其中：总机构独立于生产经营部门应分摊所得税额"：填报跨地区经营汇总纳税企业的总机构，设立的具有主体生产经营职能且按规定视同二级分支机构的部门，所应分摊的本期预缴所得税额。

（5）第32行"分配比例"：汇总纳税企业的分支机构，填报依据《中华人民共和国企业所得税汇总纳税分支机构所得税分配表（2015年版）》确定的该分支机构的分配比例。

（6）第33行"分配所得税额"：填报汇总纳税企业的分支机构按分配比例计算应预缴或汇算清缴的所得税额。第33行=30行×32行。

### 6. "是否属于小型微利企业"填报

（1）纳税人上一纳税年度汇算清缴符合小型微利企业条件的，本年预缴时，选择"是"，预缴累计会计利润不符合小微企业条件的，选择"否"。

（2）本年度新办企业，"资产总额"和"从业人数"符合规定条件，选择"是"，预缴累计会计利润不符合小微企业条件的，选择"否"。

（3）上年度"资产总额"和"从业人数"符合规定条件，应纳税所得额不符合小微企业条件的，预计本年度会计利润符合小微企业条件，选择"是"，预缴累计会计利润不符合小微企业条件，选择"否"。

（4）纳税人第一季度预缴所得税时，鉴于上一年度汇算清缴尚未结束，可以按照上年度第四季度预缴情况选择"是"或"否"。

本栏次为必填项目，不符合小型微利企业条件的，选择"否"。

### 7. 表内表间关系

（1）表内关系

①第9行=4行+5行-6行-7行-8行。

②第11行=9行×10行。当汇总纳税企业的总机构和分支机构适用不同税率时，第11行≠9行×10行。

③第15行=11行-12行-13行-14行，且第15行≤0时，填0。

④第17行=15行-16行，且第17行≤0时，填0。

⑤第20行"本期金额"=19行"累计金额"×1/4或1/12。

⑥第22行=20行×21行。

⑦第24行=22行-23行。

⑧第28行=15行或24行或26行×规定比例。

⑨第 29 行=15 行或 24 行或 26 行×规定比例。

（2）表间关系

①第 6 行=《不征税收入和税基类减免应纳税所得额明细表》（附表 1）第 1 行。

②第 7 行"本期金额"=《固定资产加速折旧（扣除）明细表》（附表 2）第 13 行 11 列；第 7 行"累计金额"=《固定资产加速折旧（扣除）明细表》（附表 2）第 13 行 16 列。

③第 12 行、第 23 行=《减免所得税额明细表》（附表 3）第 1 行。

④第 30 行=《企业所得税汇总纳税分支机构所得税分配表(2015 年版)》中的"分支机构分摊所得税额"。

⑤第 32、第 33 行=《企业所得税汇总纳税分支机构所得税分配表(2015 年版)》中与填表纳税人对应行次中的"分配比例"、"分配所得税额"列。

## 三、核定征收企业预缴纳税申报表的填报

### （一）企业所得税核定征收的基本规定

（1）居民企业纳税人具有下列情形之一的，核定征收企业所得税：

① 依照法律、行政法规的规定可以不设置账簿的；

② 依照法律、行政法规的规定应当设置但未设置账簿的；

③ 擅自销毁账簿或者拒不提供纳税资料的；

④ 虽设置账簿，但账目混乱或者成本资料、收入凭证、费用凭证残缺不全，难以查账的；

⑤ 发生纳税义务，未按照规定的期限办理纳税申报，经税务机关责令限期申报，逾期仍不申报的；

⑥ 申报的计税依据明显偏低，又无正当理由的；

⑦ 特殊行业、特殊类型的纳税人和一定规模以上的纳税人由国家税务总局另行明确。

（2）税务机关应根据纳税人具体情况，对核定征收企业所得税的纳税人，核定应税所得率或者核定应纳所得税额。

具有下列情形之一的，核定其应税所得率：

① 能正确核算（查实）收入总额，但不能正确核算（查实）成本费用总额的；

② 能正确核算（查实）成本费用总额，但不能正确核算（查实）收入总额的；

③ 通过合理方法，能计算和推定纳税人收入总额或成本费用总额的。

纳税人不属于以上情形的，核定其应纳所得税额。

（3）采用应税所得率方式核定征收企业所得税的，应纳所得税额计算公式如下：

应纳所得税额=应纳税所得额×适用税率

应纳税所得额=应税收入额×应税所得率

或：应纳税所得额=成本（费用）支出额/（1-应税所得率）×应税所得率

（4）应税所得率按表 4-2 规定的幅度标准确定。

### （二）企业所得税月（季）度和年度纳税申报表（B 类）的格式

企业所得税月（季）度和年度纳税申报表（B 类）的格式如表 4-3 所示。

表 4-2　应税所得率幅度标准

| 行　业 | 应税所得率（%） | 行　业 | 应税所得率（%） |
|---|---|---|---|
| 农、林、牧、渔业 | 3～10 | 建筑业 | 8～20 |
| 制造业 | 5～15 | 饮食业 | 8～25 |
| 批发和零售贸易业 | 4～15 | 娱乐业 | 15～30 |
| 交通运输业 | 7～15 | 其他行业 | 10～30 |

表 4-3　中华人民共和国企业所得税月（季）度预缴和年度纳税申报表（B 类）

税款所属期间：　　　年　月　日至　　　年　月　日

纳税人识别号：□□□□□□□□□□□□□□□

纳税人名称：　　　　　　　　　　　　　　　　　金额单位：人民币元（列至角分）

| 项　　　目 | | | 行　次 | 累　计　金　额 |
|---|---|---|---|---|
| 一、以下由按应税所得率计算应纳所得税额的企业填报 | | | | |
| 应纳税所得额的计算 | 按收入总额核定应纳税所得额 | 收入总额 | 1 | |
| | | 减：不征税收入 | 2 | |
| | | 免税收入 | 3 | |
| | | 其中：国债利息收入 | 4 | |
| | | 地方政府债券利息收入 | 5 | |
| | | 符合条件居民企业之间股息红利等权益性收益 | 6 | |
| | | 符合条件的非营利组织收入 | 7 | |
| | | 其他免税收入 | 8 | |
| | | 应税收入额（1 行–2 行–3 行） | 9 | |
| | | 税务机关核定的应税所得率（%） | 10 | |
| | | 应纳税所得额（9 行×10 行） | 11 | |
| | 按成本费用核定应纳税所得额 | 成本费用总额 | 12 | |
| | | 税务机关核定的应税所得率（%） | 13 | |
| | | 应纳税所得额［12 行÷（100%–13 行）×13 行］ | 14 | |
| 应纳所得税额的计算 | | 税率（25%） | 15 | |
| | | 应纳所得税额（11 行×15 行或 14 行×15 行） | 16 | |
| 应补（退）所得税额的计算 | | 减：符合条件的小型微利企业减免所得税额 | 17 | |
| | | 其中：减半征税 | 18 | |
| | | 已预缴所得税额 | 19 | |
| | | 应补（退）所得税额（16 行–17 行–19 行） | 20 | |
| 二、以下由税务机关核定应纳所得税额的企业填报 | | | | |
| 税务机关核定应纳所得税额 | | | 21 | |
| 预缴申报时填报 | 是否属于小型微利企业：　　是□　　　否□ | | | |
| 年度申报时填报 | 所属行　　　　　　　　　从业人数： | | | |
| | 资产总额　　　　　　　　国家限制和禁止行业：　是□　　　否□ | | | |
| 谨声明：此纳税申报表是根据《中华人民共和国企业所得税法》《中华人民共和国企业所得税法实施条例》和国家有关税收规定填报的，是真实的、可靠的、完整的。 | | | | |
| 　　　　　　　　　　　　　法定代表人（签字）：　　　年　月　日 | | | | |
| 纳税人公章：<br>会计主管：<br><br>填表日期：　年　月　日 | 代理申报中介机构公章：<br>经办人：<br>经办人执业证件号码：<br>代理申报日期：　年　月　日 | | 主管税务机关受理专用章：<br>受理人：<br><br>受理日期：　年　月　日 | |

国家税务总局监制

申报表的填写说明请自行上网搜索，此处不再赘述。

# 第三节 企业所得税年度申报与缴纳

纳税人进行年报时，除了填报企业所得税年度纳税申报表（见表 4-4）外，还要填报 11 种附表和税务机关要求报送的其他资料。这些附表有收入明细表 [附表一①，还包括金融企业收入明细表（附表一②）、事业单位、社会团体、民办非企业单位收入明细表（附表一③）]、成本费用明细表 [附表二①，还包括金融企业成本费用明细表（附表二②）、事业单位、社会团体、民办非企业单位支出明细表（附表二③）]、纳税调整项目明细表（附表三）、企业所得税弥补亏损明细表（附表四）、税收优惠明细表（附表五）、境外所得税抵免计算明细表（附表六）、以公允价值计量资产纳税调整表（附表七）、广告费和业务宣传费跨年度纳税调整表（附表八）、资产折旧、摊销纳税调整明细表（附表九）、资产减值准备项目调整明细表（附表十）、长期股权投资所得（损失）明细表（附表十一）。这里只说明"收入明细表""成本费用明细表"的填报。

## 一、企业所得税年度纳税申报表的格式

这里以《企业所得税年度纳税申报表（A 类 A100000）》（封面与主表）为例加以说明，其格式如表 4- 4、表 4-5 所示。

表 4-4 中华人民共和国企业所得税年度纳税申报表（A 类 A100000 主表）

| 行 次 | 类 别 | 项 目 | 金 额 |
|---|---|---|---|
| 1 | | 一、营业收入（填写 A101010\101020\103000） | |
| 2 | | 减：营业成本（填写 A102010\102020\103000） | |
| 3 | | 营业税金及附加 | |
| 4 | | 销售费用（填写 A104000） | |
| 5 | | 管理费用（填写 A104000） | |
| 6 | 利润总额计算 | 财务费用（填写 A104000） | |
| 7 | | 资产减值损失 | |
| 8 | | 加：公允价值变动收益 | |
| 9 | | 投资收益 | |
| 10 | | 二、营业利润（1−2−3−4−5−6−7+8+9） | |
| 11 | | 加：营业外收入（填写 A101010\101020\103000） | |
| 12 | | 减：营业外支出（填写 A102010\102020\103000） | |
| 13 | | 三、利润总额（10+11−12） | |
| 14 | | 减：境外所得（填写 A108010） | |
| 15 | | 加：纳税调整增加额（填写 A105000） | |
| 16 | | 减：纳税调整减少额（填写 A105000） | |
| 17 | | 减：免税、减计收入及加计扣除（填写 A107010） | |
| 18 | 应纳税所得额计算 | 加：境外应税所得抵减境内亏损（填写 A108000） | |
| 19 | | 四、纳税调整后所得（13−14+15−16−17+18） | |
| 20 | | 减：所得减免（填写 A107020） | |
| 21 | | 减：抵扣应纳税所得额（填写 A107030） | |
| 22 | | 减：弥补以前年度亏损（填写 A106000） | |
| 23 | | 五、应纳税所得额（19−20−21−22） | |

（续表）

| 行 次 | 类 别 | 项 目 | 金 额 |
|---|---|---|---|
| 24 | | 税率（25%） | |
| 25 | | 六、应纳所得税额（23×24） | |
| 26 | | 减：减免所得税额（填写 A107040） | |
| 27 | | 减：抵免所得税额（填写 A107050） | |
| 28 | | 七、应纳税额（25-26-27） | |
| 29 | 应纳税额计算 | 加：境外所得应纳所得税额（填写 A108000） | |
| 30 | | 减：境外所得抵免所得税额（填写 A108000） | |
| 31 | | 八、实际应纳所得税额（28+29-30） | |
| 32 | | 减：本年累计实际已预缴的所得税额 | |
| 33 | | 九、本年应补（退）所得税额（31-32） | |
| 34 | | 其中：总机构分摊本年应补（退）所得税额(填写 A109000) | |
| 35 | | 财政集中分配本年应补（退）所得税额（填写 A109000） | |
| 36 | | 总机构主体生产经营部门分摊本年应补（退）所得税额（填写 A109000） | |
| 37 | 附列资料 | 以前年度多缴的所得税额在本年抵减额 | |
| 38 | | 以前年度应缴未缴在本年入库所得税额 | |

注：

### 表 4-5　中华人民共和国企业所得税年度纳税申报表（封面）

（A 类，2014 年版）

税款所属期间：　　年　月　日至　　年　月　日

纳税人识别号：□□□□□□□□□□□□□□□

纳税人名称：

金额单位：人民币元（列至角分）

　　谨声明：此纳税申报表是根据《中华人民共和国企业所得税法》《中华人民共和国企业所得税法实施条例》和有关税收政策，以及国家统一会计制度的规定填报的，是真实的、可靠的、完整的。

法定代表人（签章）：　　　　　　　年 月 日

| 纳税人公章： | 代理申报中介机构公章： | 主管税务机关受理专用章： |
|---|---|---|
| 会计主管： | 经办人：<br>经办人执业证件号码： | 受理人： |
| 填表日期：　年　月　日 | 代理申报日期：　年　月　日 | 受理日期：　年　月　日 |

国家税务总局监制

## 二、企业所得税年度纳税申报表（A类）的填报

### （一）适用范围

本表适用于实行查账征收的企业所得税居民纳税人填报。

### （二）填报依据及内容

本表为年度纳税申报表主表，企业应根据《企业所得税法》及其实施条例、相关税收政策，以及国家统一会计制度（企业会计准则、小企业会计准则、企业会计制度、事业单位会计准则和民间非营利组织会计制度等）的规定，计算填报纳税人利润总额、应纳税所得额、应纳税额和附列资料等有关项目。

企业在计算应纳税所得额及应纳所得税时，企业财务、会计处理办法与《企业所得税法》规定不一致的，应当按照《企业所得税法》规定计算。《企业所得税法》规定不明确的，在没有明确规定之前，暂按企业财务、会计规定计算。

### （三）企业所得税年度纳税申报表（A类）的填报说明

申报表的填写说明请自行上网搜索，此处不再赘述。

# 第四节　企业所得税纳税综合实训

## 一、综合实训一

### 【案例材料】

2016年萨利公司企业财务资料如下：

（1）产品销售收入800万元，接受捐赠收入40万元，出租仓库收入55万元，国债利息收入5万元；

（2）该企业全年发生的产品销售成本430万元，销售费用80万元，管理费用20万元，财务费用10万元，营业外支出3万元（其中行政性罚款1万元），销售税金及附加7.2万元，2016年经税务机关核定准予扣除的因自然灾害造成的损失30万元。

已知该企业适用的所得税税率是25%。

试计算：

（1）企业2016年计税收入总额；

（2）计算2016年税前准予扣除项目金额；

（3）企业2016年度应纳所得税额。

### 【计算与解析】

（1）企业2016年收入总额=产品销售收入800万元+接受捐赠收入40万元+出租仓库收入55万元+国债利息收入5万元=900万元

（2）2016年税前准予扣除项目金额=销售成本430万元+销售费用80万元+管理费用20万元+财务费用10万元+（营业外支出3万元-其中行政性罚款1万元）+销售税金及附加7.2万元+自然灾害损失30万元=579.2万元

（3）企业2016年度应纳所得税额=（900-5-579.2）×25%=78.95（万元）

## 二、综合实训二

### 【案例材料】

金立公司（该企业不符合税率优惠企业条件）2016年销售收入500万元，出售无形资产净收益30万元，公司债券投资收益60万元，销售成本与税金370万元，财务、管理、销售费用合计130万元，在汇算清缴所得税时发现以下事项未进行纳税调整：

（1）已进入成本费用中实际支付的合理工资为72万元，上缴工会经费2.16万元，实际发生职工福利费15.16万元，实际发生的职工教育经费1.08万元；

（2）管理费用列支的业务招待费10万元；

（3）本年度实际发生广告费20万元；

（4）财务费用中列示的汇兑损失10万元。

试计算：

（1）2016年工资及三项费用的纳税调整金额；

（2）2016年业务招待费的扣除限额；

（3）2016年广告费的扣除限额；

（4）2016年应纳所得税税额。

### 【计算与解析】

（1）实际支付的工资72万元，可据实扣除；

工会经费的扣除限额=72×2%=1.44（万元），应调增纳税所得额：2.16-1.44=0.72（万元）；

职工福利扣除限额=72×14%=10.08（万元），应调增纳税所得额：15.16-10.08=5.08（万元）；

职工教育经费扣除限额=72×2.5%=1.8（万元），由于实际发生1.08万元，不需调整。

合计调增纳税所得额：0.72+5.08=5.8（万元）

（2）销售收入=500万元，

业务招待费扣限额：500×0.5%=2.5（万元）<10×60%=6（万元），只能按2.5万元扣除。

应调增纳税所得额：10-2.5=7.5（万元）

（3）广告费的扣除限额=500×15%=75（万元）>实际发生的20万元，可据实扣除，不需纳税调整。

（4）2016年应纳所得税额=（500-370-130+30+60+5.8+7.5）×25%=25.825（万元）

## 三、综合实训三

### 【案例材料】

业力达有限责任公司系一家居民企业，为增值税一般纳税人（税务登记号为370102368721618），主要生产销售彩色电视机。假定2017年度该公司有关经营业务如下：

（1）销售彩色电视机取得不含税收入8 600万元，与其配比的销售成本5 600万元；

（2）转让技术所有权取得不含税收入700万元，直接与技术所有权转让有关的成本和费用100万元；

（3）出租设备取得不含税租金收入 200 万元，与之对应的成本 60 万元，接受原材料捐赠取得增值税专用发票注明材料金额 50 万元、增值税进项税额 8.5 万元，取得国债利息收入 30 万元；

（4）购进原材料共计 3 000 万元，取得增值税专用发票注明进项税税额 510 万元；支付购料运输费用共计 200 万元，取得运输业增值税专用发票；

（5）销售费用 1 650 万元，其中广告费 1 400 万元；

（6）管理费用 850 万元，其中业务招待费 90 万元；

（7）财务费用 80 万元，其中含向非金融企业借款 500 万元所支付的年利息 40 万元（当年金融企业贷款的年利率为 5.8%）；

（8）计入成本、费用中的实发工资 540 万元，发生的工会经费 15 万元、职工福利费 82 万元、职工教育经费 18 万元；

（9）营业外支出 300 万元，其中包括通过公益性社会团体向贫困山区的捐款 150 万元；

（10）本年预缴所得税 89 万元。

（其他相关资料：①上述销售费用、管理费用和财务费用不涉及转让费用；②取得的相关票据均通过主管税务机关认证。）

根据上述资料，计算确定下列项目，并填写《企业所得税纳税申报表》（见表 4-6）。

（1）企业 2017 年应缴纳的增值税；

（2）企业 2017 年应缴纳的城市维护建设税和教育费附加；

（3）企业 2017 年实现的会计利润；

（4）广告费用应调整的应纳税所得额；

（5）业务招待费应调整的应纳税所得额；

（6）财务费用应调整的应纳税所得额；

（7）职工工会经费、职工福利费、职工教育经费应调整的应纳税所得额；

（8）公益性捐赠应调整的应纳税所得额；

（9）企业 2017 年度企业应纳税所得额；

（10）企业 2017 年度应缴纳的企业所得税额。

**【计算与解析】**

（1）企业 2017 年应缴纳的增值税：

（8 600+200）×17%+700×6%-（8.5+510+200×11%）=997.5（万元）

（2）企业 2017 年应缴纳的城市维护建设税和教育费附加：

997.5×（7%+3%）=99.75（万元）

（3）企业 2017 年实现的会计利润：

8 600+700+200+50+8.5+30-5 660-100-1 650-850-80-300-99.75=848.75（万元）

（注："50+8.5"的捐赠收入计入收入总额。）

（4）广告费用应调整的应纳税所得额：

扣除限额：（8 600+200）×15%=1 320（万元）

应调增纳税所得额：1 400-1 320=80（万元）

（5）业务招待费应调整的应纳税所得额：

扣除限额：90×60%=54（万元）>（8 600+200）×5‰=44（万元）

应调增纳税所得额：90-44=46（万元）

（6）财务费用应调增的纳税所得额：

应调增纳税所得额：40-500×5.8%=11（万元）

（7）职工工会经费、职工福利费、职工教育经费应调整的应纳税所得额：

工会经费限额=540×2%=10.8（万元）

职工福利费限额=540×14%=75.6（万元）

职工教育经费限额=540×2.5%=13.5（万元）

应调增纳税所得额=15+82+18-10.8-75.6-13.5=115-99.9=15.1（万元）

（8）公益性捐赠应调增纳税所得额：

150-848.75×12%=48.15（万元）

（9）企业2017年度应纳税所得额：

技术转让所得：700-100=600万元，其中500万元免税，100万元减半征收。

848.75+80+46+11+15.1+48.15-30（国债利息）-500（免税所得）=519（万元）

（10）2017年度企业应缴纳的企业所得税额：

（519-100）×25%+100×25%×50%=117.25（万元）

## 【申报表填写】

表4-6　中华人民共和国企业所得税年度纳税申报表（A类 A100000 主表）

| 行 次 | 类 别 | 项　目 | 金　额 |
|---|---|---|---|
| 1 | | 一、营业收入（填写A101010\101020\103000） | 88 000 000.00 |
| 2 | | 减：营业成本（填写A102010\102020\103000） | 56 600 000.00 |
| 3 | | 营业税金及附加 | 997 500.00 |
| 4 | | 销售费用（填写A104000） | 16 500 000.00 |
| 5 | | 管理费用（填写A104000） | 8 500 000.00 |
| 6 | | 财务费用（填写A104000） | 800 000.00 |
| 7 | 利润总额计算 | 资产减值损失 | |
| 8 | | 加：公允价值变动收益 | |
| 9 | | 投资收益 | 300 000.00 |
| 10 | | 二、营业利润（1-2-3-4-5-6-7+8+9） | 4 902 500.00 |
| 11 | | 加：营业外收入（填写A101010\101020\103000） | 6 585 000.00 |
| 12 | | 减：营业外支出（填写A102010\102020\103000） | 3 000 000.00 |
| 13 | | 三、利润总额（10+11-12） | 8 487 500.00 |
| 14 | | 减：境外所得（填写A108010） | |
| 15 | 应纳税所得额计算 | 加：纳税调整增加额（填写A105000） | 2 002 500.00 |
| 16 | | 减：纳税调整减少额（填写A105000） | |
| 17 | | 减：免税、减计收入及加计扣除（填写A107010） | 5 300 000.00 |
| 18 | | 加：境外应税所得抵减境内亏损（填写A108000） | |
| 19 | | 四、纳税调整后所得（13-14+15-16-17+18） | 5 190 000.00 |
| 20 | | 减：所得减免（填写A107020） | |

（续表）

| 行 次 | 类 别 | 项 目 | 金 额 |
|---|---|---|---|
| 21 | 应纳税所得额计算 | 减：抵扣应纳税所得额（填写 A107030） | |
| 22 | | 减：弥补以前年度亏损（填写 A106000） | |
| 23 | | 五、应纳税所得额（19−20−21−22） | 5 190 000.00 |
| 24 | 应纳税额计算 | 税率（25%） | |
| 25 | | 六、应纳所得税额（23×24） | 1 297 500.00 |
| 26 | | 减：减免所得税额（填写 A107040） | 125 000.00 |
| 27 | | 减：抵免所得税额（填写 A107050） | |
| 28 | | 七、应纳税额（25−26−27） | 1 172 500.00 |
| 29 | | 加：境外所得应纳所得税额（填写 A108000） | |
| 30 | | 减：境外所得抵免所得税额（填写 A108000） | |
| 31 | | 八、实际应纳所得税额（28+29−30） | 1 172 500.00 |
| 32 | | 减：本年累计实际已预缴的所得税额 | 890 000.00 |
| 33 | | 九、本年应补（退）所得税额（31−32） | 282 500.00 |
| 34 | | 其中：总机构分摊本年应补（退）所得税额(填写 A109000) | |
| 35 | | 财政集中分配本年应补（退）所得税额（填写 A109000） | |
| 36 | | 总机构主体生产经营部门分摊本年应补（退）所得税额（填写 A109000） | |
| 37 | 附列资料 | 以前年度多缴的所得税额在本年抵减额 | |
| 38 | | 以前年度应缴未缴在本年入库所得税额 | |

（封面及附表填写略）

# 强化训练

## 一、单项选择题

1. 下列各项中，不属于企业所得税征税范围的是（      ）。

A. 居民企业来源于境外所得

B. 非居民企业来源于中国境内所得

C. 非居民企业来源于中国境外所得，与所设机构没有实际联系

D. 在中国设立机构、场所的非居民企业，取得的境内所得与其所设机构、场所有实际联系的所得

2. 根据企业所得税法的规定，以下适用 25% 税率的是（      ）。

A. 在中国境内未设立机构、场所的非居民企业

B. 在中国境内虽设立机构、场所但取得所得与其机构、场所没有实际联系的非居民企业

C. 在中国境内设立机构、场所且取得所得与其机构、场所有实际联系的非居民企业

D. 所有的非居民企业

3. 根据企业所得税法的规定，以下收入中属于不征税收入的是（      ）。

A. 财政拨款

B. 在中国境内设立机构、场所的非居民企业连续持有居民企业公开发行并上市流通

的股票不足 12 个月取得投资收益

  C．非营利组织从事营利性活动取得的收入

  D．国债利息收入

4．在计算应纳税所得额时，下列关于扣除项目标准的说法中不正确的是（  ）。

  A．企业计提的合理的工资、薪金支出准予据实扣除

  B．企业计提的职工福利费支出，不超过工资薪金总额 14%的部分准予扣除

  C．企业发生的合理的劳动保护费支出，准予扣除

  D．诉讼费用不得扣除

5．富顿企业 2016 年度销售自产服装收入 1 500 万元，销售边角余料收入 200 万元，为合作单位提供服装的裁剪劳务收入 100 万元，出租房屋收入 200 万元，从被投资企业分回的投资收益 100 万元，接受捐赠收入 50 万元。当年实际发生业务招待费 20 万元。该企业当年可在所得税前列支的业务招待费金额为（  ）万元。

  A．10      B．12      C．15      D．20

6．吴江公司为居民纳税人，2016 年计入成本、费用的实发工资总额为 520 万元，支出职工福利费 80 万元、职工教育经费 10 万元，拨缴职工工会经费 10.4 万元。该企业 2016 年计算应纳税所得额时准予在税前扣除的工资和三项经费合计为（  ）万元。

  A．579.6     B．566.8     C．608.8     D．613.2

7．发达公司财务资料显示，2016 年主营业务收入 2 000 万元，其他业务收入 220 万元。收入对应的成本合计为 1 350 万元，期间费用为 200 万元，营业外支出 100 万元（其中 65 万元为公益性捐赠支出），上年度企业自行计算亏损 50 万元，经税务机关核定的亏损为 30 万元。该企业在所得税前可以扣除的捐赠支出为（  ）万元。

  A．68.4     B．65.0     C．64.8     D．62.4

8．企业缴纳的以下税金中，可以直接在税前扣除的是（  ）。

  A．契税     B．房产税     C．车辆购置税    D．增值税

9．启明公司为居民企业，2016 年实际发生的工资、薪金支出为 100 万元，计提三项经费 18.5 万元，其中福利费本期发生 12 万元，拨缴的工会经费为 2 万元，已经取得工会拨缴收据，实际发生职工教育经费 2.5 万元。该企业 2016 年计算应纳税所得额时，应调增应纳税所得额为（  ）万元。

  A．2.0      B．1.5      C．0       D．2.5

10．光来机械制造厂因扩大生产规模新建厂房，由于自有资金不足，2016 年 1 月 1 日向银行借入长期借款 1 笔，金额 2 000 万元，贷款年利率是 4%，2016 年 5 月 1 日该厂房开始建设，12 月 31 日房屋竣工结算。该企业 2016 年度可以在税前直接扣除的该项借款费用是（  ）万元。

  A．26.67     B．33.33     C．53.33     D．80.00

## 二、多项选择题

1．下列各项中，属于企业所得税征税范围的有（  ）。

  A．居民企业来源于境外的所得

  B．设立机构、场所的非居民企业，其机构、场所来源于中国境内的所得

  C．未设立机构、场所的非居民企业来源于中国境外的所得

  D．居民企业来源于中国境内的所得

2．《中华人民共和国企业所得税法》中所称应纳税所得额，是指企业每一纳税年度的收入总额，减除（　　）后的余额。

  A．不征税收入       B．免税收入

  C．各项准予扣除项目    D．允许弥补的以前年度亏损

3．以下利息费用可以在计算企业所得税时，据实扣除的有（　　）。

  A．金融企业的各项存款利息支出

  B．非金融企业向非金融企业借款的利息支出

  C．企业经批准发生债券的利息支出

  D．金融企业同业拆借利息支出

4．计算企业所得税应纳税所得额时，根据相关规定，下列支出不得扣除的有（　　）。

  A．向投资者支付的股息   B．企业所得税税款

  C．税收滞纳金      D．合理的会议费

5．下列各项中，属于《企业所得税法》规定的免税收入有（　　）。

  A．符合条件的非营利组织的收入

  B．符合条件的居民企业之间的股息、红利等权益性投资收益

  C．财政拨款

  D．国债利息收入

6．根据《企业所得税法》的规定，下列支出项目中，在计算企业所得税应纳税所得额时，不得扣除的有（　　）。

  A．税收滞纳金      B．银行按规定加收的罚息

  C．被没收财物的损失    D．未经核定的准备金支出

7．依据《企业所得税法》的规定，判定居民企业的标准有（　　）。

  A．登记注册地标准    B．所得来源地标准

  C．经营行为实际发生地标准  D．实际管理机构所在地标准

8．在中国境内未设立机构、场所的非居民企业从中国境内取得的下列所得，应按收入全额计算征收企业所得税的有（　　）。

  A．股息        B．转让财产所得

  C．租金        D．特许权使用费

9．下列项目中，应计入应纳税所得额的有（　　）。

  A．非金融企业让渡资金使用权的收入

  B．因债权人原因确定无法支付的应付款项

  C．事业单位收到的财政拨款

  D．将自产货物用于职工福利

10．根据《企业所得税法》的规定，下列支出可以在计算应纳税所得额时扣除的有（　　）。

  A．企业为投资者支付的商业保险

  B．企业之间支付的管理费

  C．企业发生的合理的劳动保护支出

D．企业依照法律、行政法规有关规定提取的用于环境保护的专项资金

11．下列各项中，是我国企业所得税的纳税人的有（　　　）。

A．有限责任公司　　　　　　　　B．合伙企业

C．个人独资企业　　　　　　　　D．外商投资企业

### 三、判断题

1．在外国成立实际管理机构不在中国境内的企业，不是企业所得税的纳税义务人。（　　）

2．企业购置用于环境保护、节能节水、安全生产等专用设备的投资额，可以按一定比例减计应纳税所得额。（　　）

3．居民企业应当就其来源于中国境内、境外的所得缴纳企业所得税；非居民企业应当就其来源于中国境内的所得缴纳企业所得税。（　　）

4．在计算企业的纳税所得额时，企业的不征税收入用于支出所形成的费用或者财产，不得扣除。（　　）

5．除国务院另有规定外，企业之间不得合并缴纳企业所得税。（　　）

6．企业对外投资的成本，无论何时均不得扣除。（　　）

7．常年处于强震动、高腐蚀状态的固定资产，可以缩短折旧年限或采用加速折旧的方法计提折旧。（　　）

8．非居民企业的扣缴义务人依法未扣缴或无法履行扣缴义务的，由非居民企业在所得发生地缴纳。（　　）

9．企业开发新技术发生的研究开发费用，未形成资产的计入当期损益。（　　）

10．开开公司2015年度应税所得额为27万元，从业人数为30人，资产总额为300万元，2015年适用的税率是20%。（　　）

### 四、简答题

1．如何分辨居民纳税人和非居民纳税人？

2．如何确定应纳税所得额？

3．职工福利费、工会经费、教育经费税前如何扣除？

4．计算企业所得税时哪些项目不得税前扣除？

5．如何确定广告费与业务招待费的税前扣除比例？

6．企业所得税的纳税范围包括哪些？

7．不征税收入与免税收入各包括哪些内容？

8．企业所得税的纳税地点与期限有何规定？

9．《企业所得税法》规定的税收优惠政策有哪些？

10．怎样填报企业所得税预缴纳税申报表？

11．企业所得税年报应填报哪些报表？了解填报的基本要求。

12．如何进行所得税纳税筹划？

### 五、综合实训题（计算结果保留两位小数）

1．恒大公司2010—2016年应税所得额如表4-7所示，计算各年应纳所得税额。

**表4-7　恒大公司2010—2016年应税所得额**

| 年　度 | 2010 | 2011 | 2012 | 2013 | 2014 | 2015 | 2016 |
|---|---|---|---|---|---|---|---|
| 纳税所得额（万元） | −200 | 50 | 100 | −60 | 80 | 100 | 220 |

2．好利企业是一家居民企业，2016年实际支出的工资薪金总额为180万元，福利费本期发生额40万元，拨缴的工会经费4万元，未取得相关收据，实际发生教育经费4万元。试计算该企业本年度计算应税所得额时应调整的应纳税所得额。

3．东大公司2016年销售货物收入1 800万元，销售原材料收入50万元，接受捐赠100万元，实际发生广告费400万元，业务宣传费200万元。试计算该企业2016年广告费与业务宣传费准予扣除的金额。

4．杭城公司为居民纳税企业，2016年利润总额为56万元，其中产品销售收入3 000万元，业务招待费28.6万元。假定不存在其他纳税事项调整，则该公司2016年度纳税所得额及应纳所得税额是多少？

5．佳宁公司2016年取得以下收入：产品销售收入190万元，出租房屋收入20万元，投资收益60万元（系从国内另一居民企业所得），接受捐赠收入60万元。发生以下费用：销售成本120万元，管理费用40万元（其中业务招待费5万元），销售费用30万元，营业税金及附加6万元，营业外支出为公益性捐赠20万元。试计算该企业本年度应纳税额。

6．龙达公司为一符合条件的小型微利企业，2016年度销售收入120万元，销售成本80万元，销售费用10万元（含3万元的广告费），管理费用15万元（含业务招待费5万元），财务费用2万元（均是支付给银行的利息），营业税金及附加2万元，其他纳税事项调整，已纳所得税1万元。试计算该企业本年度应补税税额。

7．2016年度在我国境内未设立机构场所的AB外国企业将一项商标使用权提供给境内泰甲公司使用，泰甲公司支付使用费100万元。试计算泰甲公司应代扣代缴的所得税。

8．冠林企业2016年主营业务收入5 000万元，主营业务成本为2 000万元，营业税金及附加12万元。销售费用300万元（含广告费150万元）。管理费用500万元（含业务招待费30万元，办公室房租40万元），投资收益50万元（其中，国债利息20万元，购买上市公司债券取得利息收入30万元），营业外支出10万元，是金融机构罚款。

其他资料：

（1）当年6月1日其租赁办公室，支付两年租金30万元；

（2）当年已预缴企业所得税150万元；

（3）企业适用税率25%。

试计算：

（1）该企业2016年度所得税前可扣除的销售费用；

（2）该企业2016年度所得税前可扣除的管理费用；

（3）该企业2016年度计入应税所得额的投资收益；

（4）该企业2016年度应纳税所得额；

（5）该企业2016年度应纳所得税税额；

（6）该企业2016年度应补或退的税额。

9．恺鹏公司是一家居民企业，为增值税一般纳税人，主要生产销售彩色电视机，税务登记号为 370111615753267。2017 年度有关经营业务如下：

（1）销售彩色电视机取得不含税收入 6 900 万元，与其配比的销售成本 4 660 万元；

（2）转让技术所有权取得不含税收入 500 万元，直接与技术所有权转让有关的成本和费用 100 万元；

（3）出租设备取得不含税租金收入 150 万元，接受原材料捐赠取得增值税专用发票注明材料金额 50 万元、增值税进项税额 8.5 万元，取得国债利息收入 30 万元；

（4）购进原材料共计 3 000 万元，取得增值税专用发票注明进项税税额 510 万元；支付购料运输费用共计 230 万元，取得运输发票；

（5）销售费用 1 300 万元，其中广告费 800 万元；

（6）管理费用 650 万元，其中业务招待费 60 万元；

（7）财务费用 80 万元，其中含向非金融企业借款 500 万元所支付的年利息 40 万元（当年金融企业贷款的年利率为 5.8%）；

（8）计入成本、费用中的实发工资 500 万元；发生的工会经费 15 万元、职工福利费 82 万元、职工教育经费 18 万元；

（9）营业外支出 200 万元，其中包括通过公益性社会团体向贫困山区的捐款 150 万元。

（其他：上述销售费用、管理费用和财务费用不涉及转让费用；取得的相关票据均通过主管税务机关认证。）

根据以上资料，计算下列问题：

（1）企业 2017 年度应缴纳的增值税；

（2）企业 2017 年度应缴纳的城市维护建设税和教育费附加；

（3）企业 2017 年度实现的会计利润；

（4）广告费用应调整的应纳税所得额；

（5）业务招待费应调整的应纳税所得额；

（6）财务费用应调整的应纳税所得额；

（7）职工工会经费、职工福利费、职工教育经费应调整的应纳税所得额；

（8）公益性捐赠应调整的应纳税所得额；

（9）企业 2017 年度企业所得税的应纳税所得额；

（10）企业 2017 年度应缴纳的企业所得税。

10. 大名有限责任公司为工业企业，税务登记号为 370101838128917。其 2017 年利润表（见表 4-8）及有关账簿记录资料如下：

（1）年度利润表。

（2）其他业务收入为材料销售收入 300 000 元，材料销售成本为 186 000 元。

（3）投资收益为所购 5 年期国债利息收入。

（4）营业外收入为处理 1 台旧设备净收益，营业外支出为被税务机关罚款。

（5）全年工资总额 1 320 000 元。

（6）全年实际发生职工福利费 180 000 元，实际发生职工教育经费 33 000 元，未计提工会经费（无缴款收据）。

（7）从中国工商银行借款利息支出 205 000 元，利率为法定利率。

（8）业务招待费支出 40 000 元。

表 4-8 利润表

编制单位：大名有限责任公司　　　　　　　　　2017 年　　　　　　　　　　　（单位：元）

| 项　　目 | 上年金额（略） | 本年累计金额 |
| --- | --- | --- |
| 一、营业收入 | | 52 000 000.00 |
| 　减：营业成本 | | 43 860 000.00 |
| 　　营业税金及附加 | | 68 000.00 |
| 　　销售费用 | | 3 750 000.00 |
| 　　管理费用 | | 3 460 000.00 |
| 　　财务费用 | | 207 000.00 |
| 　　资产减值损失 | | |
| 　加：公允价值变动收益 | | |
| 　　投资收益 | | 46 000.00 |
| 二、营业利润 | | 701 000.00 |
| 　加：营业外收入 | | 16 000.00 |
| 　减：营业外支出 | | 9 800.00 |
| 三、利润总额 | | 707 000.00 |

（9）固定资产采用平均年限法计提折旧，净残值估计符合企业所得税法规定。其中：房屋原值 500 000 元，按 20 年折旧，年折旧额为 23 750 元，计入制造费用 10 000 元，计入管理费用 13 750 元。

机器设备原值 1 000 000 元，按 10 年折旧，计入制造费用为 95 000 元。汽车原值 450 000 元，按 5 年折旧，计入管理费用 86 400 元。办公家具原值 30 000 元，按 5 年折旧，计入管理费用 5 700 元。计算机、打印机原值 20 000 元，按 5 年折旧，计入管理费用 4 000 元。

（10）广告宣传费支出为 10 000 元。

（11）本年社会保障性缴款为：养老保险 160 000 元，失业保险 16 000 元，医疗保险 48 000 元，均按政府规定的基数和比例缴纳。

（12）本企业未计提资产减值或跌价准备。

（13）为文化节赞助 2 000 元。

（14）上年度亏损 50 000 元，此前无未弥补的亏损。

（15）本年累计已预缴所得税 120 300 元。

除上述资料外，本企业再无其他纳税有关事项。

根据上述资料下载并填写企业所得税年度纳税申报表。

# 第五章　个人所得税

**1. 知识目标**

➢ 掌握个人所得税的征收范围。

➢ 掌握个人所得税的计税依据及相应的税率。

➢ 掌握个人所得税的纳税申报与缴纳方法。

➢ 熟悉扣缴个人所得税报告表的填写。

➢ 了解个人所得税减免规定。

**2. 能力目标**

➢ 熟练个人所得税的计税依据及所适用的税率。

➢ 学会个人所得税应纳税额的计算。

➢ 学会作为优秀办税员应如何按时申报与缴纳个人所得税。

**3. 情感目标**

➢ 培养依法申报缴纳个人所得税的公民意识。

➢ 为争做一名爱国护税、依法纳税的优秀办税员创造条件。

【本章重点】

➢ 个人所得税的计税依据、适用税率。

➢ 个人所得税应纳税额的计算。

➢ 代扣代缴和自行申报纳税的纳税期限及纳税地点和申报。

【本章难点】

➢ 个人所得税应纳税额的计算。

➢ 扣缴个人所得税报告表的填写与使用。

# 第一节　个人所得税的基本知识

我国的个人所得税诞生于 1980 年。在改革开放前的一个相当长的时间里，我国对个人的所得是不征税的。党的十一届三中全会后，我国实行改革开放政策，到中国工作取得收入的外籍人员日益增多，为了维护我国的税收权益，1980 年 9 月 10 日第五届全国人大第三次会议审议通过了《中华人民共和国个人所得税法》。

1986 年，国务院根据我国社会经济发展状况，分别发布了《中华人民共和国城乡个体工商业户所得税暂行条例》和《中华人民共和国个人收入调节税暂行条例》，从而形成了我国对个人所得税三个税收法律、法规并存的状况。

随着改革开放的深入发展，特别是社会主义市场经济体制的确立，原有对个人所得分别征收三种税的做法已经不适应形势发展的需要。1993 年 10 月 31 日，第八届全国人民代表大会第九次会议通过《中华人民共和国个人所得税法》，自 1994 年 1 月 1 日起实施。

2007 年 12 月 29 日第十届全国人民代表大会常务委员会第三十一次会议通过了新的《中华人民共和国个人所得税法》（简称《个人所得税法》），自 2008 年 3 月 1 日起实施。2011 年 6 月 30 日第十一届全国人民代表大会常务委员会第二十一次会议通过了《全国人民代表大会常务委员会关于修改〈中华人民共和国个人所得税法〉的决定》，自 2011 年 9 月 1 日起施行。

## 一、个人所得税的概念

个人所得税是以个人（自然人）取得的各项应税所得为征税对象所征收的一种税，是现行税制中的主要税种之一。它最早于 1799 年在英国创立，目前世界上已有 140 多个国家开征这一税种。

## 二、个人所得税的纳税义务人

想一想

对哪些个人征收个人所得税？
他们承担的纳税义务相同吗？

个人所得税的纳税人是指在中华人民共和国境内有住所，或者虽无住所但在境内居住满一年，以及无住所又不居住或居住不满一年，但有从中华人民共和国境内取得所得的个人，包括中国公民、个体工商户、外籍个人、香港、澳门、中国台湾同胞等。

纳税人的确定是按照国际通常做法，依据住所和居住时间两个标准区分居民和非居民，分别承担不同的纳税义务。

## （一）居民纳税人

居民纳税人是指在中华人民共和国境内有住所，或者虽无住所，但在境内居住满一年的个人。

凡符合下列条件之一的，为居民纳税人。

（1）在中国有住所的个人。在中华人民共和国境内有住所的个人，是指因户籍、家庭、经济利益关系而在中华人民共和国境内习惯性居住的个人。

> **知识链接**
>
> 所谓"户籍"，就是人们通常所说的户口，我国公民通常是有户口的。所谓"习惯性居住"，是指因学习、工作、探亲等原因消除后，没有理由在其他地方继续居留时所要回到的地方，而不是指实际居住或在某一个特定时期内的居住地。
>
> 习惯性居住是判断纳税义务人属于居民还是非居民的一个重要依据。

在我国有住所的，一般被确定为居民纳税人。

常驻我国的外籍个人，虽因领取了长期居留证、暂居证等而纳入我国户籍管理范围，但由于其家庭或经济利益关系不在中国，所以不属于在我国境内有住所的个人。

（2）在中华人民共和国境内无住所，但在一个纳税年度中居住满一年的个人。

居住满一年，是指在一个纳税年度（当年 1 月 1 日至 12 月 31 日止）中，在中华人民共和国境内居住 365 日。临时离境的，即在一个纳税年度中一次不超过 30 日或者多次累计不超过 90 日的离境，不扣减日数。

居民纳税人负有无限纳税义务，其所取得的应纳税所得无论是来源于中华人民共和国境内还是境外，都要在中国缴纳个人所得税。

## （二）非居民纳税人

非居民纳税人是指在中华人民共和国境内无住所又不居住，或者无住所而在境内居住不满一年的个人。

凡符合下列条件之一的，为非居民纳税人。

（1）在中华人民共和国境内无住所又不居住，但有来源于中华人民共和国境内收入的个人。

在中华人民共和国境内没有住所又不居住中国的外籍个人，他们从中华人民共和国境内取得所得的形式一般是由于资金、技术或财产在中华人民共和国境内被使用而获取的。

（2）在中华人民共和国境内无住所，并且在一个纳税年度中居住不满一年，但有来源于中华人民共和国境内收入的个人。

在中华人民共和国境内无住所，并且在一个纳税年度中居住不满一年，但有来源于中华人民共和国境内收入的个人，一般是指短期行为来华的外籍人员，如承包工程中短期作业的外籍个人，到中华人民共和国境内演出或表演的演员或运动员等。

非居民纳税人承担有限纳税义务，即仅就其来源于中华人民共和国境内的所得，向中国缴纳个人所得税。

想一想

（1）黄宏为我驻外大使馆秘书，任期 3 年。黄宏是中国的居民纳税人吗？

（2）侨居海外的陈女士，应我国某集邮展览会的提议，将其邮品在中国展出，由此所得，应在中国缴纳个人所得税吗？

## 三、个人所得税的征税范围

下列各项为个人所得，应纳个人所得税。

### （一）工资、薪金所得

工资、薪金所得，指个人因任职或者受雇而取得的工资、薪金、奖金、年终加薪、劳动分红、津贴、补贴，以及与任职或者受雇有关的其他所得。

通常情况下，把直接从事生产、经营或服务的劳动者（工人）的收入称为工资，即所谓"蓝领阶层"所得；将从事社会公职或管理活动的劳动者（公职人员）的收入称为薪金，即所谓"白领阶层"所得。

### （二）个体工商户的生产、经营所得

（1）个体工商户从事工业、手工业、建筑业、交通运输业、商业、饮食业、服务业、修理业，以及其他行业生产、经营取得的所得；

（2）个人经政府有关部门批准，取得执照，从事办学、医疗、咨询，以及其他有偿服务活动取得的所得；

小提示

若持有执照，则为个体工商户的生产经营所得；若无执照，则为劳务报酬所得。应税项目不同，适用税率不同。

（3）其他个人从事个体工商业生产、经营取得的所得；

（4）上述个体工商户和个人取得的与生产、经营有关的各项应纳税所得。

### （三）对企事业单位的承包经营、承租经营所得

对企事业单位的承包经营、承租经营所得，指个人承包经营、承租经营，以及转包、转租取得的所得，包括个人按月或者按次取得的工资、薪金性质的所得。

### （四）劳务报酬所得

劳务报酬所得，指个人从事设计、装潢、安装、制图、化验、测试、医疗、法律、会计、咨询、讲学、新闻、广播、翻译、审稿、书画、雕刻、影视、录音、录像、演出、表演、广告、展览、技术服务、介绍服务、经纪服务、代办服务，以及其他劳务取得的所得。

> **小提示** 是否存在雇用与非雇用关系，是判断一种收入是属于劳务报酬所得，还是属于工资、薪金所得的重要标准。

### （五）稿酬所得

稿酬所得，指个人因其作品以图书、报刊形式出版、发表而取得的所得。

### （六）特许权使用费所得

特许权使用费所得，指个人提供专利权、商标权、著作权、非专利技术，以及其他特许权的使用权取得的所得。

### （七）财产租赁所得

财产租赁所得，指个人出租建筑物、土地使用权、机器设备、车船，以及其他财产取得的所得。

### （八）财产转让所得

财产转让所得，指个人转让有价证券、股权、建筑物、土地使用权、机器设备、车船，以及其他财产取得的所得。

> **知识链接** 鉴于我国证券市场发育还不成熟，股份制还处于试点阶段，对股票转让所得的计算、征税办法和纳税期限等都需要做深入的调查研究后，结合国际通行做法，作出符合我国实际的规定。因此，经国务院批准，目前对股票转让所得暂不征收个人所得税。但对于个人从上市公司（含境内、外上市公司）取得的股票增值权所得和限制性股票所得，征收个人所得税。自2010年1月1日和2011年1月14日起，对个人转让限售股及自然人转让所投资企业股权（份）（不包括上市公司股份转让）取得的所得，分别按照"财产转让所得"，适用20%的比例税率征收个人所得税。

### （九）利息、股息、红利所得

利息、股息、红利所得，指个人拥有债权、股权而取得的利息、股息、红利所得。其中，利息一般是指存款、贷款和债券的利息。股息、红利是指个人拥有股权取得的股息、红利，按照一定的比率派发的每股息金，称为股息；根据公司、企业应分配的、超过股息部分的利润，按股派发的分红，称为红利。

### （十）偶然所得

偶然所得，指个人得奖、中奖、中彩及其他偶然性质的所得。

（十一）经国务院财政部门确定征税的其他所得

**拓展阅读**

财政部《关于个人无偿受赠房屋有关个人所得税问题的通知》中规定：以下情形的房屋产权无偿赠与，对当事双方不征收个人所得税。

（1）房屋产权所有人将房屋产权无偿赠与配偶、父母、子女、祖父母、外祖父母、孙子女、外孙子女、兄弟姐妹；

（2）房屋产权所有人将房屋产权无偿赠与对其承担直接抚养或者赡养义务的抚养人或者赡养人；

（3）房屋产权所有人死亡，依法取得房屋产权的法定继承人、遗嘱继承人或者受遗赠人。

除此以外，房屋产权所有人将房屋产权无偿赠与他人的，受赠人因无偿受赠房屋取得的受赠所得，按照"经国务院财政部门确定征税的其他所得"项目缴纳个人所得税，税率为20%。

对受赠人无偿受赠房屋计征个人所得税时，其应纳税所得额为房地产赠与合同上标明的赠与房屋价值减除赠与过程中受赠人支付的相关税费后的余额。赠与合同标明的房屋价值明显低于市场价格或房地产赠与合同未标明赠与房屋价值的，税务机关可依据受赠房屋的市场评估价格或采取其他合理方式确定受赠人的应纳税所得额。

受赠人转让受赠房屋的，以其转让受赠房屋的收入减除原捐赠人取得该房屋的实际购置成本，以及赠与和转让过程中受赠人支付的相关税费后的余额，为受赠人的应纳税所得额，依法计征个人所得税。受赠人转让受赠房屋价格明显偏低且无正当理由的，税务机关可以依据该房屋的市场评估价格或其他合理方式确定的价格核定其转让收入。

**课堂练兵**

（1）学校附近经营水果生意的个体户卖水果取得的收入，属于哪种所得？

（2）演员从剧团领取工资，与自己"走穴"演出取得的报酬，各属于哪种所得？

（3）邻居出租房屋，应缴个人所得税吗？

（4）职工参加单位组织的知识技能竞赛活动，取得一等奖并获得奖金5 000元，属于哪种所得，缴纳个人所得税吗？

（5）职工获得上级主管机关颁发的"市技术标兵"称号，取得奖金5 000元，属于偶然所得吗？

## 四、个人所得税的适用税率、计税依据

### （一）适用税率

现阶段我国大多数个人的所得来源比较单一，而且生活费用支出占个人收入的比重较大，本着负税从轻的原则，税率设计大体分为五类（见表5-1）。

## （二）计税依据

个人所得税的计税依据是纳税人取得的应纳税所得额。应纳税所得额，是个人取得的各项收入减去《个人所得税法》规定的扣除项目或扣除金额之后的余额。正确计算应纳税所得额，是依法征收个人所得税的基础和前提（见表5-1）。

表5-1　个人所得税的适用税率、计征方法、计税依据

| 应 税 项 目 | 适 用 税 率 | 计 征 方 法 | 计 税 依 据 |
|---|---|---|---|
| 1．工资、薪金所得 | 3%至45% | 按月计征 | 以每月收入额减除费用3 500元及附加减除费用1 300元后的余额，为应纳税所得额 |
| 2．个体工商户的生产、经营所得 | 5%至35% | 按年计征 | 以每一纳税年度的收入总额减除成本、费用及损失后的余额，为应纳税所得额 |
| 3．对企事业单位的承包经营、承租经营所得 | | | 以每一纳税年度的收入总额，减除必要费用后的余额，为应纳税所得额 |
| 4．劳务报酬所得 | 20%超额加征 | 按次计征 | 每次收入不超过4 000元的，减除费用800元；每次收入4 000元以上的，减除20%的费用，其余额为应纳税所得额 |
| 5．稿酬所得 | 20%减征30% | | |
| 6．特许权使用费所得 | 20%（储蓄存款利息暂免征收） | | |
| 7．财产租赁所得 | | | |
| 8．财产转让所得 | | | 以转让财产的收入额减除财产原值和合理费用后的余额，为应纳税所得额 |
| 9．利息、股息、红利所得 | | | |
| 10．偶然所得 | | | 以每次收入额为应纳税所得额 |
| 11．经国务院财政部门确定征税的其他所得 | | | |

知识链接

按次计征的每次收入是指：

（1）劳务报酬所得，属于一次性收入的，以取得该项收入为一次；属于同一项目连续性收入的，以一个月内取得的收入为一次。

（2）稿酬所得，以每次出版、发表取得的收入为一次。

（3）特许权使用费所得，以一项特许权的一次许可使用所取得的收入为一次。

（4）财产租赁所得，以一个月内取得的收入为一次。

（5）利息、股息、红利所得，以支付利息、股息、红利时取得的收入为一次。

（6）偶然所得，以每次取得该项收入为一次。

计税依据的其他规定如下：

（1）个人将其所得对教育事业和其他公益事业的捐赠，按照国务院有关规定从应纳税所得中扣除。个人将其所得对教育事业和其他公益事业的捐赠，是指个人将其所得通过中华人民共和国境内的社会团体、国家机关向教育和其他社会公益事业，以及遭受严重自然灾害地区、贫

困地区的捐赠。捐赠额未超过纳税义务人申报的应纳税所得额 30%的部分，可以从其应纳税所得额中扣除。

（2）按照国家规定，单位为个人缴付和个人缴付的基本养老保险费、基本医疗保险费、失业保险费、住房公积金，从纳税义务人的应纳税所得额中扣除。

基本养老保险费、基本医疗保险费、失业保险费、住房公积金，简称"三费一金"。

（3）纳税义务人从中国境外取得的所得，准予其在应纳税额中扣除已在境外缴纳的个人所得税税额，但扣除额不得超过该纳税义务人境外所得依照《个人所得税法》规定计算的应纳税额。

纳税义务人在中国境外一个国家或者地区实际已经缴纳的个人所得税税额,低于依照规定计算出的该国家或者地区扣除限额的，应当在中国缴纳差额部分的税款；超过该国家或者地区扣除限额的，其超过部分不得在本纳税年度的应纳税额中扣除，但是可以在以后纳税年度的该国家或者地区扣除限额的余额中补扣。补扣期限最长不得超过五年。

> **课堂练兵**
>
> （1）个人所得税有几种计征方法？
> （2）优秀的你拥有一份满意的工作，月收入 5 200 元，应纳税所得额是多少？
> （3）你的朋友张帆月工资 3 450 元，他还要缴纳个人所得税吗？
> （4）李桦月工资 3 600 元，工作之余在一家计算机公司兼职安装机器，收入 1 500 元，如何纳税？

## 五、个人所得税的减免规定

### （一）免税规定

根据《个人所得税法》规定，对下列各项个人所得，免征个人所得税。

（1）省级人民政府、国务院部委和中国人民解放军军以上单位，以及外国组织、国际组织颁发的科学、教育、技术、文化、卫生、体育、环境保护等方面的奖金；

（2）国债和国家发行的金融债券利息；

（3）按照国家统一规定发给的补贴、津贴；

（4）福利费、抚恤金、救济金；

（5）保险赔款；

（6）军人的转业费、复员费；

（7）按照国家统一规定发给干部、职工的安家费、退职费、退休工资、离休工资、离休生活补助费；

（8）依照《中华人民共和国外交特权与豁免条例》和《中华人民共和国领事特权与豁免条例》规定应予免税的各国驻华使馆、领馆的外交代表、领事官员和其他人员的所得；

（9）中国政府参加的国际公约、签订的协议中规定免税的所得；

（10）经国务院财政部门批准免税的所得。

### （二）减税规定

根据《个人所得税法》规定，有下列情况之一的，经批准可以减征个人所得税。

（1）残疾、孤老人员和烈属的所得；

（2）因严重自然灾害造成重大损失的；

（3）其他国务院财政部门批准减税的。

具体个人所得税的减征幅度和期限由省、自治区、直辖市人民政府规定。

## 第二节　个人所得税的计算

**【引例】** 在广州市打工的大学毕业生小王最近有点烦：几个月前，他和同学小张同时应聘到现在工作的这家企业，身份都是临时工，协议中的月工资均为3 800元，但每个月实际拿到手的，小张为3 791元，他却只有3 200元。为什么同样的工资，实际所得却会不一样呢？

当小王到公司财务部询问详情时，才知道自己跟小张实际到手的工资有差别，主要是因为他们跟公司签订了不一样的合同。小张跟单位签订的是为期一年的劳动合同，属于有固定雇用关系的合同工，而小王只是跟单位达成口头协议，属于非雇用关系的临时人员。对小张，公司按照《个人所得税法》上"工资、薪金所得"的相关规定扣缴个税；对小王，公司是按"劳务报酬"的相关规定来计算个人所得税，所以他们两人的实际税后所得会不一样。

个人所得税采取分项计税的办法，由于每项个人所得的扣除范围和扣除标准不尽相同，应纳所得税额的计算方法存在一定差异。下面分别介绍应纳所得税额的确定和应纳所得税额的计算方法。

个人所得税采取分项计税的办法，由于每项个人所得的扣除范围和扣除标准不尽相同，应纳所得税额的计算方法存在一定差异。下面分别介绍应纳税所得额的确定和应纳所得税额的计算方法。

### 一、工资、薪金所得的计税方法

#### （一）应纳税所得额

工资、薪金所得，按月计征，以每月收入额减除费用3 500元后的余额，为应纳税所得额。

对在中华人民共和国境内无住所，而在中华人民共和国境内取得工资、薪金所得的纳税义务人和在中华人民共和国境内有住所，而在中国境外取得工资、薪金所得的纳税义务人，可以在每月减除3 500元费用的基础上，再附加减除1 300元费用。

$$应纳税所得额=每月收入额-3 500元或4 800元$$

> **知识链接**
>
> 附加减除费用适用范围包括：①在中华人民共和国境内的外商投资企业和在外国企业中工作的外籍人员；②应聘在中华人民共和国境内的企事业单位、社会团体、国家机关中工作的外籍专家；③在中华人民共和国境内有住所，而在中国境外任职或者受雇取得工资、薪金所得的个人；④财政部确定的其他人员。
>
> 华侨和香港、澳门、台湾同胞，参照上述规定执行。

## （二）适用税率

工资、薪金所得适用七级超额累进税率，最低税率为5%，最高级为45%（见表5-2）。

表5-2 工资、薪金所得适用的税率及速算扣除数表

| 级 数 | 全月应纳税所得额 | | 税率（%） | 速算扣除数 |
|---|---|---|---|---|
| | 含 税 级 距 | 不含税级距 | | |
| 1 | 不超过1 500元的 | 不超过1 455元的 | 3 | 0 |
| 2 | 超过1 500元至4 500元的部分 | 超过1 455元至4 155元的部分 | 10 | 105 |
| 3 | 超过4 500元至9 000元的部分 | 超过4 155元至7 755元的部分 | 20 | 555 |
| 4 | 超过9 000元至35 000元的部分 | 超过7 755元至27 255元的部分 | 25 | 1 005 |
| 5 | 超过35 000元至55 000元的部分 | 超过27 255元至41 255元的部分 | 30 | 2 755 |
| 6 | 超过55 000元至80 000元的部分 | 超过41 255元至57 505元的部分 | 35 | 5 505 |
| 7 | 超过80 000元的部分 | 超过57 505元的部分 | 45 | 13 505 |

注：①本表所列含税级距与不含税级距，均为按照《个人所得税法》规定减除有关费用后的所得额；②含
税级距适用于由纳税人负担税款的工资、薪金所得，不含税级距适用于由他人（单位）代付税款的工
资、薪金所得。

## （三）应纳税额的计算方法

### 1. 一般工资、薪金所得应纳个人所得税的计算

工资、薪金所得运用速算扣除数法计算其应纳税额。其计算公式为：

$$应纳税额=应纳税所得额×适用税率-速算扣除数$$

**【例5-1】** 飞腾公司职员李远月工资收入4 700元。其应纳税额为多少？

**分析：** 扣除3 500元可抵扣费用，应纳税所得额为1 200元，对应的税率为3%，速算扣
除数为0。则具体算式为：

**解** $$应纳税额=（4 700-3 500）×3\%=36（元）$$

**【例5-2】** 外商投资企业外籍雇员玛丽5月工资12 000元。其应纳税额为多少？

**分析：** 外企外籍人员工资在每月减除3 500元费用的基础上，再附加减除1 300元费用，
应纳税所得额7 200元，对应的税率为20%，速算扣除数为555。则具体算式为：

$$应纳税额=（12 000-3 500-1 300）×20\%-555=885（元）$$

> 想一想
>
> 单位已代交个人所得税了，自己如何知道税前工资是多少呢？
> 单位效益不错，发年终奖了，也纳税吗？

### 2. 顾主为其雇员负担个人所得税额的计算

在实际工作中，纳税人取得的报酬是不含税的净所得或称税后所得，纳税人的应纳税额由
雇主负担，代为缴纳。在这种情况下，不能以纳税人实际取得的收入直接乘以适用税率计算应
纳税额，而是要将不含税收入换算为含税收入（即应纳税所得额），然后再计算应纳税额。其
计算公式为：

$$应纳税所得额=（不含税收入额-费用扣除额-速算扣除数）÷（1-税率）$$

$$应纳税额=应纳税所得额×适用税率-速算扣除数$$

**【例5-3】** 飞腾公司10月支付给王晗的不含税工资6 005元，公司代其员工缴纳个人所得税。

问：该公司为王晗代缴的个人所得税是多少？

**解** 不含税工资6 005元，扣除3 500元，为2 505元，对应的税率为10%，速算扣除数为105。则具体算式为：

$$应纳税所得额=（6 005-3 500-105）÷（1-10\%）=2 666.67（元）$$
$$应纳税额=2 666.67×10\%-105=161.67（元）$$

### 3. 对个人取得全年一次性奖金等征收个人所得税的计算

纳税人取得全年一次性奖金，单独作为一个月工资、薪金所得计算纳税，自2005年1月1日起按以下计税办法（在一个纳税年度内，对每一个纳税人，该计税办法只允许采用一次），由扣缴义务人发放时代扣代缴。

（1）如果雇员当月工资、薪金所得高于（或等于）《个人所得税法》规定的费用扣除额，先将雇员当月内取得的全年一次性奖金，除以12个月，按其商数确定适用税率和速算扣除数，再按下列公式计算应纳税额。

$$应纳税额=雇员当月取得全年一次性奖金×适用税率-速算扣除数$$

（2）如果在发放年终一次性奖金的当月，雇员当月工资、薪金所得低于《个人所得税法》规定的费用扣除额，应将全年一次性奖金减除"雇员当月工资、薪金所得与费用扣除额的差额"后的余额，除以12个月，按其商数确定适用税率和速算扣除数。然后，再按下列公式计算应纳税额。

$$应纳税额=（雇员当月取得全年一次性奖金-雇员当月工资、薪金所得与费用扣除额的差额）×适用税率-速算扣除数$$

**【例5-4】** 飞腾公司青年职工李远2017年1月取得单位发放的2016年全年一次性奖金为25 200元，领取当月工资为4 700元。

问：2017年1月李远应纳个人所得税为多少？

**解** 首先，计算李远1月取得的工资应纳个人所得税额：

$$应纳税额=（4 700-3 500）×3\%-0=36（元）$$

其次，计算李远1月取得的全年一次性奖金应纳个人所得税额，确定适用税率和速算扣除数：

$$计算商数：商数=全年一次性奖金÷12=25 200÷12=2 100（元/月）$$

按商数确定全年一次性奖金适用税率和速算扣除数：

2 100元/月所对应的适用税率为10%，速算扣除数为105元。

然后，根据确定适用税率和速算扣除数计算应纳税额：

$$应纳税额=全年一次性奖金×适用税率-速算扣除数$$
$$=25 200×10\%-105=2 415（元）$$

则，李远2017年1月应纳个人所得税

=1月取得的工资应纳个人所得税额+1月取得的全年一次性奖金应纳个人所得税额

=36+2 415=2 451（元）

**【例5-5】** 飞腾公司职工张恒2017年1月取得单位发放的2016年全年一次性奖金为5 600元，领取当月工资为3 300元。

问：2017年1月张恒应纳个人所得税为多少？

**解** 首先，计算张恒1月取得的工资应纳个人所得税额：

由于张恒1月取得的工资收入3 300元，低于费用扣除数3 500元，所以应纳税额为0元。

其次，计算张恒2017年1月取得的2016年一次性奖金应纳个人所得税额：

确定适用税率和速算扣除数：

计算商数：商数=（全年一次性奖金-当月工资收入与费用扣除额的差额）÷12

$$= [5\ 600-（3\ 500-3\ 300）]÷12=450（元/月）$$

按商数确定全年一次性奖金适用税率和速算扣除数：

450元/月所对应的适用税率为3%，速算扣除数为0。

然后，根据确定适用税率和速算扣除数计算应纳税额：

应纳税额=（全年一次性奖金-当月工资收入与费用扣除额的差额）×适用税率-速算扣除数

$$= [5\ 600-（3\ 500-3\ 300）]×3\%-0=162（元）$$

则，张恒2017年1月应纳个人所得税

=1月份取得的工资应纳个人所得税额+1月份取得的全年一次性奖金应纳个人所得税额

=0+162=162（元）

> **小提示**
>
> 在一个纳税年度内，对每一个纳税人，该计税办法只允许采用一次。

### 4. 对雇员取得除全年一次性奖金以外的其他各种名目奖金征收个人所得税的计算

雇员取得除全年一次性奖金以外的其他各种名目奖金，如半年奖、季度奖、加班奖、先进奖、考勤奖等，一律与当月工资、薪金收入合并，按《个人所得税法》规定缴纳个人所得税。

**【例5-6】** 飞腾公司职工张恒2016年9月取得工资收入2 800元，取得加班奖1 200元。

问：2016年9月张恒应纳个人所得税为多少？

**解** 首先，计算张恒9月应纳税所得额：

应纳税所得额=（2 800+1 200）-3 500=500（元）

其次，计算适用税率和速算扣除数：

500元/月所对应的适用税率为3%，速算扣除数为0元。

计算张恒9月应纳税额：

应纳税额=500×3%-0=15（元）

> **课堂练兵**
>
> 2016年12月，小许、小齐年终奖都是18 650元，小许当月工资3 500元，小齐当月工资2 200元，他们确定的适用税率和速算扣除数一样吗？帮他们计算一下年终奖的应纳税额各是多少？
>
> 2016年12月，小程工资3 200元，取得先进奖1 000元，12月其应纳税额是多少？

## 二、个体工商户生产、经营所得的计税方法

### （一）应纳税所得额

个体工商户的生产经营所得，按年计征，以每一纳税年度的收入总额，减除成本、费用及损失后的余额，为应纳税所得额，即：

应纳税所得额=每一纳税年度的收入总额-成本、费用及损失

> **知识链接**
>
> 个体工商户的收入总额，是指个体工商户从事生产经营，以及与生产经营有关的活动所取得的各项收入，包括商品（产品）销售收入、营运收入、劳务服务收入、工程价款收入、财产出租或转让收入、利息收入、其他业务收入和营业外收入。
>
> 各项收入应当按权责发生制原则确定。

成本、费用是指个体工商户从事生产经营所发生的各项直接支出和分配计入成本的间接费用，以及销售费用、管理费用、财务费用。

损失是指个体工商户在生产经营过程中发生的各项营业外支出。

### （二）适用税率

个体工商户计算应交所得税适用的税率及速算扣除数如表 5-3 所示。

表 5-3　个体工商户生产、经营所得和对企事业单位承包、承租经营所得适用的税率及速算扣除数表

| 级数 | 全年应纳税所得额 | | 税率（%） | 速算扣除数 |
| --- | --- | --- | --- | --- |
| | 含 税 级 距 | 不含税级距 | | |
| 1 | 不超过 15 000 元的 | 不超过 14 250 元的 | 5 | 0 |
| 2 | 超过 15 000 元至 30 000 元的部分 | 超过 14 250 元至 27 750 元的部分 | 10 | 750 |
| 3 | 超过 30 000 元至 60 000 元的部分 | 超过 27 750 元至 51 750 元的部分 | 20 | 3 750 |
| 4 | 超过 60 000 元至 100 000 元的部分 | 超过 51 750 元至 79 750 元的部分 | 30 | 9 750 |
| 5 | 超过 100 000 元的部分 | 超过 79 750 元的部分 | 35 | 14 750 |

注：①本表所列含税级距与不含税级距，均为按照《个人所得税法》规定以每一纳税年度的收入总额减除成本、费用及损失后的所得额；②含税级距适用于个体工商户的生产、经营所得和由纳税人负担税款的对企事业单位的承包经营、承租经营所得，不含税级距适用于由他人（单位）代付税款的对企事业单位的承包经营、承租经营所得。

### （三）应纳税额的计算方法

个体工商户生产、经营所得，以其应纳税所得额按照适用税率计算应纳税额。实行按年计算，分月预缴，年终汇算清缴，多退少补的办法。实际工作中，需要分别计算每月预缴税额和年终汇算清缴税额。其计算公式为：

本月应预缴税额=本月累计应纳税所得额×适用税率-速算扣除数-上月累计已预缴税额

全年应纳税额=全年应纳税所得额×适用税率-速算扣除数

汇算清缴税额=全年应纳税额-全年累计已预缴税额

【例5-7】 泉圣饭店属于个体经营，2016年6月营业额为133 500元，购进鸡、鸭、鱼、肉、海鲜、蛋、面粉、大米等原料费75 000元，缴纳电费、水费、煤气费、房租等18 000元，缴纳其他税费合计8 500元，当月支付给五名雇员工资共8 000元（若当地税务机关确定雇员工资可全额扣除，业主个人费用扣除标准为3 500元），1—5月累计应纳税所得额为48 900元，1—5月已预缴个人所得税为6 030元。

问：该个体业户2016年6月应缴纳的个人所得税额是多少？

解 （1）6月应纳税所得额=133 500-75 000-18 000-8 500-8 000-3 500=20 500（元）

（2）6月累计应纳税所得额=48 900+20 500=69 400（元）

（3）6月应预缴纳所得税额=69 400×30%-9 750-6 030=5 040（元）

> **小提示**　自2011年9月1日起，个体户业主的费用扣除标准统一确定为42 000元，即每月3 500元。

## 三、对企事业单位承包、承租经营所得的计税方法

### （一）应纳税所得额

对企事业单位承包经营、承租经营所得，按年计征，以每一纳税年度的收入总额，减除必要费用后的余额为应纳税所得额。

每一纳税年度的收入总额，是指纳税义务人按照承包经营、承租经营合同规定分得的经营利润和工资、薪金性质的所得；

所说的减除必要费用，是指按月减除3 500元。

### （二）适用税率

对企事业单位承包、承租经营所得，适用五级超额累进税率（见表5-3）。

### （三）应纳税额的计算方法

应纳税额=应纳税所得额×适用税率-速算扣除数

= （纳税年度收入总额-必要费用）×适用税率-速算扣除数

【例5-8】 2016年1月1日，秦征与事业单位签订承包合同经营招待所，承包期3年。2016年招待所实现承包经营利润159 000元，按合同规定承包人每年从承包经营利润中上缴承包费60 000元。

问：秦征2016年应缴纳个人所得税税额是多少？

解 （1）年应纳税所得额=承包经营利润-上交费用-每月费用扣减合计

=159 000-60 000-3 500×12=57 000（元）

（2）应纳税额=年应纳税所得额×适用税率-速算扣除数

=57 000×20%-3 750=7 650（元）

## 四、劳务报酬所得的计税方法

### （一）应纳税所得额

劳务报酬所得，按次计征，每次收入不超过 4 000 元的，减除费用 800 元；超过 4 000 元的，减除 20% 的费用，其余额为应纳税所得额。

### （二）适用税率

劳动报酬所得适用的税率及速算扣除数如表 5-4 所示。

表 5-4　劳务报酬所得适用的税率及速算扣除数表

| 级　数 | 含　税　级　距 | 不含税级距 | 税率（%） | 速算扣除数 |
|---|---|---|---|---|
| 1 | 不超过 20 000 元的 | 不超过 16 000 元的 | 20 | 0 |
| 2 | 超过 20 000 元至 50 000 元的部分 | 超过 16 000 元至 37 000 元的部分 | 30 | 2 000 |
| 3 | 超过 50 000 元的部分 | 超过 37 000 元的部分 | 40 | 7 000 |

注：①本表所列含税级距与不含税级距，均为按照《个人所得税法》规定减除有关费用后的所得额；②含税级距适用于由纳税人负担税款的劳务报酬所得，不含税级距适用于由他人（单位）代付税款的劳务报酬所得。

### （三）应纳税额的计算方法

（1）每次取得收入 4 000 元以下的，减除 800 元费用后，乘以 20% 税率，即：

应纳税额=（每次收入额-800）×20%

（2）每次取得收入 4 000 元以上、20 000 元以下的，减除 20% 费用后，乘以 20% 税率，即：

应纳税额=每次收入额×（1-20%）×20%

（3）每次收入的应纳税所得额超过 20 000～50 000 元的部分加征五成，超过 50 000 元的部分加征十成，即：

应纳税额=每次收入额×（1-20%）×适用税率-速算扣除数

> 想一想
>
> 以下劳务报酬收入各适用哪个税率？
> （1）3 200 元；（2）4 800 元；（3）24 000 元；（4）28 000 元。

【例 5-9】 演员李放参加商业性演出，一次取得劳务报酬为 3 800 元，试计算其应纳个人所得税。

解 （1）应纳税所得额=3 800-800=3 000（元）

劳务报酬应纳税所得额 3 000 元，适用税率为 20%，速算扣除数 0 元。

（2）应纳税额=3 000×20%=600（元）

【例 5-10】 影视明星沈畅一次取得演出收入为 40 000 元，请计算其应纳个人所得税税额。

解 （1）应纳税所得额 = 40 000×（1-20%）= 32 000（元）

劳务报酬应纳税所得额 32 000 元，适用税率为 30%，速算扣除数 2 000 元。

（2）应纳税额=32 000×30%-2 000=7 600（元）

## 五、稿酬所得的计税方法

### （一）应纳税所得额

稿酬所得，按次计征，每次收入不超过 4 000 元的，减除费用 800 元；4 000 元以上的，减除 20% 的费用，其余额为应纳税所得额。

### （二）适用税率

稿酬所得适用于 20% 的比例税率，并按规定对应纳税额减征 30%。

> **小提示**
>
> 实际缴纳税额是应纳税额的 70%，实际税率是 14%。

### （三）应纳税额的计算方法

稿酬所得应纳税额的计算公式为：

（1）每次取得收入 4 000 元以下的，减除 800 元费用后，乘以 20% 税率，即：

$$应纳税额=（每次收入额-800）×20\%×（1-30\%）$$

（2）每次取得收入 4 000 元以上的，减除 20% 费用后，乘以 20% 税率，即：

$$应纳税额=每次收入额×（1-20\%）×20\%×（1-30\%）$$

【例 5-11】　沈畅取得稿酬收入 8 000 元，试计算其应纳个人所得税。

**解**　应纳税额=8 000×（1-20%）×20%×（1-30%）= 896（元）

## 六、特许使用费、财产租赁所得的计税方法

### （一）应纳税所得额

特许权使用费、财产租赁所得，按次计征，每次收入（财产租赁所得，以一个月内取得的收入为一次）不超过 4 000 元的，减除费用 800 元；每次收入在 4 000 元以上的，减除 20% 的费用，其余额为应纳税所得额。

### （二）适用税率

特许权使用费、财产租赁所得适用税率为 20%。

> **知识链接**
>
> 财产租赁所得中，对于个人按市场价格出租的居民住房取得的所得，自 2001 年 1 月 1 日起暂减按 10％ 的税率征收。

（三）应纳税额的计算方法

应纳税所得额的计算公式为：

（1）每次取得收入 4 000 元以下的，减除 800 元费用后，乘以 20%税率，即：

$$应纳税额=（每次收入额-800）×20\%$$

（2）每次取得收入 4 000 元以上的，减除 20%费用后，乘以 20%税率，即：

$$应纳税额=每次收入额×（1-20\%）×20\%$$

【例5-12】赵剑锋于 2016 年 1 月将其自有的 5 间面积为 180 平方米的房屋出租给钱刚作为商铺使用，租期两年。赵剑锋每月取得租金收入 30 000 元，全年租金收入 360 000 元。赵剑锋全年租金收入应缴纳的个人所得税。

**解** ① 每月应纳税额= 30 000×（120%）×10%=2 400（元）

② 全年应纳税额= 2 400×12=28 800（元）

## 七、财产转让所得的计税方法

### （一）应纳税所得额

财产转让所得，按次计征，以转让财产的收入减除财产原价和合理费用的余额，为应纳税所得额。

### （二）适用税率

财产转让所得适用税率为 20%。

### （三）应纳税额的计算方法

$$应纳税额=（收入总额-财产原值-合理费用）×20\%$$

【例5-13】陈晨于 2016 年 1 月转让私有住房一套，取得转让收入 420 000 元，该套住房购进时的原价为 240 000 元，转让时支付有关费用 30 000 元。试计算陈晨转让私有住房应缴纳的个人所得税。

**解** ① 应纳税所得额=420 000-240 000-30 000=150 000（元）

② 应纳税额=150 000×20%=30 000（元）

## 八、利息、股息、红利、偶然所得的计税方法

### （一）应纳税所得额

利息、股息、红利、偶然所得，按次计征，以每次收入额为应纳税所得额，不得从收入中扣除任何费用。

### （二）适用税率

利息、股息、红利、偶然所得适用税率为 20%。

我国自 1999 年 11 月 1 日对储蓄存款利息所得恢复征收个人所得税，自 2008 年 10 月 9 日起，对储蓄存款利息所得暂免征收个人所得税。

自 2013 年 1 月 1 日起，个人从公开发行和转让市场取得的上市公司股票，持股期限在 1 个月以内（含 1 个月）的，其股息红利所得全额计入应纳税所得额；持股期限在 1 个月以上至 1 年（含 1 年）的，暂减按 50% 计入应纳税所得额；持股期限超过 1 年的，暂减按 25% 计入应纳税所得额。上述所得统一适用 20% 的税率计征个人所得税。

## （三）应纳税额的计算方法

应纳税额=每次收入×20%

演员林欣某年取得以下收入：

（1）每月取得工资 6 000 元；

（2）7 月出版个人自传小说一部，稿酬 30 000 元；

（3）9 月参加大型文艺演出，报酬 20 000 元；

（4）购买福利彩票中奖 12 000 元。

计算林欣全年应纳个人所得税。

# 第三节 个人所得税的申报与缴纳

## 一、个人所得税的缴纳办法

个人所得税以所得人为纳税义务人，以支付所得的单位或个人为扣缴义务人。

个人所得税实行代扣代缴纳税和纳税人自行申报两种计征办法。

### （一）代扣代缴纳税

代扣代缴，是指按照《个人所得税法》规定负有扣缴税款义务的单位和个人，在向个人支付应纳税所得时，应计算应纳税额，从其所得中扣除并缴入国库，同时向税务机关报送扣缴个人所得税报告表。这种方法，有利于控制税源，防止漏税和逃税。

### 1. 扣缴义务人

凡支付个人应纳税所得的企业（公司）、事业单位、机关、社团组织、军队、驻华机构、个体户等单位或者个人，为个人所得税的扣缴义务人。按照《税法》规定代扣代缴个人所得税，是扣缴义务人的法定义务，必须依法履行。

驻华机构，不包括外国驻华使领馆和联合国及其他依法享有外交特权和豁免的国际组织驻华机构。

**2. 代扣代缴的范围**

工资、薪金所得，个体工商户的生产经营所得，对企业、事业单位的承包经营、承租经营所得，劳务报酬所得，稿酬所得，特许权使用费所得，利息、股息、红利所得，财产租赁所得，财产转让所得，偶然所得，其他所得。

**3. 代扣代缴的期限**

扣缴义务人每月所扣的税款，应当在次月7日内缴入国库，并向主管税务机关报送《扣缴个人所得税报告表》（见表5-5），代扣代收税款凭证和包括每一纳税人姓名、单位、职务、收入、税款等内容的支付个人收入明细表，以及税务机关要求报送的其他有关资料。

扣缴义务人因有特殊困难不能按期报送《扣缴个人所得税报告表》及其他有关资料的，经县级税务机关批准，可以延期申报。

**（二）纳税人自行申报纳税**

自行申报纳税，是由纳税人自行在《个人所得税法》规定的纳税期限内，向税务机关申报取得的应税所得项目和数额，如实填写《个人所得税纳税申报表》，并按《个人所得税法》规定计算应纳税额，据此缴纳个人所得税的一种方法。

**1. 自行申报纳税的纳税义务人**

《个人所得税法》规定，凡有下列情形之一的，纳税人必须自行向税务机关申报所得并缴纳税款：

（1）自2006年1月1日起，年所得12万元以上的；

（2）在两处或者两处以上取得工资、薪金所得的；

（3）从中国境外取得所得的；

（4）取得应纳税所得，没有扣缴义务人的；

（5）国务院规定的其他情形。

年所得12万元以上的纳税人，在纳税年度终了后，应当填写《个人所得税纳税申报表（适用于年所得12万元以上的纳税人申报）》，并在办理纳税申报时报送主管税务机关，同时报送个人有效身份证件复印件等。

**2. 自行申报纳税的申报期限**

（1）年所得12万元以上的纳税人，在纳税年度终了后3个月内向主管税务机关办理纳税申报。即在每个纳税年度终了后的1月1日至3月31日期间的任何一天，纳税人均可办理纳税申报。

（2）对于账册健全的个体工商户和个人独资、合伙企业投资者取得的生产、经营所得应纳的税款，分月预缴的，纳税人在每月终了后7日内办理纳税申报；分季预缴的，纳税人在每个季度终了后7日内办理纳税申报。纳税年度终了后，纳税人在3个月内进行汇算清缴，多退少补。

（3）纳税人年终一次性取得对企事业单位的承包经营、承租经营所得的，自取得所得之日起30日内办理纳税申报；在1个纳税年度内分次取得承包经营、承租经营所得的，在每次取得所得后的次月7日内申报预缴，纳税年度终了后3个月内汇算清缴。

（4）从中国境外取得所得的纳税人，在纳税年度终了后 30 日内向中华人民共和国境内主管税务机关办理纳税申报。

（5）除上述规定的情形外，纳税人取得其他各项所得须申报纳税的，在取得所得的次月 7 日内向主管税务机关办理纳税申报。

**3. 自行申报纳税的申报地点**

自行申报纳税人，一般应在取得所得的所在地税务机关申报纳税；在两处或者两处以上取得收入的，可选择并固定在其中一地税务机关申报纳税；纳税人从境外取得所得的，应该在户籍所在地税务机关或经常居住地税务机关申报纳税。

**4. 自行申报纳税的申报方式**

个人所得税的申报纳税方式主要有三种，即由本人直接申报纳税，委托他人代为申报纳税，采用邮寄方式在规定的申报期内申报纳税。

采用邮寄方式申报纳税的，以寄出地的邮戳日期为实际申报日期。

## 二、扣缴个人所得税报告表

### （一）《扣缴个人所得税报告表》的格式

《扣缴个人所得税报告表》的格式如表 5-5 所示。

### （二）《扣缴个人所得税报告表》填表说明

《扣缴个人所得税报告表》填表说明如下：

（1）本表适用于扣缴义务人扣缴申报个人所得税。扣缴义务人必须区分纳税人、所得项目逐人逐项明细录入本表。

（2）扣缴义务人不能按规定期限报送或上传本表时，应当在规定的报送期限内提出申请，经当地税务机关批准，可以适当延长期限。

（3）填写本表要用中文，也可用中、英文两种文字填写。

（4）表头项目的填写说明：

① 税务计算机代码：填写税务登记表中的计算机代码；

② 扣缴义务人名称：填写扣缴义务人单位名称全称并加盖公章，不得填写简称；

③ 填表日期：是指扣缴义务人填制本表的具体日期。

（5）本表各栏的填写：

① 纳税义务人姓名：纳税义务人如在中华人民共和国境内无住所，其姓名应当用中文和英文两种文字填写；

② 所得项目：按照规定项目填写，详见所得项目编码表（如工资、薪金 01；劳务报酬 02）。同一纳税义务人有多项所得时，应分别填写；

③ 所得期间：填写扣缴义务人支付所得的时间；

④ 收入额：如支付外币的，应折算成人民币；

⑤ 除法律法规另有规定外，准予扣除的捐赠额不得超过应纳税所得额的 30%；如有减免税事项，须在备注栏反映。

表 5-5　扣缴个人所得税报告表

金额单位：人民币元

| 税务计算机代码： | | | | | | | | | | | | | | | | |
|---|---|---|---|---|---|---|---|---|---|---|---|---|---|---|---|---|
| 缴款书号码： | | | | | | | | | | | | | | | | |
| 扣缴义务人编码： | | | | 填表日期：　　年　月　日 | | | | | | | | | | | | |
| 根据《中华人民共和国个人所得税法》第九条的规定，制定本表，扣缴义务人应将本月扣缴的税款在次月七日内缴入国库，并向当地税务机关报送本表 | | | | | | | | | | | | | | | | |
| 扣缴义务人名称： | | | 地址： | | | | | | 电话： | | | | | | | |

| 纳税义务人姓名 | 纳税人编码 | 工作单位及地址 | 所得项目 | 所得期间 | 收入额 | | | | | 人民币合计 | 减除费用 | 应纳税所得额 | 税率(%) | 速算扣除数 | 扣缴所得税额 | 完税证字号 | 纳税日期 |
|---|---|---|---|---|---|---|---|---|---|---|---|---|---|---|---|---|---|
| | | | | | 人民币 | 外币 | | | | | | | | | | | |
| | | | | | | 货币名称 | 金额 | 外汇牌价 | 折合人民币 | | | | | | | | |
| | | | | | | | | | | | | | | | | | |
| | | | | | | | | | | | | | | | | | |
| | | | | | | | | | | | | | | | | | |

如果由扣缴义务人填写完税证，应在报送此表时附完税证副联＿＿＿份，合计扣缴金额＿＿＿元

扣缴义务人声明
　我声明：此扣缴申报表是根据《中华人民共和国个人所得税法》的规定填报的，我确信它是真实的、可靠的、完整的。
声明人签字：＿＿＿＿＿＿＿＿

| 以下由税务机关填写 | | | | | | |
|---|---|---|---|---|---|---|
| 收到日期 | 接收人 | 审核日期 | 主管税务机关盖章 | | 备　注 | |
| | | | 主管税务官员签字 | | | |

（6）数字逻辑关系：

① 收入额（人民币合计）=收入额（人民币）+收入额（外币折合人民币）；

② 应纳税所得额=收入额（人民币合计）-免税收入额-允许扣除的税费-费用扣除标准-准予扣除的捐赠额；

③ 应扣税额=应纳税所得额×税率-速算扣除数；

注：全年一次性奖金等特殊政策的应纳税所得额计算除外。

（7）声明人：填写扣缴义务人名称。

（8）本表为 A4 横式。

## 三、个人所得税自行纳税申报表的填写

### （一）《个人所得税纳税申报表》的格式

《个人所得税纳税申报表（适用于年所得 12 万元以上的纳税人申报）》的格式如表 5-6 所示。

### （二）《个人所得税纳税申报表》填表说明

（1）本表根据《中华人民共和国个人所得税法》及其实施条例和《个人所得税自行纳税申报办法（试行）》制定，适用于年所得 12 万元以上纳税人的年度自行申报。

（2）负有纳税义务的个人，可以由本人或者委托他人于纳税年度终了后 3 个月以内向主管税务机关报送本表。不能按照规定期限报送本表时，应当在规定的报送期限内提出申请，经当

地税务机关批准，可以适当延期。

（3）填写本表应当使用中文，也可以同时用中、英文两种文字填写。

（4）本表各栏的填写说明。

① 所得年份和填表日期：

申报所得年份：填写纳税人实际取得所得的年度；

填表日期：填写纳税人办理纳税申报的实际日期。

② 身份证照类型：填写纳税人的有效身份证照（居民身份证、军人身份证件、护照、回乡证等）名称。

③ 身份证照号码：填写中国居民纳税人的有效身份证照上的号码。

④ 任职、受雇单位：填写纳税人的任职、受雇单位名称。纳税人有多个任职、受雇单位时，填写受理申报的税务机关主管的任职、受雇单位。

⑤ 任职、受雇单位税务代码：填写受理申报的任职、受雇单位在税务机关办理税务登记或者扣缴登记的编码。

⑥ 任职、受雇单位所属行业：填写受理申报的任职、受雇单位所属的行业。其中，行业应按国民经济行业分类标准填写，一般填至大类。

⑦ 职务：填写纳税人在受理申报的任职、受雇单位所担任的职务。

⑧ 职业：填写纳税人的主要职业。

⑨ 在华天数：由中国境内无住所的纳税人填写在税款所属期内在华实际停留的总天数。

⑩ 中国境内有效联系地址：填写纳税人的住址或者有效联系地址。其中，中国有住所的纳税人应填写其经常居住地址。中国境内无住所居民住在公寓、宾馆、饭店的，应当填写公寓、宾馆、饭店名称和房间号码。

经常居住地，是指纳税人离开户籍所在地最后连续居住一年以上的地方。

⑪ 经营单位纳税人识别号、纳税人名称：纳税人取得的年所得中含个体工商户的生产、经营所得和对企事业单位的承包经营、承租经营所得时填写本栏。

纳税人识别号：填写税务登记证号码。

纳税人名称：填写个体工商户、个人独资企业、合伙企业名称，或者承包承租经营的企事业单位名称。

⑫ 年所得额：填写在纳税年度内取得相应所得项目的收入总额。年所得额按《个人所得税自行纳税申报办法》的规定计算。

各项所得的计算，以人民币为单位。所得以非人民币计算的，按照税法实施条例第四十三条的规定折合成人民币。

⑬ 应纳税所得额：填写按照个人所得税有关规定计算的应当缴纳个人所得税的所得额。

⑭ 已缴（扣）税额：填写取得该项目所得在中国境内已经缴纳或者扣缴义务人已经扣缴的税款。

⑮ 抵扣税额：填写个人所得税法允许抵扣的在中国境外已经缴纳的个人所得税税额。

⑯ 减免税额：填写个人所得税法允许减征或免征的个人所得税税额。

（5）本表为 A4 横式，一式两联，第一联报税务机关，第二联纳税人留存。

## 表5-6 个人所得税纳税申报表

（适用于年所得12万元以上的纳税人申报）

所得年份：　　　年　　　　　　　　　　　　　填表日期：　　　年　月　日　　　　　　　　　金额单位：人民币元（列至角分）

| 纳税人姓名 | | 国籍（地区） | | 身份证照类型 | | 身份证照号码 | | | |
|---|---|---|---|---|---|---|---|---|---|
| 任职、受雇单位 | | 任职、受雇单位税务代码 | | 任职受雇单位所属行业 | | 职务 | | 职业 | |
| 在华天数 | | 中国境内有效联系地址 | | 中国境内有效联系地址邮编 | | 联系电话 | | | |
| 此行由取得经营所得的纳税人填写 | 经营单位纳税人识别号 | | | | | 经营单位纳税人名称 | | | |

| 所得项目 | 年所得额 | | | 应纳税所得额 | 应纳税额 | 已缴（扣）税额 | 抵扣税额 | 减免税额 | 应补税额 | 应退税额 | 备注 |
|---|---|---|---|---|---|---|---|---|---|---|---|
| | 境内 | 境外 | 合计 | | | | | | | | |
| 1. 工资、薪金所得 | | | | | | | | | | | |
| 2. 个体工商户的生产、经营所得 | | | | | | | | | | | |
| 3. 对企事业单位的承包经营、承租经营所得 | | | | | | | | | | | |
| 4. 劳务报酬所得 | | | | | | | | | | | |
| 5. 稿酬所得 | | | | | | | | | | | |
| 6. 特许权使用费所得 | | | | | | | | | | | |
| 7. 利息、股息、红利所得 | | | | | | | | | | | |
| 8. 财产租赁所得 | | | | | | | | | | | |
| 9. 财产转让所得 | | | | | | | | | | | |
| 其中：股票转让所得 | | | | — | — | — | — | — | — | — | |
| 个人房屋转让所得 | | | | | | | | | | | |
| 10. 偶然所得 | | | | | | | | | | | |
| 11. 其他所得 | | | | | | | | | | | |
| 合　计 | | | | | — | | | | | | |

我声明，此纳税申报表是根据《中华人民共和国个人所得税法》及有关法律、法规的规定填报的，我保证它是真实的、可靠的、完整的。

纳税人（签字）：

代理人（签章）：

税务机关受理人（签字）：　　　　　　　税务机关受理时间：　　　年　月　日　　　　　受理申报税务机关名称（盖章）：

联系电话：

# 第四节　个人所得税纳税综合实训

## 一、综合实训一

**【案例材料】**

李凯系神源公司职员，2016年7—12月的收入如下：

（1）每月取得工资3 800元；

（2）9月取得先进奖奖金5 200元；

（3）购买福利彩票800元，中奖10 000元；

（4）10月起，每月取得出租居民住房租金收入5 000元（按市场价出租）；

（5）11月完成为客户设计图纸，取得收入3 000元；

（6）12月月底，取得全年一次性奖金20 160元。

试计算：

（1）每月的工资应缴纳的个人所得税；

（2）9月应缴纳的个人所得税；

（3）购买彩票中奖应缴纳的个人所得税；

（4）10月出租住房租金收入应缴纳的个人所得税（假设不考虑其他税费）；

（5）11月为客户设计图纸取得收入应缴纳的个人所得税；

（6）12月月底，取得全年一次性奖金应缴纳的个人所得税。

**【计算与解析】**

（1）每月的工资应缴纳的个人所得税=（3 800-3 500）×3%-0=9（元）

（2）9月应缴纳的个人所得税=（3 800+5 200-3 500）×10%-105=445（元）

（3）购买彩票中奖应缴纳的个人所得税为0元

（4）出租居民住房租金收入应缴纳的个人所得税=5 000×（1-20%）×10%=400（元）

（5）为客户设计图纸取得收入为劳动报酬所得，应缴纳的个人所得税=（3 000-800）×20%=440（元）

（6）12月月底，取得全年一次性奖金应缴纳的个人所得税

首先，确定适用税率和速算扣除数：

计算商数：商数=20 160÷12=1 680（元/月）

按商数确定全年一次性奖金适用税率和速算扣除数：

1 680元/月所对应的适用税率为10%，速算扣除数为105元。

然后，根据确定适用税率和速算扣除数计算应纳税额：

取得全年一次性奖金应缴纳的个人所得税=全年一次性奖金×适用税率-速算扣除数

$$=20\ 160×10\%-105=1\ 911（元）$$

## 二、综合实训二

### 【案例材料】

徐教授是著名的医药学专家，2016年所有收入如下（假定每月计税工资相同）：

（1）单位全年发放计税工资72 000元，每月已按规定扣缴了个人所得税145元；

（2）应邀去医科大学开系列讲座，一次性取得收入30 000元，并按规定扣缴了个人所得税，共7 200元；

（3）在A国取得稿酬收入30 000元，已在A国实际纳税3 000元，无须补税；

（4）购买股票取得股息8 000元，扣缴个人所得税1 200元；

（5）购买赈灾彩券21 500元，中奖200 000元，将其中80 000元捐给中国减灾委员会，按规定扣缴个人所得税24 000元；

（6）转让私有住房一套，取得转让收入为720 000元，该套住房购进时的原价为540 000元，转让时支付有关费用30 000元，缴纳的个人所得税30 000元。

请问：以上徐教授应纳个人所得税税额计算是否正确？分析并改正。

### 【计算与解析】

以上内容中（1）、（6）的计算是正确的，（2）、（3）、（4）、（5）的计算是错误的，分析有以下几点。

（1）徐教授每月工资应纳个人所得税=$[（72\ 000÷12）-3\ 500]×10\%-105=145$（元），计算正确。

（2）开系列讲座，一次性取得收入30 000元属于劳务报酬所得，计算如下：

$$应纳税所得额=30\ 000×（1-20\%）=24\ 000（元）$$

20 000元<24 000元<50 000元，适用税率30%，速算扣除数为2 000元。

$$应纳个人所得税=24\ 000×30\%-2\ 000=5\ 200（元）$$

计算有误，应退税2 000元。

（3）在A国取得稿酬收入30 000元：

$$稿酬所得应纳个人所得税=30\ 000×（1-20\%）×20\%×（1-30\%）=3\ 360（元）$$

A国收入应纳税额为3 360元>3 000元，应补税360元。

（4）购买股票股息所得以每次收入额为应纳税所得额，不得从收入中扣除任何费用。

$$股息所得应纳个人所得税=8\ 000×20\%=1\ 600（元），应补税400元。$$

（5）购买赈灾彩券中奖200 000元：

$$应纳税所得额为200\ 000（元）$$

$$允许扣除的捐赠数额=200\ 000×30\%=60\ 000（元）$$

由于60 000元<80 000元，所以只允许抵扣60 000元。

$$应纳个人所得税=（200\ 000-60\ 000）×20\%=28\ 000（元），应补税4\ 000元。$$

（6）转让私有住房所得：

$$应纳税所得额=720\ 000-540\ 000-30\ 000=150\ 000（元）$$

$$应纳税额=150\ 000×20\%=30\ 000（元），计算正确。$$

## 三、综合实训三

### 【案例材料】

接综合实训二。

（1）徐教授的年所得=72 000+30 000+30 000+8 000+200 000+150 000

=490 000（元）>120 000 元

因此，应该按照《个人所得税法》的相关规定办理年所得 12 万元以上的纳税申报。

（2）申报资料：申报时，应报送《个人所得税纳税申报表（适用于年所得 12 万元以上的纳税人申报）》（申报表的填写略）和身份证复印件等。

（3）申报地点：单位所在地主管税务机关。

按照规定，纳税人在中华人民共和国境内有任职、受雇单位的，一般向任职、受雇单位所在地主管税务机关申报纳税。

（4）申报期限：次年 1 月 1 日—3 月 31 日。

（5）申报方式：网上申报、邮寄申报，或直接到主管税务机关申报；也可委托有税务代理资质的中介机构或者他人代为办理纳税申报。

请问：年度终了后，徐教授该怎样进行申报？

## 四、综合实训四

### 【案例材料】

展鹏实业公司 2016 年 7 月工资明细表如表 5-7 所示。

表 5-7　展鹏实业公司 2016 年 7 月工资明细表

单位：元

| 编号 | 姓名 | 基本工资 | 奖金 | 加班费 | 应发工资 | 住房公积金 | 养老保险 | 基本医疗保险 | 代扣税额 | 实发工资 |
|------|------|---------|------|--------|---------|-----------|----------|-------------|---------|---------|
| 001 | 王　振 | 3 500 | 2 000 | 400 | 5 900 | 472 | 118 | 88.50 | | |
| 002 | 李　晨 | 3 200 | 1 700 | 200 | 5 100 | 408 | 102 | 76.50 | | |
| 003 | 蒋含雨 | 3 100 | 1 500 | 200 | 4 800 | 384 | 96 | 72.00 | | |
| 004 | 齐　放 | 2 900 | 1 300 | 200 | 4 400 | 352 | 88 | 66.00 | | |
| 005 | 魏　力 | 2 800 | 1 300 | 200 | 4 300 | 344 | 86 | 64.50 | | |
| 006 | 李小彬 | 2 700 | 1 000 | 100 | 3 800 | 304 | 76 | 57.00 | | |
| 007 | 方文静 | 2 500 | 800 | 100 | 3 400 | 272 | 68 | 51.00 | | |
| 合　计 | | | | | | | | | | |

（1）试计算展鹏实业公司 2016 年 7 月发放工资时代扣代缴税额，并填写《工资明细表》（见表 5-8）。

（2）填写扣缴个人所得税报告表，如表 5-9 所示。

**【工资明细表、报告表填写】**

### 表 5-8　展鹏实业公司 2016 年 7 月工资明细表

单位：元

| 编号　　姓名 | 项目 | 基本工资 | 奖金 | 加班费 | 应发工资 | 扣除项目 | | | 代扣税额 | 实发工资 |
|---|---|---|---|---|---|---|---|---|---|---|
| | | | | | | 住房公积金 | 养老保险 | 基本医疗保险 | | |
| 001 | 王　振 | 3 500 | 2 000 | 400 | 5 900 | 472 | 118 | 88.50 | 67.15 | 5 154.35 |
| 002 | 李　晨 | 3 200 | 1 700 | 200 | 5 100 | 408 | 102 | 76.50 | 30.41 | 4 483.09 |
| 003 | 蒋含雨 | 3 100 | 1 500 | 200 | 4 800 | 384 | 96 | 72.00 | 22.44 | 4 225.56 |
| 004 | 齐　放 | 2 900 | 1 300 | 200 | 4 400 | 352 | 88 | 66.00 | 11.82 | 3 882.18 |
| 005 | 魏　力 | 2 800 | 1 300 | 200 | 4 300 | 344 | 86 | 64.50 | 9.17 | 3 796.33 |
| 006 | 李小彬 | 2 700 | 1 000 | 100 | 3 800 | 304 | 76 | 57.00 | | 3 363.00 |
| 007 | 方文静 | 2 500 | 800 | 100 | 3 400 | 272 | 68 | 51.00 | | 3 009.00 |
| 合　计 | | 20 700 | 9 600 | 1 400 | 31 700 | 2 536 | 634 | 475.50 | 140.99 | 27 913.51 |

### 表 5-9　扣缴个人所得税报告表

金额单位：元

| | | | | |
|---|---|---|---|---|
| 税务计算机代码： | | | | |
| 缴款书号码： | | | | |
| 扣缴义务人编码 | | | 填表日期：2016 年 8 月 1 日 | |

根据《中华人民共和国个人所得税法》第九条的规定，制定本表，扣缴义务人应将本月扣缴的税款在次月七日内缴入国库，并向当地税务机关报送本表

| 扣缴义务人名称：展鹏实业公司 | | 地址： | | 电话： | |

| 纳税义务人姓名 | 纳税人编码 | 工作单位及地址 | 所得项目 | 所得期间 | 收入额 | | | | 人民币合计 | 减除费用 | 应纳税所得额 | 税率（%） | 速算扣除数 | 扣缴所得税额 | 完税证字号 | 纳税日期 |
|---|---|---|---|---|---|---|---|---|---|---|---|---|---|---|---|---|
| | | | | | 人民币 | 外币 | | | | | | | | | | |
| | | | | | | 货币名称 | 金额 | 外汇牌价 | 折合人民币 | | | | | | | |
| 王振 | 1 | | 01 | 7 | 5 900 | | | | | 5 900 | 4 178.5 | 1 721.5 | 10 | 105 | 67.15 | | |
| 李晨 | 2 | | 01 | 7 | 5 100 | | | | | 5 100 | 4 086.5 | 1 013.5 | 3 | 0 | 30.41 | | |
| 蒋含雨 | 3 | | 01 | 7 | 4 800 | | | | | 4 800 | 4 052.0 | 748.0 | 3 | 0 | 22.44 | | |
| 齐放 | 4 | | 01 | 7 | 4 400 | | | | | 4 400 | 4 006.0 | 394.0 | 3 | 0 | 11.82 | | |
| 魏力 | 5 | | 01 | 7 | 4 300 | | | | | 4 300 | 3 994.5 | 305.5 | 3 | 0 | 9.17 | | |
| 李小彬 | 6 | | 01 | 7 | 3 800 | | | | | 3 800 | 3 800.0 | | 0 | 0 | | | |
| 方文静 | 7 | | 01 | 7 | 3 400 | | | | | 3 400 | 3 400.0 | | 0 | 0 | | | |
| 合计 | | | | | 31 700 | | | | | 31 700 | 27 517.5 | 4 182.5 | | | 140.99 | | |

如果由扣缴义务人填写完税证，应在报送此表时附完税证副联　　　份，合计扣缴金额　　　元。

扣缴义务人声明

我声明：此扣缴申报表是根据《中华人民共和国个人所得税法》的规定填报的，我确信它是真实的、可靠的、完整的。

声明人签字：展鹏实业公司

| 以下由税务机关填写 | | | | | |
|---|---|---|---|---|---|
| 收到日期 | 接收人 | 审核日期 | 主管税务机关盖章 | | 备　注 |
| | | | 主管税务官员签字 | | |

# 强化训练

## 一、单项选择题

1. 在中国境内无住所，并且在一个纳税年度中居住不满一年但有来源于中华人民共和国境内收入的个人应（　　　）。

  A．就其来源于中华人民共和国境内的所得，向中国缴纳个人所得税

  B．就其中国境内工作期间，来源于中国境内外的全部所得征收个人所得税

  C．免予征收个人所得税

  D．仅就其来源于境外的收入征收个人所得税

2. 对工资、薪金所得征收个人所得税，准予在每月收入额中扣除（　　　）元费用后的余额，为应纳税所得额。

  A．800 或 1 200        B．1 600 或 4 000

  C．2 000 或 4 800        D．3 500 或 4 800

3. 演员外出参加某单位组织的演出所得，应按（　　　）。

  A．工资、薪金所得项目，按月缴纳个人所得税

  B．免予征收个人所得税

  C．按劳务报酬所得，按次缴纳个人所得税

  D．按劳务报酬所得，一个月合计缴纳个人所得税

4. 利息、股息、红利所得以（　　　）为应纳税所得额。

  A．每年收入额         B．每季度收入额

  C．每月收入额         D．每次收入额

5. 张教授接受某一公司委托，将外文资料翻译成中文，其取得的报酬应按（　　　）项目计算缴纳个人所得税。

  A．工资、薪金所得       B．劳务报酬所得

  C．稿酬所得         D．特许权使用费所得

6. 稿酬所得缴纳个人所得税，实际税率为（　　　）。

  A．12%    B．14%    C．18%    D．20%

7. 劳务报酬所得为 30 000 元，应纳税所得额和适用税率分别为（　　　）。

  A．29 200 元，20%      B．24 000 元，20%

  C．24 000 元，30%      D．29 200 元，40%

8. 扣缴义务人每月所扣缴的税款，应当于次月（　　　）内缴入国库。

  A．5 日    B．7 日    C．15 日    D．1 个月

## 二、多项选择题

1. 个人所得税的纳税义务人包括（　　　　）。

  A．中国公民        B．个体工商户

  C．外籍个人        D．香港、澳门、台湾同胞

2．个人所得税的计征方法有（　　　　）。

    A．按年计征　　　　　　　　　　B．按月计征

    C．按季计征　　　　　　　　　　D．按次计征

3．下列个人所得适用税率为20%的有（　　　）。

    A．财产转让所得　　　　　　　　B．劳务报酬所得

    C．偶然所得　　　　　　　　　　D．个体工商户的生产、经营所得

4．按照国家规定，从纳税义务人的应纳税所得额中扣除的"三险一金"是指（　　　）。

    A．基本养老保险费　　　　　　　B．基本医疗保险费

    C．失业保险费　　　　　　　　　D．住房公积金

5．下列所得中，适用超额累进税率的有（　　　）。

    A．工资、薪金所得

    B．个体工商户的生产、经营所得

    C．财产租赁所得

    D．对企事业单位的承包经营、承租经营所得

6．以下各项所得，可以免征个人所得税的是（　　　）。

    A．国债利息　　　　　　　　　　B．军人的转业费、复员费

    C．保险赔款　　　　　　　　　　D．财产转让所得

7．下列个人所得，在计算个人所得税时，可以减除费用的有（　　　）。

    A．股息、利息、红利所得　　　　B．劳务报酬所得

    C．偶然所得　　　　　　　　　　D．工资、薪金所得

8．以下个人所得，按次计征，每次收入不超过4 000元的，减除费用800元；超过4 000元的，减除20%的费用，其余额为应纳税所得额的是（　　　）。

    A．劳务报酬所得　　　　　　　　B．财产租赁所得

    C．财产转让所得　　　　　　　　D．特许权使用费所得

9．下列情况中，应自行申报纳税的有（　　　）。

    A．从两处以上取得工资、薪金所得的

    B．取得应税所得，没有扣缴义务人的

    C．年应税所得12万元以上

    D．取得偶然所得的

10．下列关于个人所得税的说法正确的是（　　　）。

    A．工资、薪金所得适用九级超额累进税率，最低税率为3%，最高级为45%

    B．利息、股息、红利、偶然所得，按次计征，以每次收入额为应纳税所得额

    C．财产转让所得，按次计征，以转让财产的收入为应纳税所得额

    D．劳务报酬所得实行20%并存在加征五成或十成的税率

三、判断题

1．个人所得税是以个人（自然人）取得的各项应税所得为征税对象征收的一种税。

        （　　　）

2．纳税人的确定是按照国际通常做法，依据住所和居住时间两个标准区分居民和非居民，

承担相同的纳税义务。 （　）

3．个人所得税的计税依据是纳税人取得的应纳税所得额。 （　）

4．个人将其所得对教育事业和其他公益事业的捐赠，捐赠额可以从其应纳税所得额中全部扣除。 （　）

5．雇员取得除全年一次性奖金以外的其他各种名目奖金，如半年奖、季度奖、加班奖、先进奖、考勤奖等，一律与当月工资、薪金收入合并，按《个人所得税法》规定缴纳个人所得税。 （　）

6．个人所得税对财产租赁所得，以一个月内的收入为一次。 （　）

7．个人所得税对稿酬所得按应纳税额减征10%。 （　）

8．个体工商户的生产经营所得，对企事业单位的承包经营、承租经营所得，按年计征个人所得税。 （　）

9．国务院决定自2012年10月9日起，对储蓄存款利息所得暂免征收个人所得税。 （　）

10．个人购买福利、体育彩票，免征个人所得税。 （　）

## 四、简答题

1．如何区分个人所得税的居民纳税人与非居民纳税人？各自承担的纳税义务有什么区别？

2．个人所得税的应税项目有哪些？

3．个人所得税有哪几种计征方法？各项所得分别适于哪种计征方法？

4．如何确定各项所得的应纳税所得额？

5．年终一次性奖金如何计算个人所得税？

6．什么情况下个人所得税纳税义务人应自行申报纳税？

7．代扣代缴和自行申报个人所得税的申报期限是如何规定的？

## 五、综合实训题（计算结果保留两位小数）

1．刘铭是某公司职员，2016年收入为（未列明"三险一金"标准的，计算时可暂不考虑；下同）：

（1）每月工资为5 000元；

（2）自10月将其拥有的一套住宅出租，每月取得租金收入1 300元。试计算刘铭2016年12月应缴纳的个人所得税。

2．某科研机构外籍专家安娜，2016年月薪12 000元。试计算其每月应纳个人所得税额。

3．吕萧月工资3 900元，年终时，一次领取全年度的奖金9 600元。试计算其12月应纳个人所得税额。

4．个体工商户王宇2016年生产经营取得应税所得额55 000元，另外买彩票所得8 000元。试计算王宇应纳个人所得税额。

5．张教授本月应邀去外地讲学两次，分别取得收入3 500元和6 000元。试计算其应纳个人所得税额。

6．陈炜是正大公司的一名职员，2016年7—12月的收入如下：

（1）每月取得工资4 200元；

（2）8月取得公司先进奖5 000元；

（3）购买体育彩票 500 元，中奖 10 000 元；

（4）9 月银行储蓄存款取得利息收入 2 500 元；

（5）12 月月底，取得全年一次性奖金 20 000 元。

试计算：

（1）7 月工资应缴纳的个人所得税；

（2）8 月应缴纳的个人所得税；

（3）购买彩票中奖应缴纳的个人所得税；

（4）12 月银行储蓄存款利息收入应缴纳的个人所得税；

（5）12 月月底，取得全年一次性奖金应缴纳的个人所得税。

7．某地税机关对演员赵剑锋 2016 年个人所得税纳税情况进行检查，取得证明资料如下：

（1）每月取得工资收入 5 800 元，1—12 月已纳个人所得税 1 500 元；

（2）3 月、6 月、9 月由经纪人各安排演出一次，每次收入 30 000 元，11—12 月所在单位组织演出，每次演出收入 4 000 元；

（3）9 月取得银行存款利息 10 000 元，取得单位集资借款利息 5 000 元；

（4）在境外某国取得表演收入 47 000 元，已在该国实际纳税 8 000 元；

（5）参加有奖销售活动，中奖获得奖金 120 000 元，将其中 50 000 元捐给贫困地区。

在上述项目中，除第（1）项已纳税外，其他各项均未申报纳税。

请依据个人所得税有关规定对该演员纳税情况进行评价，并计算应补交个人所得税额；年度终了后，该演员应怎样进行纳税申报。

8．星辰机械公司 2017 年 7 月工资明细表如表 5-10 所示。

表 5-10　星辰机械公司 2017 年 7 月工资明细表

单位：元

| 项目\编号 姓名 | 基本工资 | 奖 金 | 加班费 | 应发工资 | 扣除项目 | | | 代扣税额 | 实发工资 |
| | | | | | 住房公积金 | 养老保险 | 基本医疗保险 | | |
|---|---|---|---|---|---|---|---|---|---|
| 001 陈华 | 3 800 | 2 000 | 400 | 6 200 | 320 | 120 | 60 | | |
| 002 杨过 | 2 700 | 1 700 | 200 | 4 600 | 280 | 100 | 40 | | |
| 003 王杉 | 2 600 | 1 500 | 200 | 4 300 | 280 | 100 | 40 | | |
| 004 李新 | 2 500 | 1 300 | 100 | 3 900 | 220 | 80 | 30 | | |
| 005 程帆 | 2 400 | 1 100 | 100 | 3 600 | 220 | 80 | 30 | | |
| 006 林彬 | 2 400 | 1 000 | 100 | 3 500 | 160 | 60 | 20 | | |
| 007 张艳 | 2 000 | 800 | 100 | 2 900 | 160 | 60 | 20 | | |
| 合　计 | | | | | | | | | |

（1）计算星辰机械公司 2017 年 7 月发放工资时代扣代缴税额，并补全上述《工资明细表》。

（2）下载并填写《扣缴个人所得税报告表》。

# 第六章 资 源 税 类

## 【学习目标】

### 1. 知识目标

➤ 了解资源税、城镇土地使用税、耕地占用税、土地增值税的征收范围。

➤ 掌握资源税、城镇土地使用税、耕地占用税、土地增值税的纳税人有哪些。

➤ 掌握现行资源税、城镇土地使用税、耕地占用税、土地增值税的税目及税率。

➤ 掌握资源税、城镇土地使用税、耕地占用税、土地增值税的纳税申报方法。

### 2. 能力目标

➤ 能够熟练说出资源税、城镇土地使用税、耕地占用税、土地增值税的税目及其适用税率。

➤ 学会资源税、城镇土地使用税、耕地占用税、土地增值税应纳税额的计算。

➤ 学会按时申报与缴纳资源税、城镇土地使用税、耕地占用税、土地增值税的方法。

### 3. 情感目标

➤ 培养良好的依法纳税的职业道德素养。

➤ 在学习掌握资源税相关知识的基础上，明确保护自然资源的重要性。

➤ 做一名遵守税法、按时纳税的优秀办税员。

## 【本章重点】

➤ 资源税、城镇土地使用税、耕地占用税、土地增值税的税目及适用税率。

➤ 资源税、城镇土地使用税、耕地占用税、土地增值税的纳税申报。

## 【本章难点】

➤ 各种资源税应纳税额的计算。

➤ 纳税申报表的填写。

# 第一节 资 源 税

**拓展阅读**

现行资源税的基本规范，是 1993 年 12 月 25 日国务院颁布、自 1994 年 1 月 1 日起施行的《中华人民共和国资源税暂行条例》，同年 12 月 30 日，财政部印发《中华人民共和国资源税暂行条例实施细则》，国家税务总局分别于 1994 年 1 月 8 日、2011 年 11 月 28 日印发和修订《资源税若干问题的规定》；2016 年 5 月 9 日，财政部、国家税务总局发布《关于全面推进资源税改革的通知》（财税〔2016〕53 号），自 2016 年 7 月 1 日起全面实施清费立税、从价计征改革。

## 一、资源税的概念

一般来说，资源税是以自然资源为课税对象征收的一种税。

目前我国开征的资源税是对在我国领域及管辖海域开采矿产和盐资源的单位和个人取得的级差收入征收的一种税。

## 二、资源税的主要内容

### （一）纳税人

资源税的纳税人是在中华人民共和国领域及管辖海域开采应税的矿产品和生产盐的单位和个人。这里所说的单位，是指企业、行政单位、事业单位、军事单位、社会团体及其他单位；个人，是指个体工商户和其他个人，包括负有纳税义务的中国公民和在中国境内的外国公民。

收购未税矿产品的单位为资源税的扣缴义务人，具体包括独立矿山、联合企业及其他收购未税矿产品的单位。

> **小提示**
>
> 把收购未税矿产品的单位规定为资源税的扣缴义务人，是为了加强资源税的征管。主要是适应税源小、零散、不定期开采、易漏税等税务机关认为不易控管、由扣缴义务人在收购时代扣代缴未税矿产品资源税为宜的情况。

### （二）征税范围

资源税的征收范围，应当包括一切开发和利用的国有资源，但我国现行资源税的征税范围只包括矿产品、盐两大类。具体的征税范围如下。

**1. 矿产品**

（1）原油：开采的天然原油，不包括人造石油。

（2）天然气：专门开采和与原油同时开采的天然气。

（3）煤炭：包括原煤和以未税原煤加工的洗选煤。

（4）其他非金属矿产品：上列产品和井矿盐以外的非金属矿原矿。

（5）黑色金属矿原矿和有色金属矿原矿。

**2. 盐**

（1）固体盐：海盐原盐、湖盐原盐和井矿盐。

（2）液体盐：卤水。

### （三）税目、税率

资源税的税目、税率如表6-1所示。

纳税人具体适用的税率，在《资源税税目、税率表》规定的税率幅度内，根据纳税人所开采或者生产应税产品的资源品位、开采条件等情况，由财政部商国务院有关部门确定；财政部未列举名称且未确定具体适用税率的其他非金属矿原矿和有色金属矿原矿，由省、自治区、直辖市人民政府根据实际情况确定，报财政部和国家税务总局备案。

> **知识链接**　自 2016 年 7 月 1 日起，在河北省实施水资源税改革试点，水资源税的征税对象为地表水和地下水，水力发电和火力发电贯流式取用水的税额标准为每千瓦小时 0.005 元，除此之外的取用水设置最低税额标准，地表水平均不低于每立方米 0.4 元，地下水平均不低于每立方米 1.5 元。

表 6-1　资源税税目、税率表

| 税　目 | | 征税对象 | 税率幅度 |
|---|---|---|---|
| 金属矿 | 铁矿 | 精矿 | 1%～6% |
| | 金矿 | 金锭 | 1%～4% |
| | 铜矿 | 精矿 | 2%～8% |
| | 铝土矿 | 原矿 | 3%～9% |
| | 铅锌矿 | 精矿 | 2%～6% |
| | 镍矿 | 精矿 | 2%～6% |
| | 锡矿 | 精矿 | 2%～6% |
| | 钨 | | 6.5% |
| | 钼 | | 11% |
| | 未列举名称的其他金属矿产品 | 原矿或精矿 | 税率不超过 20% |
| 非金属矿 | 石墨 | 精矿 | 3%～10% |
| | 硅藻土 | 精矿 | 1%～6% |
| | 高岭土 | 原矿 | 1%～6% |
| | 萤石 | 精矿 | 1%～6% |
| | 石灰石 | 原矿 | 1%～6% |
| | 硫铁矿 | 精矿 | 1%～6% |
| | 磷矿 | 原矿 | 3%～8% |
| | 氯化钾 | 精矿 | 3%～8% |
| | 硫酸钾 | 精矿 | 6%～12% |
| | 井矿盐 | 氯化钠初级产品 | 1%～6% |
| | 湖盐 | 氯化钠初级产品 | 1%～6% |
| | 海盐 | 氯化钠初级产品 | 1%～5% |
| | 提取地下卤水晒制的盐 | 氯化钠初级产品 | 3%～15% |
| | 原油 | | 6%～10% |
| | 天然气 | | 6%～10% |
| | 煤层（成）气 | 原矿 | 1%～2% |
| | 稀土 | 轻稀土 | 内蒙古为 11.5%、四川为 9.5%、山东为 7.5% |
| | | 中重稀土 | 27% |
| | 黏土、砂石 | 原矿 | 每吨或立方米 0.1～5 元 |
| | 未列举名称的其他非金属矿产品 | 原矿或精矿 | 从量税率每吨或立方米不超过 30 元；从价税率不超过 20% |

## （四）应纳税额的计算

### 1. 资源税的计税公式

资源税的应纳税额，按照从价定率或者从量定额的办法分别计算。其计算公式为：

应纳税额=应税产品的销售额×适用税率，或：

应纳税额=应税产品的销售数量×适用税额

### 2. 应税产品销售额的确定

应税产品的销售额为纳税人销售应税产品向购买方收取的全部价款和价外费用,但不包括增值税销项税额和运杂费用。

运杂费用是指应税产品从坑口或洗选（加工）地到车站、码头或购买方指定地点的运输费用、建设基金,以及随运销产生的装卸、仓储、港杂费用。运杂费用应与销售额分别核算,凡未取得相应凭据或不能与销售额分别核算的,应当一并计征资源税。

> **知识链接**
>
> 价外费用,包括价外向购买方收取的手续费、补贴、基金、集资费、返还利润、奖励费、违约金、滞纳金、延期付款利息、赔偿金、代收款项、代垫款项、包装费、包装物租金、储备费、优质费、运输装卸费,以及其他各种性质的价外收费。但下列项目不包括在内:
>
> （1）同时符合以下条件的代垫运输费用:①承运部门的运输费用发票开具给购买方的;②纳税人将该项发票转交给购买方的。
>
> （2）同时符合以下条件代为收取的政府性基金或者行政事业性收费:①由国务院或者财政部批准设立的政府性基金,由国务院或者省级人民政府及其财政、价格主管部门批准设立的行政事业性收费;②收取时开具省级以上财政部门印制的财政票据;③所收款项全额上缴财政。

纳税人申报的应税产品销售额明显偏低并且无正当理由的、有视同销售应税产品行为而无销售额的,除财政部、国家税务总局另有规定外,按下列顺序确定销售额:

（1）按纳税人最近时期同类产品的平均销售价格确定;

（2）按其他纳税人最近时期同类产品的平均销售价格确定;

（3）按组成计税价格确定。组成计税价格为:

组成计税价格=成本×（1+成本利润率）÷（1-资源税税率）

公式中的成本是指:应税产品的实际生产成本。公式中的成本利润率由省、自治区、直辖市税务机关确定。

> **小提示**
>
> 纳税人开采或者生产不同税目应税产品的,应当分别核算不同税目应税产品的销售额或者销售数量;未分别核算或者不能准确提供不同税目应税产品的销售额或者销售数量的,从高适用税率。
>
> 纳税人开采或者生产应税产品,自用于连续生产应税产品的,不缴纳资源税;自用于其他方面的,视同销售,依照条例规定缴纳资源税。

### 3. 原矿销售额与精矿销售额的换算或折算

为公平原矿与精矿之间的税负,对同一种应税产品,征税对象为精矿的,纳税人销售原矿时,应将原矿销售额换算为精矿销售额缴纳资源税;征税对象为原矿的,纳税人销售自采原矿加工的精矿,应将精矿销售额折算为原矿销售额缴纳资源税。换算比或折算率原则上应通过原矿售价、精矿售价和选矿比计算,也可通过原矿销售额、加工环节平均成本和利润计算。

纳税人销售（或者视同销售）其自采原矿的,可采用成本法或市场法将原矿销售额换算为精矿销售额计算缴纳资源税。其中成本法公式为:

精矿销售额=原矿销售额+原矿加工为精矿的成本 × （1+成本利润率）

市场法公式为：

精矿销售额=原矿销售额 × 换算比

换算比=同类精矿单位价格 ÷ （原矿单位价格×选矿比）

选矿比=加工精矿耗用的原矿数量 ÷ 精矿数量

**4. 应税产品销售量的确定**

资源税征税数量的确定方法如下：

（1）各种应税产品，凡直接对外销售的，均以实际销售数量为征税数量；

（2）各种应税产品，凡视同销售的（包括用于非生产项目和生产非应税产品），均以自用数量为征税数量；

（3）纳税人不能准确提供应税产品销售数量的，以应税产品的产量或者主管税务机关确定的折算比换算成的数量为计征资源税的销售数量。

**【例6-1】** 华北某油田 2017 年 6 月开采原油 8 000 吨，当月销售 5 000 吨，取得不含税销售额 1 700 万元，用于开采原油过程中加热的原油 400 吨，用于职工食堂和浴室的原油 20 吨，当月与原油同时开采的天然气 40 000 立方米，均已全部销售，取得不含税销售额 8.5 万元，已知该原油与天然气适用的资源税税率都是 6%。

问：该油田当月应交多少资源税。

**解** 应纳资源税=（5 000+20）×1 700÷5 000×6%+8.5×6%

=102.918（万元）

> **课堂练兵**
>
> 东丰铁矿有限公司本月销售铁矿石（精矿）10 万吨，取得含税销售额 3 510 万元；另外自用铁矿石（精矿）6 万吨，适用税率 6%。则该公司本月应交多少资源税？

**（五）资源税的减免**

有下列情形之一的，减征或者免征资源税：

（1）开采原油过程中用于加热、修井的原油，免税；

（2）纳税人开采或者生产应税产品过程中，因意外事故或者自然灾害等原因遭受重大损失的，由省、自治区、直辖市人民政府酌情决定减税或者免税；

（3）国务院规定的其他减税、免税项目。

> **小提示**
>
> 纳税人的减税、免税项目，应当单独核算销售额或者销售数量；未单独核算或者不能准确提供销售额或者销售数量的，不予减税或者免税。

## 三、资源税的纳税申报

### （一）纳税义务发生时间

纳税人销售应税产品的纳税义务发生时间，为收讫销售款或者取得索取销售款凭据的当天；自产自用应税产品，纳税义务发生时间为移送使用的当天。具体规定如下：

（1）纳税人销售应税产品的纳税义务发生时间：

① 纳税人采取分期收款结算方式的，其纳税义务发生时间，为销售合同规定的收款日期的当天；

② 纳税人采取预收货款结算方式的，其纳税义务发生时间，为发出应税产品的当天；

③ 纳税人采取其他结算方式的，其纳税义务发生时间，为收讫销售款或者取得索取销售款凭据的当天。

（2）纳税人自产自用应税产品的纳税义务发生时间，为移送使用应税产品的当天。

（3）扣缴义务人代扣代缴资源税的纳税义务发生时间，为支付首笔货款或首次开具支付货款凭据的当天。

### （二）纳税地点

纳税人应纳的资源税，应当向应税产品的开采或者生产所在地主管税务机关缴纳。纳税人在本省、自治区、直辖市范围内开采或者生产应税产品，其纳税地点需要调整的，由省、自治区、直辖市税务机关决定。

跨省、自治区、直辖市开采或者生产资源税应税产品的纳税人，其下属生产单位与核算单位不在同一省、自治区、直辖市的，对其开采或者生产的应税产品，一律在开采地或者生产地纳税。实行从量计征的应税产品，其应纳税款一律由独立核算的单位按照每个开采地或者生产地的销售量及适用税率计算划拨；实行从价计征的应税产品，其应纳税款一律由独立核算的单位按照每个开采地或者生产地的销售量、单位销售价格及适用税率计算划拨。

扣缴义务人代扣代缴的资源税，应当向收购地主管税务机关缴纳。

### （三）纳税期限

资源税纳税人的纳税期限为1日、3日、5日、10日、15日或者1个月，由主管税务机关根据实际情况具体核定。不能按固定期限计算纳税的，可以按次计算纳税。

纳税人以1个月为一期纳税的，自期满之日起10日内申报纳税；以1日、3日、5日、10日或者15日为一期纳税的，自期满之日起5日内预缴税款，于次月1日起10日内申报纳税并结清上月税款。

### （四）纳税申报

#### 1.《资源税纳税申报表》的格式

《资源税纳税申报表》的格式如表6-2所示。

表6-2为《资源税纳税申报表》主表，适用于缴纳资源税的纳税人填报（另有规定者除外）。本表包括三个附表，分别为资源税纳税申报表附表（一）、附表（二）、附表（三），由开采或生产原矿类、精矿类税目的纳税人，以及发生减免税事项的纳税人填写。除"本期已缴税额"需要填写外，纳税人提交附表后，本表由系统自动生成，无须纳税人手工填写，仅需签章确认（特殊情况下需要手工先填写附表，再填写主表的例外）。

表 6-2 资源税纳税申报表

根据国家税收法律法规及资源税有关规定制定本表。纳税人不论有无销售额，均应按照税务机关核定的纳税期限填写本表，并向当地税务机关申报。

税款所属时间：自 2017 年 05 月 01 日至 2017 年 05 月 31 日　　填表日期：2017 年 06 月 05 日

纳税人识别号：3 7 0 5 0 0 2 6 7 7 5 0 1 2

金额单位：元至角分

| 纳税人名称 | （公章） | 法定代表人姓名 | 张东强 | 登记注册类型 | 有限责任公司 | 注册地址 | 东营市工业路 118 号 | 生产经营地址 | 东营市工业路 118 号 |
|---|---|---|---|---|---|---|---|---|---|
| 开户银行及账号 | 中国工商银行工业路支行 02000345677743488285 | | | | | | 电话号码 | (0546) 83263657 | |

| 税目 | 子目 | 折算率或换算比 | 计量单位 | 计税销售量 | 计税销售额 | 适用税率 | 本期应纳税额 | 本期减免税额 | 本期已缴税额 | 本期应补(退)税额 |
|---|---|---|---|---|---|---|---|---|---|---|
| 1 | 2 | 3 | 4 | 5 | 6 | 7 | 8①=6×7；8②=5×7 | 9 | 10 | 11=8-9-10 |
| 原油 | | | | | 18 315 000.00 | 6% | 1 098 900.00 | | | 1 098 900.00 |
| 合 计 | | 一 | 一 | 一 | | 一 | 1 098 900.00 | | | 1 098 900.00 |

授权声明

如果你已委托代理人申报，请填写下列资料：

为代理一切税务事宜，现授权（地址）　　　为本纳税人的代理申报人，任何与本申报表有关的往来文件，都可寄予此人。

授权人签字：

申报人声明

本纳税申报表是根据国家税收法律法规及相关规定填写的，我确定它是真实的、可靠的、完整的。

声明人签字：张东强

| 主管税务机关： | 接收人： | 接收日期： 　年　月　日 |
|---|---|---|

本表一式两份，一份纳税人留存，一份税务机关留存。

说明：本表为资源税纳税申报表主表。适用于缴纳资源税的纳税人填报（另有规定者除外）。本表包括三个附表，分别为资源税纳税申报表附表（一）、附表（二）、附表（三），由开采或生产原矿、精矿或类的纳税人以及发生减免税事项的纳税人填写。除"本期已缴税额"需要填写外，纳税人提交附表后，本表由系统自动生成，无须纳税人手工填写，仅需签章确认（特殊情况下需要手工先填写附表，再填写主表）。

### 2．纳税申报综合实训

**【案例材料】**

大华油田位于东营市工业路118号，法定代表人张东强，联系电话为（0546）83263657；该油田《税务登记证》登记号为370500267675012；开户银行为中国工商银行工业路支行，账号为0200034567743488285。该公司2017年5月生产原油6 400吨，当月销售6 100吨，每吨不含增值税售价为3 000元，赠送5吨，另有2吨在采油过程中用于加热、修井。该油田资源税税率为6%。

试计算应纳税额，并填写该公司当月资源税纳税申报表（参考表6-2）。

**【计算与解析】**

采油过程中用于加热、修井所消耗原油不征税。

当月应纳资源税税额=（6 100+5）×3 000×6%=1 098 900（元）

# 第二节　城镇土地使用税

**拓展阅读**

《中华人民共和国城镇土地使用税暂行条例》自1988年9月27日由国务院颁布，自1988年11月1日起施行。同年10月24日，国家税务总局印发《关于土地使用税若干具体问题的解释和暂行规定》。2006年12月，国务院颁布《国务院关于修改〈中华人民共和国城镇土地使用税暂行条例〉的规定》，自2007年1月1日起施行。

## 一、城镇土地使用税的概念

城镇土地使用税是对在城市、县城、建制镇和工矿区范围内使用土地的单位和个人，以其实际占用的土地面积为依据，按规定的税额计算征收的一种税。

## 二、城镇土地使用税基本内容

### （一）城镇土地使用税的纳税人

在城市、县城、建制镇、工矿区范围内使用土地的所有单位和个人，为城镇土地使用税的纳税人。这里所说的单位，包括国有企业、集体企业、私营企业、股份制企业、外商投资企业、外国企业以及其他企业和事业单位、社会团体、国家机关、军队以及其他单位；所称个人，包括个体工商户以及其他个人。

### （二）城镇土地使用税的征税范围

城镇土地使用税的征税范围为城市、县城、建制镇和工矿区。

城市的征税范围为市区和郊区；县城的征税范围为县人民政府所在地的城镇；建制镇的征税范围为镇人民政府所在地。工矿区是指工商业比较发达，人口比较集中，符合国务院规定的建制镇，但尚未设立建制镇的大中型工矿企业所在地。

### （三）城镇土地使用税的税率

城镇土地使用税实行分级幅度定额税率。每平方米土地年税额如下：

（1）大城市：1.5 元至 30 元；

（2）中等城市：1.2 元至 24 元；

（3）小城市：0.9 元至 18 元；

（4）县城、建制镇、工矿区：0.6 元至 12 元。

省、自治区、直辖市人民政府，在国家统一规定的幅度税额内，确定所管辖地区的适用税额幅度。市、县人民政府将本地区划分为若干等级，制定相应的适用税额标准。

### （四）应纳税额的计算

城镇土地使用税以纳税人实际占用的土地面积为计税依据，依照规定税额计算征收。其计算公式为：

$$应纳税额=计税土地面积×适用税额$$

【例6-2】 天利公司使用土地面积为 50 000 平方米，经税务机关核定，该企业所在地土地为应税土地，每平方米年税额为 15 元。

问：其全年应纳的土地使用税税额为多少？

**解**　土地使用税税额=50 000×15=750 000（元）

### （五）城镇土地使用税的减免

下列土地免缴城镇土地使用税：

（1）国家机关、人民团体、军队自用的土地；

（2）由国家财政部门拨付事业经费的单位自用的土地；

（3）宗教寺庙、公园、名胜古迹自用的土地；

（4）市政街道、广场、绿化带等公共用地；

（5）直接用于农、林、牧、渔业的生产用地；

（6）经批准开山填海整治的土地和改造的废弃土地，从使用的月份起免缴土地使用税 5 年至 10 年；

（7）由财政部另行规定免税的能源、交通、水利设施用地和其他用地；

（8）纳税人缴纳土地使用税确有困难需要定期减免的，由省、自治区、直辖市税务机关审核后，报国家税务局批准。

## 三、城镇土地使用税的纳税申报

### （一）纳税期限

城镇土地使用税按年计算、分期缴纳，由土地所在地的税务机关征收。缴纳期限由省、自治区、直辖市人民政府确定。

> **小提示**
>
> 新征用的土地，依照下列规定缴纳土地使用税：
> （1）征用的耕地，自批准征用之日起满 1 年时开始缴纳土地使用税；
> （2）征用的非耕地，自批准征用次月起缴纳土地使用税。

### （二）纳税地点

城镇土地使用税在土地所在地缴纳。

纳税人使用的土地不属于同一省、自治区、直辖市管辖的，由纳税人分别向土地所在地税务机关缴纳城镇土地使用税；在同一省、自治区、直辖市管辖范围内，纳税人跨地区使用的土地，其纳税地点由各省、自治区、直辖市地方税务局确定。

### （三）纳税申报

#### 1.《土地使用税纳税申报表》的格式

城镇土地使用税纳税申报表的基本格式如表 6-3 所示。

表 6-3 为《城镇土地使用税纳税申报表》主表，适用于在中华人民共和国境内申报缴纳城镇土地使用税的单位和个人。

《土地使用税纳税申报表》依据《中华人民共和国税收征收管理法》《中华人民共和国城镇土地使用税暂行条例》制定，包括两个附表，附表（一）为《城镇土地使用税减免税明细申报表》、附表（二）为《城镇土地使用税税源明细表》。首次申报或变更申报时纳税人提交《城镇土地使用税税源明细表》后，本表由系统自动生成，无须纳税人手工填写，仅需签章确认。申报土地数量大于 10 个（不含 10）的纳税人，建议采用网络申报方式，并可选用本表的汇总版进行确认，完成申报。后续申报，纳税人税源明细无变更的，税务机关提供免填单服务，根据纳税人识别号，系统自动打印本表，纳税人签章确认即可完成申报。

#### 2．纳税申报综合实训

**【案例材料】**

济南宏达有限公司位于济南市花园 16 号，联系电话为（0531）86593554，邮政编码为 250035；该公司《税务登记证》登记号为 370105152370259；开户银行为中国工商银行花园支行，账号为 0200009201234541967；公司组织编码为 370105653786327869。该公司 2016 年土地使用证书记载占用土地的面积为 16 000 平方米，经确定属一级地段；该公司另有一座仓库位于市郊，属四级地区，占地面积为 9 000 平方米。济南市规定，该地区一级地段年税额为 30 元/平方米，四级地段为 10 元/平方米。办税员李大为（身份证号码 370102198910213925）2017 年 1 月 5 日计算填报本公司 2016 年第四季度的城镇土地使用税纳税申报表。

表 6-3 城镇土地使用税纳税申报表

税款所属期限: 自 2016 年 10 月 1 日至 2016 年 12 月 31 日　　　填表日期: 2017 年 01 月 05 日

金额单位: 元至角分; 面积单位: 平方米

纳税人识别号 | 3 | 7 | 0 | 1 | 0 | 5 | 1 | 5 | 2 | 3 | 7 | 0 | 2 | 5 | 9 |

| 纳税人信息 | 名称 | | | 济南安达有限公司 | | 纳税人分类 | | 单位 ☑　个人 □ |
|---|---|---|---|---|---|---|---|---|
| | 登记注册类型 | | | * | | 所属行业 | | * |
| | 身份证件类型 | | | 身份证 □　护照 □　其他 ☑ | | 公司组织编码 | | 37010565378632786 9 |
| | 联系人 | | | 李大为 | | 联系方式 | | (0531) 86593554 |

| | 土地编号 | 宗地的地号 | 土地等级 | 税额标准 | 土地总面积 | 所属期起 | 所属期止 | 本期应纳税额 | 本期减免税额 | 本期已缴税额 | 本期应补(退)税额 |
|---|---|---|---|---|---|---|---|---|---|---|---|
| 申报纳税信息 | * | 市区 | 一级 | 30.00 | 16 000 | 2016.10.01 | 2016.12.31 | 120 000.00 | 0 | 0 | 120 000.00 |
| | * | 市郊 | 四级 | 10.00 | 9 000 | 2016.10.01 | 2016.12.31 | 22 500.00 | 0 | 0 | 22 500.00 |
| | * | | | | | | | | | | |
| | * | | | | | | | | | | |
| | * | | | | | | | | | | |
| | * | | | | | | | | | | |
| | * | | | | | | | | | | |
| | * | | | | | | | | | | |
| | 合计 | | * | * | 25 000 | * | * | 142 500.00 | | | 142 500.00 |

以下由纳税人填写:

| 纳税人声明 | 此纳税申报表是根据《中华人民共和国城镇土地使用税暂行条例》和国家有关税收规定填报的, 是真实的、可靠的、完整的。 | | | |
|---|---|---|---|---|
| 纳税人签章 | ××× | 代理人签章 | 本大为 | 代理人身份证号 37010219891021392 5 |

以下由税务机关填写:

| 受理人 | | 受理日期 | 年　月　日 | 受理税务机关签章 |
|---|---|---|---|---|

本表一式两份, 一份纳税人留存, 一份税务机关留存。

试计算一级、四级地段全年应纳税额，以及一级、四级地段第四季度应纳城镇土地使用税，并填写纳税申报表。

**【计算与解析】**

一级地段全年应纳税额=16 000×30=480 000（元）

一级地段第四季度应纳城镇土地使用税=480 000÷4=120 000（元）

四级地段全年应纳税额=9 000×10=90 000（元）

四级地段第四季度应纳城镇土地使用税=90 000÷4=22 500（元）

**知识链接**

**关于地下建筑用地的城镇土地使用税问题**

对在城镇土地使用税征税范围内单独建造的地下建筑用地，按规定征收城镇土地使用税。其中，已取得地下土地使用权证的，按土地使用权证确认的土地面积计算应征税款；未取得地下土地使用权证或地下土地使用权证上未标明土地面积的，按地下建筑垂直投影面积计算应征税款。

对上述地下建筑用地暂按应征税款的50%征收城镇土地使用税。

# 第三节　耕地占用税

**拓展阅读**

2007年12月1日国务院颁布了新的《中华人民共和国耕地占用税暂行条例》，自2008年1月1日起施行，2008年2月26日财政部印发了《中华人民共和国耕地占用税暂行条例实施细则》。

## 一、耕地占用税的概念

耕地占用税是国家对占用耕地建房或从事非农业建设的单位和个人征收的一种税。

## 二、耕地占用税的主要内容

### （一）纳税人

凡经国家土地管理机关批准征用或占用耕地，用于建房或者从事非农业建设的单位和个人，都是耕地占用税的纳税人。这里所称的单位，包括国有企业、集体企业、私营企业、股份制企业、外商投资企业、外国企业，以及其他企业和事业单位、社会团体、国家机关、部队及其他单位；所称个人，包括个体工商户及其他个人。

### （二）征税范围

耕地占用税以占用农用耕地（包括国家和集体所有的耕地）建房或从事非农业建设为征税对象，凡是中国境内的耕地，都属于耕地占用税的征税范围。这里所说的耕地是指用于种植农作物的土地。

## （三）税率

耕地占用税实行地区差别幅度定额税率。以县为单位，按人均耕地面积为标准，分别规定有幅度的单位税额。每平方米耕地占用税应纳税额规定如下：

（1）人均耕地不超过 1 亩的地区，10～50 元/平方米；

（2）人均耕地超过 1 亩但不超过 2 亩的地区，8～40 元/平方米；

（3）人均耕地超过 2 亩但不超过 3 亩的地区，6～30 元/平方米；

（4）人均耕地超过 3 亩的地区，5～25 元/平方米。

国务院财政、税务主管部门根据人均耕地面积和经济发展情况确定各省、自治区、直辖市的平均税额（见表6-4）。

表6-4　各省、自治区、直辖市耕地占用税平均税额表

| 地　　区 | 每平方米平均税额（元） |
| --- | --- |
| 上海 | 45.0 |
| 北京 | 40.0 |
| 天津 | 35.0 |
| 江苏、浙江、福建、广东 | 30.0 |
| 辽宁、湖北、湖南 | 25.0 |
| 河北、安徽、江西、山东、河南、重庆、四川 | 22.5 |
| 广西、海南、贵州、云南、陕西 | 20.0 |
| 山西、吉林、黑龙江 | 17.5 |
| 内蒙古、西藏、甘肃、青海、宁夏、新疆 | 12.5 |

**知识链接**　2008 年 1 月 1 日，山东省政府全面调整耕地占用税，其中青岛市四方区、李沧区的每平方米 45 元为全省最高，其他各县（市、区）的适用税额均在 20 元/平方米到 40 元/平方米之间，以保护日益稀缺的耕地资源。

省、自治区、直辖市人民政府在统一规定的税额幅度内，根据本地区情况核定适用税额，所核定适用税额的平均水平，不得低于国务院财政、税务主管部门规定的平均水平。

经济特区、经济技术开发区和经济发达、人均耕地特别少的地区，适用税额可以适当提高，但提高的部分最高不得超过上述规定税额的 50%。

占用基本农田的，适用税额应当在上述规定当地适用税额的基础上提高 50%。

## （四）应纳税额的计算

耕地占用税以纳税人实际占用的耕地面积为计税依据，按照规定的适用税额一次性征收。其计算公式为：

$$应纳税额=实际占用耕地面积×适用税额$$

**【例6-3】** 鑫地公司经土地管理部门批准，征用耕地建分厂，共征地6 000平方米，该地区耕地占用税额为30元/平方米。

问：该企业应缴纳的耕地占用税为多少？

**解** 应缴纳的耕地占用税=6 000×30=180 000（元）

### （五）耕地占用税的减免

耕地占用税规定对下列情况减税或免税：

（1）军事设施和学校、幼儿园、养老院、医院占用耕地，免征耕地占用税；

（2）铁路线路、公路线路、飞机场跑道、停机坪、港口、航道占用耕地，减按每平方米2元的税额征收耕地占用税；根据实际需要，国务院财政、税务主管部门商国务院有关部门并报国务院批准后，可以减征或者免征耕地占用税；

（3）农村居民占用耕地新建住宅，按照当地适用税额减半征收耕地占用税；

农村烈士家属、残疾军人、鳏寡孤独，以及革命老根据地、少数民族聚居区和边远贫困山区生活困难的农村居民，在规定用地标准以内新建住宅缴纳耕地占用税确有困难的，经所在地乡（镇）人民政府审核，报经县级人民政府批准后，可以减征或者免征耕地占用税；

（4）纳税人临时占用耕地，应当依照规定缴纳耕地占用税。纳税人在批准临时占用耕地的期限内恢复所占用耕地原状的，全额退还已经缴纳的耕地占用税；

（5）占用林地、牧草地、农田水利用地、养殖水面，以及渔业水域滩涂等其他农用地建房或者从事非农业建设的，适用税额可以适当低于当地占用耕地的适用税额，具体适用税额按照各省、自治区、直辖市人民政府的规定执行；建设直接为农业生产服务的生产设施占用前款规定的农用地的，不征收耕地占用税；

（6）对于农村居民占用耕地新建住宅，按规定税额减半征收耕地占用税。农村居民经批准搬迁，原宅基地恢复耕种，凡新建住宅占用耕地不超过原宅基地面积的，不征收耕地占用税；超过原宅基地面积的，对超过部分按照当地适用税额减半征收耕地占用税。

> **知识链接**
>
> 按规定享受减征或者免征耕地占用税后，纳税人改变原占地用途，不再属于减征或者减征耕地占用税情形的，应自改变用途之日起30日内按改变用途的实际占用耕地面积和当地适用税额补缴税款。

## 三、耕地占用税的纳税申报

### （一）纳税期限

耕地占用税是对单位和个人占用耕地的一次性征税，其纳税期限为30天。纳税人必须在经批准征（占）用耕地之日起，30日内缴纳耕地占用税。

经批准占用耕地的，耕地占用税纳税义务发生时间为纳税人收到土地管理部门办理占用农用地手续通知的当天；未经批准占用耕地的，耕地占用税纳税义务发生时间为纳税人实际占用耕地的当天。

（二）纳税地点

纳税人占用耕地或其他农用地，应当在耕地或其他农用地所在地申报纳税。

（三）纳税申报

## 1.《耕地占用税纳税申报表》的格式

《耕地占用税纳税申报表》的格式如表6-5所示。

该申报表适用耕地占用税纳税人填报。此套一式二份，一份报送税务机关，一份纳税人留存。

## 2.纳税申报综合实训

**【案例材料】**

山东省济南市天地实业有限公司位于济南市花园路168号，《税务登记证》登记号为370110255672505，联系电话为（0531）86592541；开户银行为中国工商银行花园路支行，账号为0200038638684909206。2016年5月该公司经土地管理部门批准，征用王舍人镇殷陈庄耕地建分厂，批准占地文号为济建字［2016］370105729，共征用耕地9 800平方米。该地区耕地占用税额为35元/平方米。试计算耕地公用税，并填写该公司耕地占用税申报表。

**【计算与解析】**

应纳耕地占用税=9 800×35=343 000（万元）

**【申报表填写】**

### 表6-5 耕地占用税申报表

申报时间：2016年05月31日

金额单位：元（列至角分）

面积单位：平方米

| 纳税人名称 | 山东省济南市天地实业有限公司 | | | 税务计算机代码 | |
|---|---|---|---|---|---|
| 联系地址 | 济南市花园路168号 | | | 联系电话 | （0531）86592541 |
| 开户银行 | 中国工商银行花园路支行 | | | 银行账号 | 0200038638684909206 |
| 建设项目名称 | 山东省济南市天地实业有限公司分厂 | | | | |
| 批准占地文号 | 济建字 ［2016］370105729 | | | 批准占地日期 | 2016年5月12日 |
| 占地位置 | 王舍人镇殷陈庄 | | | 批准占地面积 | 9 800 |
| 计税面积 | 适用税额 | 计征税额 | 减免面积 | 减免税额 | 应纳税额 |
| 9 800 | 35 | 343 000 | | | 343 000 |
| 申报减免理由 | | | | | |
| 纳税人签章： | | 法人代表签章： | | 申报人（授权委托人）签章： | |

# 第四节　土地增值税

《中华人民共和国土地增值税暂行条例》于 1993 年 12 月 13 日经国务院颁布，自 1994 年 1 月 1 日起施行，1995 年 1 月财政部印发《中华人民共和国土地增值税暂行条例实施细则》。

## 一、土地增值税的概念

土地增值税是对有偿转让我国国有土地使用权及地上建筑物和其他附着物产权，并取得增值性收入的单位和个人征收的一种税。其是国家为了规范土地、房地产市场交易秩序，合理调节土地增值收益，维护国家权益而开征的税种。

> **想一想**
>
> 开征土地增值税有什么意义？

## 二、土地增值税的主要内容

### （一）纳税人

土地增值税的纳税人，是指有偿转让国有土地使用权及地上建筑物及其附着物，并取得收入的一切单位和个人。

### （二）征税范围

土地增值税的征税对象是有偿转让国有土地使用权及地上建筑物和其他附着物产权所取得的增值额。征税范围一般包括：

（1）土地增值税只对转让国有土地使用权的行为征税，转让非国有土地和出让国有土地的行为均不征税；

（2）土地增值税既对转让土地使用权征税，也对转让地上建筑物和其他附着物的产权征税；

（3）土地增值税只对有偿转让的房地产征税，对以继承、赠与等方式无偿转让的房地产，则不予征税。

> **想一想**
>
> 下列行为是否应征土地增值税？
> （1）房地产的继承；
> （2）房地产的出租；
> （3）房地产的赠与。

### （三）计税依据

土地增值税以纳税人转让房地产所取得的增值额为计税依据。转让房地产的增值额是纳税人转让房地产所取得的收入减除《税法》规定的扣除项目金额后的余额。

**1. 收入额的确定**

纳税人转让房地产所取得的收入，应包括货币收入、实物收入和其他收入等全部收入（不含增值税）。

纳税人有下列情形之一的，按照房地产评估价格计算征收：

（1）隐瞒、虚报房地产成交价格的；

（2）提供扣除项目金额不实的；

（3）转让房地产的成交价格低于房地产评估价格，又无正当理由的。

**2. 扣除项目的确定**

《税法》规定的具体扣除项目如下：

（1）取得土地使用权所支付的金额，是指纳税人为取得土地使用权所支付的地价款和按国家统一规定缴纳的有关费用。

（2）开发土地和新建房及配套设施的成本（简称"房地产开发成本"），是指纳税人在房地产开发项目中实际发生的成本，包括土地征用及拆迁补偿费、前期工程费、建筑安装工程费、基础设施费、公共配套设施费、开发间接费用。

（3）开发土地和新建房及配套设施的费用（简称"房地产开发费用"），是指与房地产开发项目有关的销售费用、管理费用和财务费用。

房地产开发费用分两种情况确定其扣除金额：

① 凡能按转让房地产项目计算分摊利息并提供金融机构证明的，利息支出允许据实扣除，但最高不能超过按商业银行同类同期贷款利率计算的金额；对于利息支出之外的其他房地产开发费用，按取得土地使用权所支付的金额和房地产开发成本金额之和，在5%以内计算扣除；

② 凡不能按转让房地产项目计算分摊利息支出或不能提供金融机构证明的，利息支出不得单独计算，而应并入房地产开发费用中一并计算扣除。在这种情况下，房地产开发费用按取得土地使用权支付的金额和房地产开发成本金额之和，在10%以内计算扣除。

（4）与转让房地产有关的税金，是指在转让房地产时已缴纳的营业税、城市维护建设税、印花税。因转让房地产缴纳的教育费附加也可视同税金予以扣除。

（5）对从事房地产开发的纳税人允许按取得土地使用权时所支付的金额和房地产开发成本之和，加计20%扣除。

（6）旧房及建筑物的评估价格，是指在转让已使用的房屋及建筑物时，由政府批准设立的房地产评估机构评定的重置成本价乘以成新度折扣率后的价格。转让旧房的，应按房屋及建筑物的评估价格、取得土地使用权所支付的地价款和按国家统一规定缴纳的有关费用，以及在转让环节缴纳的税金作为扣除项目金额计征土地增值税。

> **小提示**　　土地增值税扣除项目涉及的增值税进项税额，允许在销项税额中计算抵扣的，不计入扣除项目，不允许在销项税额中计算抵扣的，可以计入扣除项目。

## （四）税率

土地增值税实行四级超率累进税率（见表6-6）。

表6-6 土地增值税税率表

| 级　次 | 增值额与扣除项目金额的比率 | 税率（%） | 速算扣除系数（%） |
|---|---|---|---|
| 1 | 不超过50%的部分 | 30 | 0 |
| 2 | 超过50%，不超过100%的部分 | 40 | 5 |
| 3 | 超过100%，不超过200%的部分 | 50 | 15 |
| 4 | 超过扣除项目金额200%的部分 | 60 | 35 |

## （五）应纳税额的计算

土地增值税以转让房地产的增值额为计税依据，按照超率累进税率，计算应纳税额，计算步骤如下：

**1. 计算增值额**

增值额=收入额-扣除项目金额

**2. 计算增值率**

增值率=增值额÷扣除项目金额×100%

**3. 确定适用税率**

依据计算的增值率，按其税率表确定适用税率。

**4. 依据适用税率计算应纳税额**

应纳税额=增值额×适用税率-扣除项目金额×速算扣除系数

> 小提示　只要按照步骤来计算土地增值税，就很容易了！

【例6-4】　天华房地产开发公司出售一幢写字楼，不含增值税收入为8 000万元，开发该写字楼有关支出为：支付地价款及各种费用3 000万元；房地产开发成本2 000万元；支付银行利息200万元（能按转让房地产项目计算分摊利息支出并能提供金融机构证明）；支付利息支出之外的房地产开发费用260万元；转让环节支付的有关税费300万元。该公司所在地政府规定的其他房地产开发费用计算扣除比例为5%。

问：该公司应纳的土地增值税是多少？

**解**　（1）取得土地使用权所支付的地价款及有关费用为3 000万元。

（2）房地产开发成本2 000万元。

（3）房地产开发费用：

① 利息200万元；

② 其他房地产开发费用。

260>按 5%比例扣除额为（3 000+2 000）×5%=250（万元）

房地产开发费用=200+250=450（万元）

（4）允许扣除税费 300 万元。

（5）从事房地产开发的纳税人加计扣除 20%,

加计扣除额=（3 000+2 000）×20%=1 000（万元）

（6）允许扣除项目金额合计=3 000+2 000+450+300+1 000=6 750（万元）

（7）增值额=8 000-6 750=1 250（万元）

（8）增值率=1 250÷6 750×100%=18.52%

（9）应纳税额=1 250×30%=375（万元）

### （六）土地增值税的减免

（1）有下列情形之一的，免征土地增值税：

① 纳税人建造普通标准住宅出售，增值额未超过扣除项目金额 20%的；增值额超过扣除项目金额之和 20%的，应就其全部增值额按规定计税。

② 因国家建设需要依法征用、收回的房地产；因城市实施规划、国家建设的需要而搬迁，由纳税人自行转让原房地产的，比照相关规定免征土地增值税。

（2）对个人之间互换自有居住用房的，经当地税务机关核实，可以免征土地增值税；对个人销售住房暂免征收土地增值税。

（3）个人因工作调动或改善居住条件而转让原自用住房，经向税务机关申报核准，凡居住满五年或五年以上的，免予征收土地增值税；居住满三年未满五年的，减半征收土地增值税；居住未满三年的，按规定计征土地增值税。

符合上述免税规定的单位和个人，须向房地产所在地税务机关提出免税申请，经税务机关审核后，免予征收土地增值税。

> **小提示**　　根据财政部、国家税务总局《关于调整房地产交易环节税收政策的通知》，自 2008 年 11 月 1 日起对个人销售住房暂免征收土地增值税。

## 三、土地增值税的纳税申报

### （一）纳税程序

纳税人应按照下列程序办理纳税手续。

（1）纳税人应在转让房地产合同签订后的七日内，到房地产所在地主管税务机关办理纳税申报，并向税务机关提交房屋及建筑物产权、土地使用权证书，土地转让、房屋买卖合同，房地产评估报告及其他与转让房地产有关的资料。

（2）纳税人按照税务机关核定的税额及规定的期限缴纳土地增值税。税务机关核定的纳税期限，应在纳税人签订房地产转让合同之后，办理房地产权属转让（即过户及登记）手续之前。

（3）纳税人在项目全部竣工结算前转让房地产取得的收入，由于涉及成本确定或其他原因而无法据以计算土地增值税的，可以预征土地增值税，待该项目全部竣工、办理结算后再进行清算，多退少补。

土地增值税由税务机关征收。土地管理部门、房产管理部门应当向税务机关提供有关资料，并协助税务机关依法征收土地增值税。

### （二）纳税申报表

从事房地产开发的纳税人，应在取得土地使用权并获得房地产开发项目开工许可后，根据税务机关确定的时间，向主管税务机关报送《土地增值税项目登记表》，并在每次转让（预售）房地产时，依次填报表中规定栏目的内容。

从事房地产开发的土地增值税纳税人纳税申报，应填报《土地增值税纳税申报表（一）》（从事房地产开发的纳税人预征适用）、《土地增值税纳税申报表（二）》（从事房地产开发的纳税人清算适用）、《土地增值税纳税申报表（四）》（从事房地产开发的纳税人清算后尾盘销售适用）或《土地增值税纳税申报表（五）》（从事房地产开发的纳税人清算方式为核定征收适用）；非从事房地产开发的土地增值税纳税人，应填报《土地增值税纳税申报表（三）》或《土地增值税纳税申报表（七）》（核定征收适用）；从事房地产开发与建设的纳税人及非从事房地产开发的纳税人，在整体转让在建工程时应填报《土地增值税纳税申报表（六）》

以《土地增值税纳税申报表（二）》为例，其格式如表6-7所示。

> **小提示** 　纳税人未依法缴纳土地增值税的，土地管理部门、房产管理部门不得办理有关的权属变更手续。

### （三）纳税申报综合实训

**【案例材料】**

方凯房地产开发有限责任公司位于山东省济南市历城区花园路8号，法人代表李刚，联系电话为（0531）86553562，税务登记号370100255036217；开户银行为中国工商银行济南花园支行，账号为0200049208904519067，经办人张丽华。

该公司于2017年5月出售兴源小区普通住宅楼12 000平方米，假定为预交土地增值税，实现不含增值税收入为9 600万元，开发该写字楼有关支出为：支付地价款及各种费用800万元；房地产开发成本3 020万元，其中土地征用及拆迁补偿费550万元，前期工程费100万元，建筑安装工程费1 700万元，基础设施费450万元，公共配套设施费130万元，开发间接费用90万元；支付银行利息100万元（能按转让房地产项目计算分摊利息支出并能提供金融机构证明），支付利息支出之外的房地产开发费用200万元；转让环节支付的有关税费319.68万元，其中城市维护建设税22.176万元，教育费附加9.504万元；利息外其他房地产开发费用按规定计算扣除比例为5%。

**【计算与解析】**

（1）取得土地使用权所支付的金额=800万元

（2）房地产开发成本=550+100+1 700+450+130+90=3 020（万元）

表6-7　土地增值税纳税申报表
（从事房地产开发的纳税人清算适用）

税款所属时间：2017年5月1日至2017年5月31日
填表日期：2017年5月31日
金额单位：元至角分；　面积单位：平方米

纳税人识别号　3 7 0 1 0 0 2 5 5 0 3 6 2 1 7

| 纳税人名称 | 方凯房地产开发有限责任公司 | 项目名称 | 兴源小区 | 项目编号 | | 项目地址 | 济南市历城区花园路8号 |
|---|---|---|---|---|---|---|---|
| 所属行业 | 房地产开发 | 登记注册类型 | 有限责任公司 | 纳税人地址 | 济南市历城区花园路8号 | 邮政编码 | |
| 开户银行 | 中国工商银行济南花园园支行 | 银行账号 | 0200049208904519067 | 主管部门 | | 电话 | (0531)8655562 |
| 总可售面积 | 12 000 | 其中：普通住宅可售面积 | 12 000 | 自用和出租面积 | | | |
| 已售面积 | 12 000 | | | 其中：非普通住宅已售面积 | | 其中：其他类型房地产已售面积 | |

| 项　目 | 行次 | 金　额 | | | |
|---|---|---|---|---|---|
| | | 普通住宅 | 非普通住宅 | 其他类型房地产 | 合　计 |
| 一、转让房地产收入总额　1=2+3+4 | 1 | 96 000 000.00 | | | 96 000 000.00 |
| 其中：货币收入 | 2 | 96 000 000.00 | | | 96 000 000.00 |
| 实物收入 | 3 | | | | |
| 其他收入 | 4 | | | | |
| 二、扣除项目金额合计　5=6+7+14+17+21+22 | 5 | 49 066 800.00 | | | 49 066 800.00 |
| 1.取得土地使用权所支付的金额 | 6 | 8 000 000.00 | | | 8 000 000.00 |
| 2.房地产开发成本　7=8+9+10+11+12+13 | 7 | 30 200 000.00 | | | 30 200 000.00 |
| 其中：土地征用及拆迁补偿费 | 8 | 5 500 000.00 | | | 5 500 000.00 |
| 前期工程费 | 9 | 1 000 000.00 | | | 1 000 000.00 |
| 建筑安装工程费 | 10 | 17 000 000.00 | | | 17 000 000.00 |
| 基础设施费 | 11 | 4 500 000.00 | | | 4 500 000.00 |
| 公共配套设施费 | 12 | 1 300 000.00 | | | 1 300 000.00 |
| 开发间接费用 | 13 | 900 000.00 | | | 900 000.00 |
| 3.房地产开发费用　14=15+16 | 14 | 2 910 000.00 | | | 2 910 000.00 |
| 其中：利息支出 | 15 | 1 000 000.00 | | | 1 000 000.00 |
| 其他房地产开发费用 | 16 | 1 910 000.00 | | | 1 910 000.00 |
| 4.与转让房地产有关的税金等　17=18+19+20 | 17 | 316 800.00 | | | 316 800.00 |
| 其中：营业税 | 18 | 221 760.00 | | | 221 760.00 |
| 城市维护建设税 | 19 | 95 040.00 | | | 95 040.00 |
| 教育费附加 | 20 | | | | |

续表

| 项　目 | 行次 | 普通住宅 | 非普通住宅 | 其他类型房地产 | 合　计 |
|---|---|---|---|---|---|
| 5.财政部规定的其他扣除项目 | 21 | 7 640 000.00 | | | 7 640 000.00 |
| 6.代收费用 | 22 | | | | |
| 三、增值额　23=1-5 | 23 | 46 933 200.00 | | | 46 933 200.00 |
| 四、增值额与扣除项目金额之比（%）24=23÷5 | 24 | 95.65 | | | 95.65 |
| 五、适用税率（%） | 25 | 40 | | | 40 |
| 六、速算扣除系数（%） | 26 | 5 | | | 5 |
| 七、应缴土地增值税额　27=23×25-5×26 | 27 | 16 319 940.00 | | | 16 319 940.00 |
| 八、减免税额　28=30+32+34 | 28 | | | | |
| 其中 减免税（1） 减免性质代码 | 29 | | | | |
| 减免税额 | 30 | | | | |
| 减免税（2） 减免性质代码 | 31 | | | | |
| 减免税额 | 32 | | | | |
| 减免税（3） 减免性质代码 | 33 | | | | |
| 减免税额 | 34 | | | | |
| 九、已缴土地增值税额 | 35 | | | | |
| 十、应补（退）土地增值税额　36=27-28-35 | 36 | 16 319 940.00 | | | 16 319 940.00 |

纳税人声明

此纳税申报表是根据《中华人民共和国土地增值税暂行条例》及其《实施细则》的规定填报的，是真实的、可靠的、完整的。

声明人签字：季刚

授权代理人

（如果你已委托代理申报人，请填写下列资料）

为代理一切税务事宜，现授权　　　　（地址）　　　　为本纳税人的代理申报人，任何与本报表有关的来往文件都可寄予此人。

授权人签字：

| 纳税人公章（章） | 法人代表签章 季刚 | 经办人员（代理申报人）签章 | 备注 张丽华 |
|---|---|---|---|

（以下部分由主管税务机关负责填写）

| 主管税务机关收到日期 | 接收人 | 审核日期 | 税务审核人员签章 |
|---|---|---|---|
| 审核记录 | | | 主管税务机关盖章 |

（3）房地产开发费用=100+191=291（万元）

其中：利息支出=100万元

利息外其他房地产开发费用扣除限额=（800+3 020）×5%=191（万元）

（4）与转让房地产有关的税金=31.68万元

（5）财政部规定的其他扣除项目：

从事房地产开发的纳税人加计扣除额=（800+3 020）×20%=764（万元）

（6）扣除项目金额合计=800+3 020+291+31.68+764=4 906.68（万元）

（7）增值额=9 600-4 906.68=4 693.32（万元）

（8）增值额占扣除项目金额的比例=4 693.32÷4 906.68×100%=95.65%

（9）适用税率=40%

（10）速算扣除系数=5%

（11）应缴土地增值税税额=4 693.32×40%-4 906.68×5%=1 631.994（万元）

根据上述资料，填写该公司的土地增值税申报表，见表6-7。

# 强化训练

## 一、单项选择题

1. 下列属于资源税征税范围的有（    ）。

    A．原油　　　　　　B．农机　　　　　C．汽车　　　　D．图书

2. 资源税代扣代缴义务人代扣代缴的税款，其纳税义务发生时间是（    ）。

    A．支付货款的当天　　　　　　　B．收到货物的当天

    C．出售所购货物的当天　　　　　D．主管税务机关确定的时间

3. 下列单位属于资源税纳税人的是（    ）。

    A．生产天然气的油田　　　　　　B．出口天然气的石化公司

    C．销售天然气的天然气公司　　　D．使用天然气的用户

4. 下列企业既是增值税纳税人又是资源税纳税人的是（    ）。

    A．销售有色金属矿产品的贸易公司　　B．进口有色金属矿产品的企业

    C．在境内开采有色金属矿产品的企业　D．在境外开采有色金属矿产品的企业

5. 依据资源税的有关规定，下列煤炭中属于资源税征收范围的是（    ）。

    A．煤矿开采企业销售的原煤　　　　B．商业企业销售的选煤

    C．生产企业销售的蜂窝煤　　　　　D．商业企业销售的原煤

6. 某油田2017年9月生产原油21万吨，当月销售19.5万吨，不含税售价78 000万元，加热、修井用0.5万吨；开采天然气1 000万立方米，当月销售900万立方米，不含税售价450万元，待售100万立方米。若原油、天然气的资源税税率均为6%，则该油田本月应纳资源税是（    ）。

    A．3 922.5万元　　B．4 000万元　　C．3 975万元　　D．4 707万元

7. 城镇土地使用税是国家在城市、县城、建制镇和工矿区范围内，对使用土地的单位和个人，以其（    ）的土地面积为依据，按规定的税额计算征收的一种税。

    A．实际使用　　　　　　　　　　B．实际占用

    C．计划使用　　　　　　　　　　D．计划占用

8. 下列不属于城镇土地使用税的特点的有（　　　）。
   A. 实行从量定额征收
   B. 对占用或使用土地的行为征税
   C. 征税对象是国有土地
   D. 实行分级幅度税额

9. 下列属于耕地占用税减免的项目有（　　　）。
   A. 种植农作物的水田
   B. 民用机场飞机跑道
   C. 以种植农作物为主附带种植茶树的湖田
   D. 菜地

10. 根据法律规定，应当征收城镇土地使用税的是（　　　）。
    A. 国家机关自用的土地
    B. 人民团体自用的土地
    C. 人民商场自用的土地
    D. 事业单位自用的土地

11. 根据《土地增值税暂行条例》的规定，我国土地增值税实行的税率属于（　　　）。
    A. 比例税率
    B. 超额累进税率
    C. 定额税率
    D. 超率累进税率

## 二、多项选择题

1. 下列各项中，根据我国资源税法律制度规定应征收资源税的有（　　　）。
   A. 开采井矿盐
   B. 开采地下水
   C. 开采原煤
   D. 开采原油

2. 下列各项中，属于资源税内容的有（　　　）。
   A. 天然气
   B. 固体盐
   C. 煤炭
   D. 开采原油过程中用于修理的原油

3. 下列各项中，属于资源税纳税人的有（　　　）。
   A. 开采原煤的国有企业
   B. 进口铁矿石的私营企业
   C. 开采石灰石的个体经营者
   D. 开采天然原油的外商投资企业

4. 对于煤炭产品，不属于资源税征税范围的有（　　　）。
   A. 选煤
   B. 原煤
   C. 洗煤
   D. 其他煤炭制品

5. 资源税纳税人销售或自用资源税应税产品，需缴纳（　　　）。
   A. 资源税
   B. 增值税
   C. 营业税
   D. 城建税

6. 下列资源中，不征资源税的产品是（　　　）。
   A. 加热、修井用原油
   B. 海盐
   C. 煤油
   D. 居民煤炭制品

7. 下列属于耕地占用税免税项目的有（　　　）。
   A. 部队军用设施用地
   B. 铁路线路
   C. 民用机场跑道
   D. 养老院

8. 根据城镇土地使用税法律制度的规定，在城市、县城、建制镇和工矿区范围内，下列单位中，属于城镇土地使用税纳税人的有（　　　）。
   A. 拥有土地使用权的国有企业
   B. 拥有土地使用权的私营企业
   C. 使用土地的外商投资企业
   D. 使用土地的外国企业在中国境内设立的机构

9. 下列属于城镇土地使用税的有（　　　）。

  A．对占用或使用土地的行为征税  B．征税对象是国有土地

  C．征税范围广泛      D．实行分级幅度税额

10．根据《土地增值税暂行条例》的规定，下列属于土地增值税征收范围的有（　　）。

  A．将不动产无偿赠与他人

  B．转让国有土地使用权

  C．城市房地产的出租

  D．地上的建筑物连同国有土地使用权一并转让

### 三、判断题

1．在我国境内开采应税矿产品或生产盐的单位和个人，为资源税的纳税人。（　　）

2．资源税实行从价定率征收。（　　）

3．资源税的纳税人是在中华人民共和国境内开采应税资源的矿产品和生产盐的单位和个人。（　　）

4．凡资源税应税产品销售或自用，都要既缴纳资源税，又缴纳增值税。（　　）

5．纳税人用自产液体盐加工成固体盐销售时，耗用液体盐的已纳税额允许扣除。（　　）

6．资源税从量定额征收，与销售额无关，其计算税额的关键是确定课税数量。（　　）

7．资源税在生产、批发、零售诸环节对应税资源征收。（　　）

8．纳税人进口应税资源不缴纳资源税，但要缴纳增值税和关税。（　　）

9．我国目前只对国家所有的土地征收城镇土地使用税，对集体所有的土地不征收城镇土地使用税。（　　）

10．城镇土地使用税的纳税人，在尚未取得土地使用权用证之前，不缴纳城镇土地使用税。（　　）

11．城镇土地使用税以纳税人实际占用的土地面积为计税依据。（　　）

12．国家机关、人民团体的土地免征城镇土地使用税。（　　）

13．所有的耕地都属于耕地占用税的征税范围。（　　）

14．耕地占用税的征税范围是被占用的国家或集体所有的耕地。（　　）

15．土地增值税的计税依据是纳税人转让房地产所取得的增值额。（　　）

16．土地增值税只对转让国有土地使用权的行为课税。（　　）

### 四、简答题

1．资源税的征税范围有哪些？

2．城镇土地使用税纳税人是如何规定的？

3．耕地占用税征税范围和税率如何确定？

4．如何确定土地增值税的适用税率？

### 五、综合实训题（计算结果保留两位小数）

1．大明石油开采企业2017年3月开采原油60万吨，其中用于加热、修井的原油0.6万吨，销售58万吨，每吨不含增值税售价2 800元。资源税税率为6%。试计算企业当月缴纳的资源税。

2．天地油田 2017 年 6 月生产原油 30 万吨（税率 5%），其中销售了 27 万吨，每吨不含增值税售价 2 900 元，用于加热、修井 0.5 万吨，待销售 2.5 万吨，当月在采油过程中回收并销售天然气 4 000 万立方米（税率 6%），售价 1.5 元/立方米。试计算该油田本月应缴资源税。

3．某盐厂本月外购液体盐 2 000 吨，每吨含增值税价款 58.5 元，取得增值税专用发票，液体盐资源税税率为 3%。该盐厂将全部液体盐加工成固体盐 500 吨并销售，每吨含增值税售价为 468 元。固体盐适用资源税税率为 6%。试计算本月该批盐应纳增值税和资源税。

4．金地煤业有限公司是一家煤炭开采及型煤加工企业。该公司位于济南市建设路 68 号。联系电话为（0531）83123502；该公司《税务登记证》登记号为 37010l380267567；开户银行为中国工商银行建设支行，账号为 0200067743848823455。该企业 2017 年 6 月开采煤 15 万吨，其中已销售 10 万吨，单位售价 819 元/吨；自用 2 万吨，尚待销售 3 万吨。该煤矿适用的税率为 5%。下载并填写该公司当月资源税纳税申报表。

5．某企业实际占地面积为 30 000 平方米，经税务机关核定，该企业所处地段适用城镇土地使用税税率每平方米年税额为 3 元。试计算该企业全年应缴纳的城镇土地使用税税额。

6．某企业经土地管理部门批准，征用耕地建分厂，共征地 9 000 平方米，该地区耕地占用税额为 5 元/平方米。试计算该企业应缴纳的耕地占用税。

7．金地有限公司位于济南市建设路 16 号，联系电话为（0531）86523641；该公司《税务登记证》登记号为 370110259520537；开户银行为中国工商银行建设路支行，账号为 0200090920123414567。该公司土地使用证书记载占用土地的面积为 19 000 平方米，经确定属一级地段。该公司另有一座仓库位于市郊，属四级地段，占地面积为 6 000 平方米，济南市规定，该地区一级地段年税额为 25 元/平方米；四级地段为 11 元/平方米。下载并填写该公司 2017 年一季度城镇土地使用税纳税申报表。

8．山东省济南市天地实业有限公司位于济南市建设路 168 号，联系电话为（0531）86595487；该公司《税务登记证》登记号为 370105102556725；开户银行为中国工商银行建设路支行，账号为 0200043863868909206。2017 年 6 月该公司经土地管理部门批准，征用耕地建分厂，共征地 7 600 平方米。该地区耕地占用税额为 26 元/平方米。下载并填写该公司耕地占用税申报表。

9．大华房地产公司 2017 年 6 月发生如下经济业务：签订一份写字楼销售合同，合同规定以预收货款方式结算。本月收到全部预收款，共计 30 000 万元。该写字楼经税务机关审核可以扣除的项目为：开发成本 7 000 万元，缴纳的土地使用权转让费 4 500 万元，利息支出 250 万元，相关税金 2 000 万元，其他费用 900 万元，加计扣除额为 1 600 万元。试计算销售写字楼应缴纳的土地增值税税额。

10．天地有限公司位于山东省济南市建设路 8 号，联系电话为（0531）86211198；该公司《税务登记证》登记号为 370102102550367；开户银行为中国工商银行济南建设路支行，账号为 0200041909208904567。该公司于 2017 年 6 月出售一幢写字楼，收入总额为 6 000 万元，开发该写字楼有关支出为：支付地价款及各种费用 500 万元；房地产开发成本 1 000 万元；支付银行利息 500 万元（能按转让房地产项目计算分摊利息支出并能提供金融机构证明）；支付利息支出之外的房地产开发费用 200 万元；转让环节支付的有关税费 300 万元。济南市政府规定的其他房地产开发费用计算扣除比例为 5%。下载并填写该公司土地增值税申报表。

# 第七章　财产税类

## 第一节　房　产　税

**拓展阅读**

　　1950 年 1 月，政务院公布《全国税政实施要则》，规定全国统一征收房产税和地产税两个税种。同年 6 月调整税收，将房产税和地产税合并为房地产税。1951 年 8 月政务院公布《城市房地产税暂行条例》。1973 年全国试行工商税后，规定工商税的纳税人缴纳的城市房地产税并入工商税内缴纳，城市房地产税只对房地产管理部门、有房地产的个人和外国侨民征收。1986 年国务院颁布《房产税暂行条例》，对内资企业和个人统一征收房产税，城市房地产税仅对外资企业和外籍个人征收。2008 年 12 月 31 日，国务院公布第 546 号令，自 2009 年 1 月 1 日起废止《城市房地产税暂行条例》，外商投资企业、外国企业和组织以及外籍个人，依照《中华人民共和国房产税暂行条例》缴纳房产税。

## 一、房产税的概念

房产税是以房产为征税对象，以房产的计税余值或租金收入为计税依据，向房屋产权所有人或经营管理人征收的一种财产税。房产是以房屋形态表现的财产，房屋是指有屋面和围护结构（有墙或两边有柱），能够遮风避雨，可供人们在其中生产、工作、学习、娱乐、居住或储藏物资的场所。独立于房屋之外的建筑物，如围墙、水塔、烟囱等则不属于房产。

**想一想**

### 为什么要取消城市房地产税，统一征收房产税？

2007 年和 2008 年，我国分别废止了对外资征收的车船使用牌照税、外商投资企业和外国企业所得税。这次取消城市房地产税，对外资企业和外籍个人统一征收房产税，有利于我国深化税制改革、有利于公平税负、有利于依法治税，是我国税制改革的必然要求，标志着我国房产税制度实现了内外统一，彻底结束了我国对内外资分设税种的历史。

## 二、纳税人和征税范围

### （一）纳税人

房产税的纳税人为应税房产的产权所有人。产权属于国家（全民）所有的，其经营管理单位为纳税人；产权出典的，由承典人纳税；产权所有人、承典人不在房产所在地或产权未确定及租典纠纷未解决的，由房产代管人或者使用人纳税。

上述所称的产权所有人是指拥有房产的单位和个人，即房产的使用、收益、出卖、赠送等权利归其所有。所称承典人是指以押金形式并付出一定费用，在一定期限内享有房产的使用和收益权利的人。所称代管人是指接受产权所有人、承典人的委托代为管理房产或虽未受委托而在事实上已代管房产的人。所称使用人是指直接使用房产的人。

《税法》规定，对个人所有的非营业用房产免征房产税。

**知识链接**

产权出典，是指产权所有人将房屋、生产资料等产权，在一定期限内典给他人使用，而取得资金的一种融资业务。产权的典价一般要低于卖价，这种业务大多发生于出典人急需用款，但又想保留产权回赎权的情况。

### （二）征税范围

房产税的征税范围为城市、县城、建制镇和工矿区内的房屋。其中，城市的征税范围为市区、郊区和市辖县县城，不包括农村；建制镇的征税范围为镇人民政府所在地，不包括所辖的行政村；工矿区是指工商业比较发达，人口比较集中，但尚未设立建制镇的大中型工矿企业所在地，开征房产税的工矿区须经省、自治区、直辖市人民政府批准。

**想一想**

下列房产是否应该缴纳房产税？
（1）房地产开发公司建造的尚未出售的商品房；（2）具备房屋功能的地下建筑；（3）室外游泳池；（4）农村里的房屋；（5）加油站罩棚。

## 三、计税依据与税率

### （一）计税依据

（1）纳税人自用的房产，计税依据为房产余值。

房产余值，是指依照房产原值一次减除 10%～30%后的余额。房产原值应包括与房屋不可分割的各种附属设备或一般不单独计算价值的配套设施，纳税人对原有房屋进行改建、扩建的，要相应增加房屋的原值。国税发（2005）173 号文件规定，一是为了维持和增加房屋的使用功能或使房屋满足设计要求，凡以房屋为载体，不可随意移动的附属设备和配套设施，如给排水、采暖、消防、中央空调、电气及智能化楼宇设备等，无论在会计核算中是否单独记账与核算，自 2006 年 1 月 1 日起都应计入房产原值，计征房产税；二是对于更换房屋附属设备和配套设施的，在将其价值计入房产原值时，可扣减原来相应设备和设施的价值；对附属设备和配套设施中易损坏、需要经常更换的零配件，更新后不再计入房产原值。

需要注意的是，对于投资联营的房产，在计征房产税时应区别对待。

① 以房产投资联营，投资者参与利润分红、不承担经营风险的，按房产余值作为计税依据计征房产税。

② 以房产投资收取固定收入，不承担经营风险的，以出租方取得的租金收入作为计税依据计征房产税。

属于融资租赁性质的房屋，以房产余值计征房产税。至于租赁期内房产税的纳税人，由当地税务机关根据实际情况确定。

（2）纳税人出租的房产，计税依据为房产租金收入（不含增值税）。

房产租金收入，是指房屋产权所有人出租房产使用权所得的报酬，包括货币收入和实物收入。对以劳务或其他形式作为报酬抵付房租收入的，应根据当地同类房产的租金水平，确定一个标准租金额，依率计征。

> **知识链接**
>
> 按照财税（2005）181 号文件精神，凡具备房屋功能的地下建筑，包括与地上房屋相连的地下建筑，以及完全建在地下的建筑、地下人防设施等，自 2006 年 1 月 1 日起均应当依照有关规定征收房产税。
>
> （一）对于自用的与地上房屋相连的地下建筑，如房屋的地下室、地下停车场、商场的地下部分等，应将地下部分与地上房屋视为一个整体按照地上房屋建筑的有关规定计算征收房产税。
>
> （二）自用的完全建在地面以下的建筑、地下人防设施等，按以下方式计算征收房产税：
>
> 1. 工业用途房产，以房屋原价的 50%～60%作为应税房产原值；
>
> 2. 商业和其他用途房产，以房屋原价的 70%～80%作为应税房产原值。
>
> （三）出租的地下建筑，按照出租地上房屋建筑的有关规定计算征收房产税，即：应纳房产税的税额=房产租金收入×12%。

## （二）税率

房产税采用比例税率，纳税人自用的房产，税率为1.2%，即按房产余值的1.2%计征；纳税人出租的房产，税率为12%，即按房产租金收入的12%计征。财税（2008）024号文件规定，自2008年3月1日起对个人出租住房，不区分用途，按4%的税率征收房产税；对企事业单位、社会团体，以及其他组织按市场价格向个人出租用于居住的住房，减按4%的税率征收房产税。

# 四、税额计算

## （一）纳税人自用房产的计税

纳税人自用的房产，房产税税额计算公式为：

$$应纳税额=应税房产原值×（1-扣除比例）×1.2\%$$

## （二）纳税人出租房产的计税

纳税人出租的房产，房产税税额计算公式为：

$$应纳税额=应税房产租金收入×12\%（或4\%）$$

【例7-1】 居民张阳自有16间房屋，4间用于个人居住（原值100 000元），4间用于经营商店（原值100 000元）。2016年1月，张阳将剩余8间房中的3间出典给李宏，取得出典价款60 000元；将其余的5间出租给立元公司，每月不含增值税租金5 000元，期限均为1年。该地区规定按房产原值一次扣除30%后的余值计税。试计算张阳2016年应缴纳房产税额。

**解** （1）个人经营用房应纳房产税额=100 000×（1-30%）×1.2%=840（元）

（2）出租房屋应纳房产税额=5 000×12×12%=7 200（元）

（3）2016年张阳应缴纳房产税额=840+7 200=8 040（元）

【例7-2】 利得公司2016年年初自有房产原值10 000万元，当年发生以下业务：

（1）1月1日将临街原值200万元房产出租，月不含增值税租金8万元，租期1年；

（2）4月1日以原值500万元的房产投资宏大公司，每年按协议分取40万元利润，不承担风险；

（3）5月1日以原值800万元的房产投资B企业，共同承担经营风险，年末收到B企业按股权比例分来的利润60万元；

（4）在建房产5月办理验收手续并投入使用，入账价值400万元（含中央空调70万元），同时施工企业将为基建工地服务的工棚，以30万元转让给利得公司。当地房产税的扣除比例为20%。

问：该公司出租房屋应纳的房产税，投资的房产全年共计应纳的房产税，该公司新增的房产应纳的房产税，利得公司全年应纳的房产税各是多少？

**解** （1）该公司临街出租房应纳房产税=8×12×12%=11.52（万元）

（2）从租计征的房产税=40÷12×9×12%=3.6（万元）

从价计征的房产税=500×（1-20%）÷12×3×1.2%=1.2（万元）

共同承担投资风险的，应当由被投资企业缴纳以后的房产税，因此利得公司应纳的房产税=800×（1-20%）×1.2%÷12×4=2.56（万元）

投资房产合计应纳的房产税=3.6+1.2+2.56=7.36（万元）

（3）新增房产应纳房产税=（400+30）×（1-20%）×1.2%÷12×7=2.41（万元）

（4）其余原有房产应纳房产税=（10 000-200-500-800）×（1-20%）×1.2%=81.6（万元）

（5）当年应纳房产税=11.52+7.36+2.41+81.6=102.89（万元）

【提示】 对以房产投资，收取固定收入，共担联营风险的，投资方不征房产税，由被投资单位计算缴纳房产税；对以房产投资，收取固定收入，不承担联营风险的，实际是以联营名义取得房产租金；委托施工企业新建房屋用于生产经营的，从建成办理验收之次月起缴纳房产税。

【案例分析】

2016 年 12 月，在对江山市食品加工厂税务稽查中发现：①该企业账面房产原值为 180.5 万元，2016 年上半年缴纳房产税 7 581.4 元，2016 年下半年未计提申报房产税；②该企业把两间营业用房出租给本企业职工经营，每月租金 1 000 元，全年收入 12 000 元，但未申报缴纳房产税。试就此案进行案例分析并作出正确税务处理。

根据《房产税暂行条例》的有关规定，该企业应就其自用房产和出租房产计缴房产税。应补交的房产税为：7 581.4+12 000×12%=9 021.4（元）。其中，7 581.4 元为按房产计税价值计征的 2012 年下半年的房产税，1 440 元（12 000×12%）为按房产出租收入计征的 2016 年全年的房产税。

【分析】 该案例反映出有些纳税户对小税种重视不够、税收规定把握不准的现实，客观上造成偷税行为的发生。另外，企业把房屋出租给本单位职工，缴纳的管理费掩盖了租金收入，具有隐蔽性。这就要求税务稽查人员要提高自身业务素质，增强辨真识伪能力，避免国家税款的流失。

## 五、减免规定

《房产税暂行条例》规定的免税项目主要有：

（1）国家机关、人民团体、军队自用的房产。其中，人民团体是指经国务院授权的政府部门批准设立或登记备案的各种社会团体。

（2）国家财政部门拨付事业经费的单位的自用房产。

（3）宗教寺庙、公园、名胜古迹自用的房产。但公园、名胜古迹中附设的营业单位，如饮食部、照相馆等所使用的房产及出租的房产，应征收房产税。

（4）非营利性医疗机构、疾病控制机构、妇幼保健机构等医疗、卫生机构自用的房产，可以免征房产税。

（5）个人拥有的非营业用房产给予免税。但对个人所有的营业用房或出租等非自用的房产，应征收房产税。

（6）经财政部批准免征房产税的其他房产。

下列房产是否应该征收房产税？
（1）在基建工地建造的为工地服务的各种临时性房屋；
（2）停止使用的毁损房屋和危险房屋；
（3）因大修导致连续停用不足半年的房屋。

## 六、纳税申报

### （一）纳税时间

（1）将原有房产用于生产经营，从生产经营之月起，缴纳房产税。

（2）自行新建房屋用于生产经营，从建成次月起，缴纳房产税。

（3）委托施工企业建设的房屋，从办理验收手续次月起，缴纳房产税。

（4）纳税人购置新建商品房，自房屋交付使用次月起，缴纳房产税。

（5）购置存量房，自办理房屋权属转移、变更登记手续，房地产权属登记机关签发房屋权属证书的次月起，缴纳房产税。

（6）纳税人出租、出借房产，自交付出租、出借房产的次月起，缴纳房产税。

（7）房地产开发公司自用、出租、出借本企业建造的商品房，自房屋使用或交付的次月起，缴纳房产税。

### （二）纳税期限

房产税按年征收、分期缴纳。具体纳税期限由省、自治区、直辖市人民政府确定。

### （三）纳税地点

房产税在房产所在地缴纳。房产不在同一地方的纳税人，按房产的坐落地点，向房产所在地的税务机关申报缴纳。

### （四）纳税申报综合实训

《房产税纳税申报表》的格式如表 7-1 所示。

表 7-1 为《房产税纳税申报表》主表，适用于在中华人民共和国境内申报缴纳房产税的单位和个人。本表包括三个附表，附表（一）为《房产税减免税明细申报表》，附表（二）为《从价计征房产税税源明细表》、附表（三）为《从租计征房产税税源明细表》。首次申报或变更申报时纳税人提交《从价计征房产税税源明细表》和《从租计征房产税税源明细表》后，本表由系统自动生成，无须纳税人手工填写，仅需签章确认。申报房产数量大于 10 个（不含 10）的纳税人，建议采用网络申报方式，并可选用本表的汇总版进行申报。后续申报，纳税人税源明细无变更的，税务机关提供免填单服务，根据纳税人识别号，系统根据当期有效的房产税源明细信息自动生成本表，纳税人签章确认即可完成申报。

## 表7-1　房产税纳税申报表

税款所属期：自 2016 年 1 月 1 日至 2016 年 12 月 31 日　　填表日期：2016 年 12 月 31 日

纳税人识别号：6 7 0 1 0 1 5 6 6 1 3 9 1 9 1 1 0

金额单位：元至角分；　面积单位：平方米

纳税人分类：单位☑　个人□

| 纳税人信息 | | |
|---|---|---|
| 名称 | 长泰实业有限责任公司 | |
| 登记注册类型 | * | 所属行业　* |
| 身份证件类型 | 身份证□　护照□　其他□ | 身份证件号码 |
| 联系人 | | 联系方式　8751688 |

### 一、从价计征房产税

| | 房产原值 | 其中：出租房产原值 | 计税比例 | 税率 | 所属期起 | 所属期止 | 本期应纳税额 | 本期减免税额 | 本期已缴税额 | 本期应补（退）税额 |
|---|---|---|---|---|---|---|---|---|---|---|
| 1 | 10 000 000 | 2 000 000 | 70% | 1.2% | 2016.01.01 | 2016.12.31 | 67 200.00 | | | 67 200.00 |
| 2 | | | | | | | | | | |
| 3 | | | | | | | | | | |
| 合计 | * | * | * | * | * | * | 67 200.00 | | | 67 200.00 |

### 二、从租计征房产税

| | 本期申报租金收入 | 税率 | 本期应纳税额 | 本期减免税额 | 本期已缴税额 | 本期应补（退）税额 |
|---|---|---|---|---|---|---|
| 1 | 500 000 | 12% | 60 000.00 | | | 60 000.00 |
| 2 | | | | | | |
| 3 | | | | | | |
| 合计 | * | * | 60 000.00 | | | 60 000.00 |

以下由纳税人填写：

| 纳税人声明 | 此纳税申报表是根据《中华人民共和国房产税暂行条例》和国家有关税收规定填报的，是真实的、可靠的、完整的。 | |
|---|---|---|
| 纳税人签章 | 代理人签章 | 代理人身份证号 |
| | 受理日期 | 年　月　日 |

以下由税务机关填写：

| 受理人 | 受理税务机关签章 |
|---|---|
| | |

本表一式两份，一份纳税人留存，一份税务机关留存；带星号（*）的项目不需要纳税人填写。

**【案例材料】**

长泰实业有限公司位于江山市航运路 5388 号，联系人杨宏斌，联系电话为 87516888；该公司《税务登记证》登记号为 370105661391910；开户银行为中国工商银行东风支行，账号为 9558821602001286630。该公司 2016 年度自有房屋 10 栋，均为钢筋混凝土结构，房产原值 1 000 万元，总建筑面积 30 900 平方米。其中 8 栋用于生产经营，2 栋（房产原值 200 万元）用于出租，年租金不含增值税收入 50 万元。当地规定，按房产原值一次扣除 30% 后的余值计算房产税。试计算该企业 2016 年度应纳的房产税，并填写《房产税纳税申报表》（见表 7-1）。

**【计算与解析】**

（1）生产经营用房产应纳房产税额=（1000-200）×（1-30%）×1.2%=6.72（万元）

（2）用于出租的房产应纳房产税额=50×12%=6（万元）

（3）该公司 2016 年共应纳房产税额=6.72+6=12.72（万元）

# 第二节　契　　税

**拓展阅读**

契税是一个古老的税种，世界上很多国家，如德国、日本等均征收契税。在中国，契税起源于东晋时期的"估税"，以后历代封建王朝对土地、房屋的买卖、典当等产权变动都征收契税，但税率和征收范围不尽相同，如清末契税税率为卖九典六（卖方 9%，买方 6%）。民国政府的契税设立于 1914 年，税率为卖六典三（卖方 6%，买方 3%）。新中国成立后，保留了契税，现行契税的法律依据是 1997 年 7 月颁布的《中华人民共和国契税暂行条例》。

## 一、契税的概念

契税是指国家在土地、房屋权属发生转移时，按照当事人双方订立的合同（契约），向产权承受人征收的一种税。征收契税的目的在于取得财政收入，同时契税可以作为不动产权属变化的具有法律效力的一种证明，证明不动产所有人取得的产权具有合法性，避免产权纠纷。

契税与其他税种相比，具有以下特点：一是它属于财产转移税，以发生转移的不动产，即土地和房屋为征税对象，土地、房屋产权未发生转移的，不征契税；二是由买方纳税，对买方征税的目的，在于承认不动产转移生效，法律保护纳税人的合法权益。

## 二、纳税人和征税范围

### （一）纳税人

契税纳税人是指在我国境内承受土地、房屋权属的单位和个人。

小提示
　　土地、房屋权属是指土地使用权、房屋所有权；承受是指以受让、购买、受赠、交换等方式取得土地、房屋权属的行为。

## （二）征税范围

契税的征税对象为发生土地使用权和房屋所有权权属转移的土地和房屋。具体征税范围包括：

（1）国有土地使用权出让；

（2）土地使用权转让，包括出售、赠与和交换（不包括农村集体土地承包经营权的转移）；

（3）房屋买卖；

（4）房屋赠与；

（5）房屋交换。

土地、房屋权属以下列方式转移的，视同土地使用权转让、房屋买卖或者赠与行为：

（1）以土地、房屋权属作价投资、入股；

（2）以土地、房屋权属抵债；

（3）以获奖方式承受土地、房屋权属；

（4）以预购方式或预付集资建房款方式承受土地、房屋权属。

要注意的是，土地、房屋权属变动还有其他形式，如典当、继承、出租、抵押等，这些都不属于契税的征税范围。

想一想
　　下列行为是否应该征收契税？
　　（1）拆迁居民因拆迁重新购置住房的；
　　（2）买卖装修的房屋；
　　（3）非法定继承人根据遗嘱承受死者生前的土地、房屋权属；
　　（4）两人互换房屋，经评估两处住房价格一致。

## 三、计税依据与税率

### （一）计税依据

（1）国有土地使用权出让、土地使用权出售、房屋买卖，计税依据为成交价格。计征契税的成交价格不含增值税。

（2）土地使用权赠与、房屋赠与，计税依据为税务机关参照市场价格核定的价格。

（3）土地使用权交换、房屋交换，计税依据为所交换的土地使用权、房屋价格的差额。土地使用权交换、房屋交换，交换价格不相等的，由多交付货币、实物、无形资产或者其他经济利益的一方缴纳税款；交换价格相等的，免征契税。

拆迁居民因拆迁重新购置住房的，对购房成交价格中相当于拆迁补偿款的部分免征契税，成交价格超过拆迁补偿款的，对超过部分征收契税。

## （二）税率

契税实行幅度比例税率，税率幅度为3%～5%。具体执行税率，由省、自治区、直辖市人民政府在规定幅度内根据本地区实际情况确定。

> **小提示**
>
> 2006年9月，国家税务总局发出《关于加强房地产交易个人无偿赠与不动产税收管理有关问题的通知》（国税发〔2006〕144号）。其中"对于个人无偿赠与不动产行为，应对受赠人全额征收契税"的规定，并不包括法定继承人继承土地、房屋权属的情况。非法定继承人根据遗嘱承受死者生前的土地、房屋权属，属于赠与行为，应征收契税。

## 四、税额计算

应纳税额=计税依据×税率

【例7-3】 居民李霞有两套住房，2016年8月将其中一套出售给居民于红，不含增值税的房屋成交价格为300 000元。将另一套住房与居民李佳薇住房进行交换，并支付房屋不含增值税的差价款80 000元。

问：三人相关行为应缴纳的契税（假定税率为3%）是多少？

**解** 李霞应纳税额=80 000×3%=2 400（元）

于红应纳税额=300 000×3%=9 000（元）

李佳薇不缴纳契税。

【例7-4】 2016年张悦获得单位奖励住房一套，其后他将该住房与李静的一套住房进行了交换。经房地产评估机构评估，张悦的房屋不含增值税的价值250 000元，李静房屋不含增值税的价值300 000元，协商后张悦向李静支付差价款50 000元。税务机关核定张悦的获奖住房价值为220 000元。当地契税税率为4%。

问：张悦应缴纳的契税是多少？

**解** 张悦承受获奖住房权属应缴纳的契税=220 000×4%=8 800（元）

张悦进行房屋交换应缴纳的契税=50 000×4%=2 000（元）

2016年张悦缴纳契税合计=8 800+2 000=10 800（元）

### 拓展阅读

从2010年10月1日起，对个人购买普通住房，且该住房属于家庭（成员范围包括购房人、配偶及未成年子女）唯一住房的，减半征收契税。对个人购买90平方米及以下普通住房，且该住房属于家庭唯一住房的，减按1%税率征收契税；从2011年8月31日起婚姻关系存续期间，房屋、土地权属原归夫妻一方所有，变更为夫妻双方共有的，免征契税。对个人销售或购买住房暂免征收印花税；对个人销售住房暂免征收土地增值税。

| 税费项目 | 调整前 | | 调整后 | | 变化 |
|---|---|---|---|---|---|
| | 买家 | 卖家 | 买家 | 卖家 | |
| 印花税 | 0.05% | 0.05% | 0 | 0 | 免征 |
| 土地增值税 | | 0.10% | | 0 | 免征 |

**【案例分析】**

凯达房地产公司与居民李伟签订商品房购销合同。合同约定："甲方（公司）负责办理房屋交易和产权手续，并办理房产证，待乙方（买主）将全部款额交齐后，甲方连同房屋一并移交给乙方，有关税费均包括在购房款内，不再另行收取"。2017年5月，李伟交清全部购房款后，凯达房地产公司按合同约定移交了房屋及房产证。2017年6月，该市地税机关向李伟征收契税1986.53元。李伟认为根据合同规定，契税应由凯达房地产公司承担，于是向市法院提起诉讼。市法院判决，李伟被征契税1986.53元由其个人承担。

**【分析】** 契税是房屋交易后由房屋承受人持房屋所有权证应交纳的税费，它不包含在房屋造价之内。我国《契税暂行条例》明确规定应由房产承受人凭所有权证交纳，并有专门的征收机关，房地产公司无权代征，也无法代征。房屋买卖双方应及时办理各种手续，然后由承受方交纳契税，这是房屋承受方应知的法定义务。契税所产生的是一种征税机关与承受方的行政行为，开发公司没有告知的义务。因此，市法院判决李伟被征契税1986.53元由其个人承担。

## 五、减免规定

（1）国家机关、事业单位、社会团体、军事单位承受土地、房屋用于办公、教学、医疗、科研和军事设施的，免征契税；

（2）城镇职工按规定第一次购买公有住房的，免征契税；

（3）因不可抗力原因灭失住房，需重新购买住房的，经税务机关批准，减征或者免征契税；

（4）对承受荒山、荒沟、荒丘、荒滩土地使用权，用于农、林、牧、渔业生产的，免征契税；

（5）外国驻华使馆、领事馆、联合国驻华机构及其外交代表、领事官员和其他外交人员承受土地、房屋权属的，免征契税；

（6）土地、房屋被县级以上人民政府征用、占用后，重新承受土地、房屋权属的，省、自治区、直辖市人民政府决定免征契税（或减征契税）。

小提示：《税法》规定，凡经批准减征、免征契税的纳税人，改变有关土地、房屋的用途，不再属于减免税的范围，应当补缴已经减征、免征的税款。

## 六、纳税申报

### （一）纳税义务发生时间

契税的纳税义务发生时间，为纳税人签订土地、房屋权属转移合同的当天，或者纳税人取得其他具有土地、房屋权属转移合同性质凭证的当天。

知识链接：购房人以按揭、抵押贷款方式购买房屋的，契税的纳税义务发生时间的确定：根据现行契税政策，当其从银行取得抵押凭证时，购房人与原产权人之间的房屋产权转移已经完成，契税的纳税义务已经发生，必须依法缴纳契税。

### （二）纳税程序

当事人双方草签契约后向税务机关申报纳税；税务机关查收税款后向纳税人发放完税凭证，纳税人持完税凭证到土管、房管部门办理权属变更手续。

### （三）纳税期限

纳税人应当自纳税义务发生之日起 10 日内，向土地、房屋所在地的税务机关办理申报纳税，并在核定期限内缴纳税款。

### （四）纳税地点

契税实行属地征收管理。纳税人发生纳税义务时，应向土地、房屋所在地税务机关申报纳税。

### （五）纳税申报综合实训

《契税纳税申报表》的格式如表 7-2 所示。

【案例材料】

长泰实业有限公司于 2016 年 11 月 30 日自凯达房地产公司（江山市将军路 608 号，电话 88973672，税务登记号 370105661367218）购入位于江山市外环路 101 号的时代广场办公楼 300 平方米，成交价格为 6 000 元/平方米（当日签订合同）。假定适用契税税率为 3%，该公司不享受任何契税减免，于 2016 年 12 月 3 日完成纳税申报。试计算长泰实业有限公司该笔房产交易应交纳的契税金额并如实填写纳税申报表（见表 7-2）。

【计算与解析】

长泰公司该笔房产应交纳的契税=6 000×300×3%=54 000（元）

表 7-2 契税纳税申报表

填表日期: 2016 年 12 月 03 日

金额单位: 元至角分; 面积单位: 平方米

纳税人识别号 6 7 0 1 0 5 6 6 1 3 9 1 9 1 0

| | 名 称 | 长泰实业有限责任公司 | 所属行业 | 制造业 |
|---|---|---|---|---|
| 承受方信息 | 登记注册类型 | 有限责任公司 | | ☑单位 □个人 |
| | 身份证件类型 | 身份证☑ 护照□ 其他□ | 身份证件号码 | |
| | 联系人 | 杨宏斌 | 联系方式 | 8751 6888 |
| 转让方信息 | 名 称 | 凯达房地产公司 | 所属行业 | 房地产开发 |
| | | | | ☑单位 □个人 |
| | 纳税人识别号 | 370105661367218 | 联系方式 | 88973672 |
| | 登记注册类型 | | | |
| | 身份证件类型 | | | |
| 土地房屋权属转移信息 | 合同签订日期 | 2016 年 11 月 30 日 | 权属转移对象 | 设立下拉列框* |
| | 土地房屋坐落地址 | 江山市外环路 101 号时代广场 | | |
| | 权属转移方式 | 设立下拉列框 | 用途 | 设立下拉列框 |
| | 家庭唯一普通住房 | | | □90 平米以上 □90 平米及以下 |
| | 权属转移面积 | 300 | 成交单价 | 6 000.00 |
| | 成交价格 | 1 800 000.00 | | |
| | 评估价格 | | 成交价格 | 1 800 000.00 |
| | 计征价格 | | 税率 | 3% |
| 税款征收信息 | 计征税额 | 54 000.00 | 应纳税额 | 54 000.00 |
| | | | 减免性质代码 | 减免税额 0 |

以下由纳税人填写:
纳税人声明 此纳税申报表是根据《中华人民共和国契税暂行条例》和国家有关税收收规定填报的, 是真实的、可靠的、完整的。
纳税人签章 代理人签章 理人身份证号

以下由税务机关填写:
受理人 受理日期 受理税务机关签章 年月日

本表一式两份, 一份纳税人留存, 一份税务机关留存。

209

# 第三节 车 船 税

根据 1951 年颁布的《中华人民共和国车船使用牌照税暂行条例》和 1986 年颁布的《中华人民共和国车船使用税暂行条例》，中国自 1951 年起开征自行车车船使用牌照税，自 1986 年起开征自行车车船使用税，这两项税种当时的税额分别为 0.5 元至 1 元和 2 元至 4 元，至今已开征几十年。2007 年 1 月 1 日正式实施的《中华人民共和国车船税暂行条例》规定，自 2007 年 7 月 1 日起，机动车车船税将随交强险一同缴纳，自行车、电动自行车等非机动车辆免交车船税。因此，从 2007 年起，中国数亿骑车人将不再因骑自行车而交税。2012 年 1 月 1 日起施行新的《中华人民共和国车船税法》。

## 一、车船税的概念

车船税是对在我国境内车船管理部门登记的车辆、船舶（以下简称车船）依法征收的一种税。它是属于财产税性质的税种，征收车船税可以促使纳税人提高车船使用效益，合理利用车船，调节和促进经济发展。现行车船税的基本规范是 2012 年 2 月 25 日第十一届全国人民代表大会常务委员会第十九次会议通过，并于 2012 年 1 月 1 日起施行的《中华人民共和国车船税法》。

### 我国车船税由来（二维码）

我国对车船征税始于西汉，当时仅对商贾之车征收，不涉及一般车船，名曰"算商车"。明清时代，曾对内河商船征税，名曰"船料"。1945 年 6 月，国民党政府在全国统一征收车船使用牌照税。新中国成立后，1986 年对内资企业和个人的车船恢复征收车船使用税，车船使用牌照税仅对华侨和外资企业、中外合资、合作企业的车船征收。2006 年 12 月 27 日国务院颁布《中华人民共和国车船税暂行条例》，自 2007 年 1 月 1 日起施行，《车船使用牌照税暂行条例》和《中华人民共和国车船使用税暂行条例》同时废止。2011 年 2 月 25 日颁布《中华人民共和国车船税法》，自 2012 年 1 月 1 日起施行。

## 二、纳税人和征税范围

### （一）纳税人

车船税的纳税人，是在中华人民共和国境内属于本法所附《车船税税目税额表》规定的车船的所有人或者管理人。从事机动车第三者责任强制保险业务的保险机构为机动车车船税的扣缴义务人。其中，所有人是指在我国境内拥有车船的单位和个人；管理人是指对车船具有管理权或者使用权，不具有所有权的单位。此处所说单位，包括在中国境内成立的行政机关、企业、事业单位、社会团体及其他组织；个人，包括个体工商户及其他个人。

> **想一想**
>
> 《车船税法》为什么规定保险机构代收代缴机动车的车船税？
> 因为车船税具有涉及面广、税源流动性强、纳税人多为个人等特点，导致征管难度较大。同时，纳税人直接到税务机关缴纳税款又存在道路不熟悉、停车困难、排队时间长等种种不便。所以由保险机构在办理机动车交通事故责任强制保险业务的同时，代收代缴机动车的车船税，可以方便纳税人缴纳车船税，提高税源控管水平，节约征纳双方的成本。

### （二）征税范围

车船税的征税范围是依法应当在车船登记管理部门登记的机动车辆和船舶，以及依法不需要在车船登记管理部门登记的在单位内部场所行驶或者作业的机动车辆和船舶。

## 三、计税依据与税率

### （一）计税依据

车船税实行从量计征的方法。按车船的种类和性能，分别确定了辆、整备质量、净吨位、艇身长度四种计税标准。

（1）乘用车、商用车客车、摩托车的计税依据为车辆的辆数，其中对乘用车按排气量征税；

（2）商用车货车、挂车、其他车辆专用作业车和轮式专用机械车的计税依据为整备质量吨位；

（3）机动船舶的计税依据为净吨位，游艇的计税依据为艇身长度。拖船按照发动机功率每1千瓦折合净吨位0.67吨计算。

> **小提示**
>
> 机动船舶的净吨位是指在其总吨位数里，减去驾驶间、轮机间、船员住室等占用容积所余的吨位。

### （二）税率

车船税采用定额税率，又称固定税额。为平衡不同种类、等级车辆与船舶的税收负担，考虑各地的经济发展水平，车船税采用分类分级幅度定额税率。具体的税目税额如表7-3所示。

表7-3　车船税税目税额表

| 税目 | | 计税单位 | 年基准税额 | 备注 |
|---|---|---|---|---|
| 乘用车<br>[按发动机气缸容量（排气量）分档] | 1.0升（含）以下的 | 每辆 | 60元至360元 | 核定载客人数9人（含）以下 |
| | 1.0升以上至1.6升（含）的 | 每辆 | 300元至540元 | |
| | 1.6升以上至2.0升（含）的 | 每辆 | 360元至660元 | |
| | 2.0升以上至2.5升（含）的 | 每辆 | 660元至1 200元 | |
| | 2.5升以上至3.0升（含）的 | 每辆 | 1 200元至2 400元 | |
| | 3.0升以上至4.0升（含）的 | 每辆 | 2 400元至3 600元 | |
| | 4.0升以上的 | 每辆 | 3 600元至5 400元 | |
| 商用车 | 客车 | 每辆 | 480元至1440元 | 核定载客人数9人以上，包括电车 |
| | 货车 | 整备质量每吨 | 16元至120元 | 包括半挂牵引车、三轮汽车和低速载货汽车等 |
| 其他车辆 | 挂车 | 整备质量每吨 | 按照货车税额的50%计算 | |
| | 专用作业车 | 整备质量每吨 | 16元至120元 | 不包括拖拉机 |
| | 轮式专用机械车 | 整备质量每吨 | 16元至120元 | 不包括拖拉机 |
| | 摩托车 | 每辆 | 36元至180元 | |
| 船舶 | 机动船舶 | 净吨位每吨 | 3元至6元 | 拖船、非机动驳船分别按照机动船舶税额的50%计算 |
| | 游艇 | 艇身长度每米 | 600元至2 000元 | |

**拓展阅读**

**车船税税额的具体规定**

车辆的具体适用税额由省、自治区、直辖市人民政府依照本《车船税税目税额表》规定的税额幅度，遵循乘用车依排气量从小到大递增税额、客车按照核定载客人数20人以下和20人（含）以上两档划分、递增税额的原则确定，并报国务院备案；

船舶的具体适用税额由国务院在本《车船税税目税额表》规定的税额幅度内确定。根据《中华人民共和国车船税法实施条例》规定，机动船舶具体适用税额为：① 净吨位不超过200吨的，每吨3元；② 净吨位超过200吨但不超过2 000吨的，每吨4元；③ 净吨位超过2 000吨但不超过10 000吨的，每吨5元；④ 净吨位超过10 000吨的，每吨6元；⑤ 拖船按照发动机功率每1千瓦折合净吨位0.67吨计算征收车船税。

游艇具体适用税额为：① 艇身长度不超过10米的，每米600元；② 艇身长度超过10米但不超过18米的，每米900元；③ 艇身长度超过18米但不超过30米的，每米1 300元；④ 艇身长度超过30米的，每米2 000元；⑤ 辅助动力帆艇，每米600元。

**想一想**

下列车船应如何征收车船税？
（1）拖船；
（2）拖拉机。

**为什么对游艇按长度征税?**

游艇不同于一般船舶,具有特殊性,其计税依据和税额需要具体研究确定。一般来说,可考虑将净吨位、发动机功率、实际价值和长度作为游艇的计税依据。从净吨位看,由于制造游艇的材料多数由玻璃钢、铝合金等高级材料组成,此类材料具有重量轻的特点,净吨位与其价值关联性较低。从发动机功率看,同一长度的游艇可根据个性化需要,选择不同功率的发动机,发动机功率大小与其价值也没有必然的正相关关系。从实际价值看,确定游艇的实际价值与确定车辆的实际价值存在同样的困难,在现行征管条件下难以按价格计征。基于此,国际大多数国家都将长度作为游艇的计税依据,主要考虑是游艇长度与其价值关联性较高,且直观易于测量,从长远考虑,也可较好地避免其他计税依据可能导致的征管漏洞。因此,《车船税法》选择长度作为游艇的计税依据。

## 四、税额计算

车船税应纳税额的计算公式分别为:

乘用车、商用车客车、摩托车应纳税额=辆数×适用单位税额

商用车货车应纳税额=整备质量吨位数×适用单位税额

挂车应纳税额=相同整备质量的货车整备质量吨位数×适用单位税额×50%

机动船舶应纳税额=净吨位数×适用单位税额

拖船和非机动驳船应纳税额=净吨位数×适用单位税额×50%

游艇应纳税额=艇身长度×适用单位税额

(1)对于新购车船,其车船税的计算办法是,全年应纳税额除以12个月,然后乘以从买车月份到年底的月份数,就是纳税人本年度应该缴纳的税款。比如,纳税人当年7月31日买车,应缴纳的车船税款是全年应纳税额除以12再乘以6个月。月份按照实际购车月份算,7月1日和7月31日,都算7月份。

(2)客货两用汽车按照载货汽车的计税单位(整备质量吨数)和规定的税额标准计征车船税。

【例7-5】 通达运输公司拥有载货汽车15辆(货车整备质量全部为10吨);乘人商用客车20辆;排气量为2.0升的乘用车10辆。(注:载货汽车按整备质量每吨年税额80元,商用客车每辆年税额500元,乘用车每辆年税额400元。)

问:该公司应纳车船税为多少?

**解** 货车应纳车船税额=15×10×80=12 000(元)

乘用车和客车应纳车船税额=20×500+10×400=14 000（元）

全年应纳车船税额=12 000+14 000=26 000（元）

**【例7-6】** 泛洋航运公司2016年拥有机动船4艘，每艘净吨位为3 000吨；拖船1艘，发动机功率为1 800千瓦。其所在省车船税计税标准为净吨位2 000吨以下的，每吨4元；2 001～10 000吨的，每吨5元。

问：该航运公司2012年应缴纳车船税是多少？

**解** 1千瓦折合净吨位0.67吨，拖船按船舶税额的50%计算

该公司2012年应纳车船税=4×3 000×5+1 800×0.67×4×50%

=62 412（元）

**【案例分析】**

2016年1月3日，黄女士缴纳车船税时发现自己的应缴税款不再是个整数，而是多出了两角四分钱。经过咨询，黄女士这才明白，由于错过了2016年的车船税征收期，现在再缴就要加收滞纳金了。工作人员告诉她，从本月3日起开始收取车船税滞纳金，还未缴纳上一年度车船税的车主除补缴税款外，还要每天缴纳税款万分之五的滞纳金。以小型客车每年480元的车船税税额计算，如果车主未在2016年度征收期内缴纳当年车船税，那么从2017年1月3日开始，每天的滞纳金就是480元的万分之五，也就是0.24元。如果逾期一个月，按照30天计算，车主就需要缴纳7.20元的滞纳金。地税部门提醒黄女士，如果上一年度车船税尚未缴清，必须先缴清所欠税款和滞纳金，才能缴纳今年的车船税。

## 五、减免规定

### （一）免税规定

按照《车船税法》的规定，下列车船免征车船税：

（1）捕捞、养殖渔船：在渔业船舶登记管理部门登记为捕捞船或者养殖船的船舶。

（2）军队、武装警察部队专用的车船：按照规定在军队、武装警察部队车船登记管理部门登记，并领取军队、武警牌照的车船。

（3）警用车船：公安机关、国家安全机关、监狱、劳动教养管理机关和人民法院、人民检察院领取警用牌照的车辆和执行警务的专用船舶。

（4）依照法律规定应当予以免税的外国驻华使领馆、国际组织驻华代表机构及其有关人员的车船。

### （二）其他减免税规定

（1）节约能源、使用新能源的车船可以减半或者免征车船税。减半或者免征车船税的车船范围，由国务院财政、税务主管部门商国务院有关部门制定，报国务院批准。

（2）对受地震、洪涝等严重自然灾害影响纳税困难，以及其他特殊原因确需减免税的车船，可以在一定期限内减征或者免征车船税。具体减免期限和数额由省、自治区、直辖市人民政府确定，报国务院备案。

（3）按照规定缴纳船舶吨税的机动船舶，以及依法不需要在车船登记管理部门登记的机场、港口、铁路站场内部行驶或者作业的车船，自《车船税法》实施之日起5年内免征车船税。

（4）省、自治区、直辖市人民政府根据当地实际情况，可以对公共交通车船，农村居民拥有并主要在农村地区使用的摩托车、三轮汽车和低速载货汽车定期减征或者免征车船税。

（5）对纯电动乘用车、燃料电池乘用车、非机动车船（不包括非机动驳船）、临时入境的外国车船和香港特别行政区、澳门特别行政区、台湾地区的车船，不征收车船税。

> **想一想**
>
> **非机动驳船为什么要征收车船税？**
>
> 非机动驳船自身没有动力装置，需要依靠外力驱动，属于非机动船，但仍然需要缴纳车船税。这是因为，非机动驳船与载货汽车挂车类似，都需要与拖船或牵引车等其他车船连接，才能发挥运输功能。而目前，公安交通管理部门对载货汽车挂车是按照机动车管理的，需要进行登记并核发单独的牌照，按照《条例》的规定，需要缴纳车船税。因此，为了公平税负，非机动驳船也应缴纳车船税。

## 六、纳税申报

### （一）纳税方法

车船税由地方税务机关负责征收。车船税缴纳有两种方法：一是由扣缴义务人在收取保险费时依法代收，代收时应当在机动车交通事故责任强制保险的保险单，以及保费发票上注明已收税款的信息，作为代收税款凭证；二是没有扣缴义务人的，由纳税人向主管税务机关自行申报缴纳。

扣缴义务人已代收代缴车船税的，纳税人不再向车辆登记地的主管税务机关申报缴纳车船税。

纳税人缴纳车船税时，应当提供反映排气量、整备质量、核定载客人数、净吨位、千瓦、艇身长度等与纳税相关信息的相应凭证，以及税务机关根据实际需要要求提供的其他资料。以前年度已经提供上述资料信息的，可以不再提供。

### （二）纳税期限

车船税按年申报，分月计算，一次性缴纳。纳税年度为公历1月1日至12月31日。车船税纳税义务发生时间为取得车船所有权或者管理权的当月。具体申报纳税期限由省、自治区、直辖市人民政府规定。

纳税人没有按照规定期限缴纳车船税的，扣缴义务人在代收代缴税款时，可以一并代收代缴欠缴税款的滞纳金。

### （三）纳税地点

车船税的纳税地点为车船的登记地或者车船税扣缴义务人所在地。依法不需要办理登记的车船，车船税的纳税地点为车船的所有人或者管理人所在地。

> **知识链接**
>
> （1）车船所有权或管理权发生变更后，车船税如何征收？
>
> 已缴纳车船税的车船在同一纳税年度内办理转让过户的，不另纳税，也不退税；未缴纳车船税的车船变更所有权或管理权的，由现车船所有人或管理人缴纳该纳税年度的车船税。
>
> （2）在一个纳税年度内，已完税的车船被盗抢、报废、灭失的，纳税人可以凭有关管理机关出具的证明和完税证明，向纳税所在地的主管税务机关申请退还自被盗抢、报废、灭失月份起至该纳税年度终了期间的税款。
>
> 已办理退税的被盗抢车船，失而复得的，纳税人应当从公安机关出具相关证明的当月起计算缴纳车船税。

## （四）纳税申报综合实训

车船税纳税申报表格式见表7-4。

**【案例材料】**

长泰实业有限公司2016年拥有载货汽车3辆，整备质量均为5吨，大客车2辆，小型客车3辆；公司所在地车船税的年单位税额分别是：载货汽车每吨96元，大客车600元/辆，小型客车420元/辆。试计算该公司当年度应缴纳的车船税并填写《车船税纳税申报表》（见表7-4）。

**【计算与解析】**

载货汽车应纳车船税额=3×5×96=1 440（元）
大客车应纳车船税额=600×2=1 200（元）
小型客车应纳车船税额=420×3=1 260（元）
长泰实业有限公司2016年应纳车船税额=1 440+1 200+1 260=3 900（元）

**【申报表填写】**

### 表7-4 车船税纳税申报表

纳税人识别号 3 7 0 1 0 5 6 6 1 3 9 1 9 1 0

纳税人名称：（公章）

税款所属期限：自2016年01月01日至2016年12月31日

填表日期：2016年12月31日　　　　　　　　　　　　　　　金额单位：元

| 车船类别 | | 计税单位 | 税额标准 | 数量 | 吨位 | 本期应纳税额 | 本期已缴税额 | 本期应补（退）税额 |
|---|---|---|---|---|---|---|---|---|
| 载客汽车 | 乘坐人数大于或等于20人 | 每辆 | 600 | 2 | | 1 200 | 0 | 1 200 |
| | 乘坐人数大于9人小于20人 | 每辆 | | | | | | |
| | 乘坐人数小于或等于9人 | 每辆 | 420 | 3 | | 1 260 | 0 | 1 260 |
| | 发动机气缸总排气量小于等于1升 | 每辆 | | | | | | |

续表

| 车船类别 | | 计税单位 | 税额标准 | 数量 | 吨位 | 本期应纳税额 | 本期已缴税额 | 本期应补（退）税额 |
|---|---|---|---|---|---|---|---|---|
| 载货汽车（包括半挂牵引车、挂车） | | 每吨 | 96 | 3 | 5 | 1 440 | 0 | 1 440 |
| 三轮汽车 | | 每吨 | | | | | | |
| 低速货车 | | 每吨 | | | | | | |
| 摩托车 | | 每辆 | | | | | | |
| 专项作业车 | | 每吨 | | | | | | |
| 轮式专用机械车 | | 每吨 | | | | | | |
| 小计 | | —— | | 8 | 5 | 3 900 | 0 | 3 900 |
| 船舶 | 机动船舶 | 净吨位不超过200吨 | 每吨 | 3 元 | | | | |
| | | 净吨位超过200吨但不超过2 000吨 | 每吨 | 4 元 | | | | |
| | | 净吨位超过2 000吨但不超过10 000吨 | 每吨 | 5 元 | | | | |
| | | 净吨位超过10 000吨 | 每吨 | 6 元 | | | | |
| | | 小计 | -- | | | | | |
| | 游艇 | 艇身长度不超过10米 | 每米 | 600 元 | | | | |
| | | 艇身长度超过10米但不超过18米 | 每米 | 900 元 | | | | |
| | | 艇身长度超过18米但不超过30米 | 每米 | 1 300 元 | | | | |
| | | 艇身长度超过30米 | 每米 | 2 000 元 | | | | |
| | | 辅助动力帆艇 | 每米 | 600 元 | | | | |
| | | 小计 | —— | | | | | |
| 合计 | | | | | | 3 900 | 0 | 3 900 |

| 纳税人或代理人声明：纳税申报表是根据国家税收法律的规定填报的，我确信它是真实的、可靠的、完整的 | 如纳税人填报，由纳税人填写以下各栏 | | | | | |
|---|---|---|---|---|---|---|
| | 经办人（签章） | | 会计主管（签章） | | 法定代表人（签章） | |
| | 如委托代理人填报，由代理人填写以下各栏 | | | | | |
| | 代理人名称 | | | | 代理人（公章） | |
| | 经办人（签章） | | | | | |
| | 联系电话 | | | | | |

注：①本表适用于自行申报车船税的纳税人填报；②本表"车船类别"相应栏次分别根据《附表》同类别车船对应栏次合计填写。

## 强化训练

### 一、单项选择题

1. 融资租赁房屋在租赁期内房产税的纳税人是（    ）。

   A．出租方

   B．承租方

   C．由当地税务机关根据实际情况确定

   D．由出租方和承租方协商确定

2. 房产不在同一地方的纳税人，应（    ）的税务机关缴纳房产税。

   A．向户口所在地

   B．向纳税人居住的房产所在地

   C．按房产的坐落地点，分别向房产所在地

  D．按房产的坐落地点，选择向任一处房产所在地

3．下列关于房产税纳税人的表述中，不正确的是（  ）。

  A．房屋产权出典的由承典人纳税

  B．房屋出租的由承租人纳税

  C．房屋产权未确定的由代管人或使用人纳税

  D．产权人不在房屋所在地的由代管人或使用人纳税

4．下列各项需要缴纳房产税的是（  ）。

  A．某市的露天游泳池    B．工矿区内的砖瓦石灰窑

  C．建制镇内的房屋     D．房地产开发企业开发的待售商品房

5．某企业共有房产原值为 2 000 万元，2016 年 1 月 1 日将其中的 30%用于对外投资联营，投资期限 10 年，每年固定利润分红 50 万元，不承担投资风险。已知当地政府规定的扣除比例为 20%，该企业 2016 年度应纳房产税（  ）万元。

  A．24.00       B．19.44

  C．17.40       D．13.44

6．下列属于契税纳税人的是（  ）。

  A．购买商品房的客户    B．销售商品房的房地产公司

  C．出让土地使用权的土地管理局  D．承受土地、房屋的医院

7．下列说法正确的是（  ）。

  A．承租房产的，免征契税

  B．接受房产投资的一律不得免征契税

  C．接受房产捐赠的企业，应当计征契税

  D．依据遗嘱继承房产的一律免征契税

8．契税的纳税义务发生时间是（  ）。

  A．签订土地、房屋权属转移合同或合同性质凭证的当天

  B．签订土地、房屋权属转移合同或合同性质凭证的 7 日内

  C．签订土地、房屋权属转移合同或合同性质凭证的 10 日内

  D．签订土地、房屋权属转移合同或合同性质凭证的 30 日内

9．某公司 2016 年发生两笔互换房产业务，并已办理了相关手续。第一笔业务换出的房产价值 500 万元，换进的房产价值 800 万元；第二笔业务换出的房产价值 600 万元，换进的房产价值 300 万元。已知当地政府规定的契税税率为 3%，该公司应缴纳契税（  ）万元。

  A．0        B．9

  C．18       D．33

10．下列表述符合车船税征税现行规定的有（  ）。

  A．电车不需缴纳车船税    B．半挂牵引车不需缴纳车船税

  C．挂车不需缴纳车船税    D．拖船按照船舶税额的 50%计税

11．载货汽车车船税的计税标准是（  ）。

  A．车辆的辆数     B．车辆的净吨位

  C．车辆的排气量     D．自重吨位数

12．某船舶公司拥有机动船舶 5 艘，每艘净吨位 50 吨，还有拖船 4 艘，每艘净吨位 30

吨，每吨税额为 3 元/年，则该公司应缴纳的车船税额是（　　）元。

A. 1 000
B. 930
C. 1 480
D. 2 080

13. 下列汽车中，免征车船税的是（　　）。

A. 国家机关自用汽车
B. 警用车
C. 外资企业使用的汽车
D. 救护车

## 二、多项选择题

1. 下列属于《房产税暂行条例》所指的房产是（　　）。

A. 仓库
B. 水塔
C. 室内游泳池
D. 包含中央空调在内的生产车间

2. 下列关于房产税纳税义务发生时间的说法，正确的是（　　）。

A. 纳税人出租、出借房产，自交付出租、出借房产之次月起
B. 纳税人自行新建房屋用于生产经营，从建成之当月起
C. 纳税人将原有房产用于生产经营，从生产经营之次月起
D. 委托施工企业建设的房屋，从办理验收手续之次月起

3. 下列关于房产税的征税办法中表述正确的有（　　）。

A. 融资租赁房屋以房产余值为计税依据征税
B. 个人在城镇的居民住房应征房产税，在农村的居民住房不征房产税
C. 出租房产的，以租金收入计税
D. 以房产投资收取固定收入，不承担风险的，以取得的固定收入为计税依据征税

4. 按照房产税的有关规定，免征或暂不征收房产税的房产包括（　　）。

A. 地下人防设施
B. 为基建工地服务的各种临时性房屋工程结束后转让的
C. 老年服务机构自用的房产
D. 因大修导致连续停用半年以上的房屋

5. 下列各项中，应当缴纳契税的有（　　）。

A. 以房产等价换入土地使用权
B. 为县政府置地建设办公楼
C. 抵债所得的房地产
D. 以低于市场 30%的价格购入的房地产

6. 契税纳税义务的发生时间是（　　）。

A. 签订土地、房屋权属转移合同的当天
B. 签订土地、房屋权属转移合同的次日
C. 取得具有转移合同性质凭据的当天
D. 取得具有转移合同性质凭据的次日

7. 按照契税的有关规定，下列表述正确的有（　　）。

A. 对拆迁居民因拆迁重新购置住房的，对购房成交价格中相当于拆迁补偿款的部分免征契税
B. 契税由承受人纳税，即买方纳税
C. 第一次购买住房的个人应征收契税

  D．契税的纳税人也包括外籍个人

 8．下列拥有车辆的单位和个人属于车船税纳税人的是（  ）。

  A．中美合资公司      B．日籍华人

  C．港澳台同胞      D．外国企业在中国境内的代表机构

 9．下列对于车船税的说法不正确的有（  ）。

  A．只对国内企业、单位和个人征收

  B．就使用的车辆征税，不使用的车辆不征税

  C．机动车车船税的扣缴义务人依法代收代缴车船税时，纳税人不得拒绝

  D．车船的所有人或者管理人未缴纳车船税的，使用人应当代为缴纳车船税

 10．按照我国现行税制的有关规定，车船税的计税依据有（  ）。

  A．车船的净吨位      B．车船的净值

  C．车的辆数       D．按自重每吨

 11．关于车船税纳税地点的阐述，下列说法中正确的有（  ）。

  A．纳税人是单位的，其纳税地点为经营所在地或机构所在地

  B．纳税人为个人的，其纳税地点为住所所在地

  C．企业车船上了外省车船牌照的，在经营所在地纳税

  D．企业车船上了外省车船牌照的，在车船登记地纳税

 12．下列车船中，可享受车船税减免政策的有（  ）。

  A．货运车船       B．农用汽车

  C．警用车船       D．捕捞用渔船

### 三、判断题

 1．2016年3月，张某因工作调动将原A市的住房按市场价租给刘某居住，按《税法》规定，可按4%的税率缴纳房产税。  （  ）

 2．凡以房屋为载体，不可随意搬动的附属设备和配套设施，会计核算中与房屋分别记账与核算，不需要计入房产原值计征房产税。  （  ）

 3．对经营自用的房屋，以房产的原值作为计税依据。  （  ）

 4．纳税单位与免税单位共同使用的房屋，按各自使用的部分划分，分别征收或免征房产税。  （  ）

 5．境内承受转移土地、房屋权属的单位和个人为契税的纳税人，但不包括外商投资企业和外国企业。  （  ）

 6．契税实行 3%～5%的幅度税率，各级政府可根据本地区经济情况，确定具体适用的税率。  （  ）

 7．承受荒山、荒丘、荒沟土地使用权，用作苗圃建设，也应缴纳契税。  （  ）

 8．企业破产，对债权人（包括破产企业职工）承受破产企业土地、房屋权属以抵偿债务的，免征契税。  （  ）

 9．从事机动车交通事故责任强制保险业务的保险机构，在向纳税人依法代收代缴车船税时，纳税人可以选择向保险机构缴纳，也可以选择向当地地方税务局缴纳。  （  ）

10．在机场、港口，以及其他企业内部场所行驶或者作业，并在车船管理部门登记的车船，应当缴纳车船税。　　　　　　　　　　　　　　　　　　　　　　　　　　（　　）

11．车船税的纳税义务发生时间，为车船管理部门核发的车船登记证书或者行驶证书所记载日期的当月。　　　　　　　　　　　　　　　　　　　　　　　　　　　　　（　　）

12．对市内公共汽车、出租汽车可暂免征收车船税。　　　　　　　　　（　　）

## 四、简答题

1．什么是财产税？它的特点有哪些？

2．房产税的纳税人及计税依据是如何规定的？

3．什么是契税？其特点及征税项目有哪些？

4．契税的计税依据是如何规定的？

5．车船税的征税范围是如何规定的？

6．车船税的税额是怎样规定的？

## 五、综合实训题（计算结果保留两位小数）

1．博远公司位于江山市大桥路 58 号，联系电话为 87516235；该公司《税务登记证》登记号为 370110661361953；开户银行为中国工商银行华山支行。2016 年该公司拥有坐落在市区的三幢房屋，均为钢筋混凝土结构。其中两幢用于本企业生产经营，账面原值共为 450 万元，年初对其进行了装修，花费 50 万元；另一幢房屋账面原值为 180 万元，出租给某私营企业，年租金为 20 万元。试计算该公司 2016 年应纳房产税额并下载填报《房产税纳税申报表》（按房产原值一次扣除 30%）。

2．市民郑军拥有四间房屋（面积相同），原值 200 000 元，2016 年上半年，全部房屋均用于居住。下半年，郑军将其中的两间用于开餐馆，一间按市场价格出租给他人居住，月租金 1 200 元，下半年共收取租金 7 200 元；剩余一间个人居住。当地政府规定的扣除比例为 10%。试计算郑军本年度应缴纳的房产税。

3．江山市昌盛街 56 号居民张基俊购买本市花园路 99 号花苑小区住房一套，并在 2016 年 12 月 28 日与开发商江山市齐天房地产开发公司（航运路 128 号）签订了购房合同，合同载明住房面积 90 平方米，单价 6 000 元/平方米，合同价格 540 000 元。该合同另有附加协议为：购入地下室 15 平方米，成交价格 60 000 元，房款总额为 600 000 元（契税税率为 1%）。

试计算：

（1）张基俊应于何时提交何种材料进行纳税申报？

（2）计算张基俊应缴纳的契税并下载填报《契税纳税申报表》。

4．李强住房因市政规划被拆迁，其拆迁面积为 72 平方米，享受货币安置补偿 3 800 元/平方米，共计补偿金额 273 600 元。李强于 2016 年 9 月 8 日签订合同购买步行街门面房 85.3 平方米，单价 4 500 元/平方米，价款总计 383 850 元（契税税率为 1.5%）。

试计算：

（1）拆迁安置补偿的有关契税政策是如何规定的？

（2）李强应缴纳的契税。

5. 江山市海洋运输公司《税务登记证》登记号为 370108561361986。2017 年 1 月该公司拥有 8 吨载重汽车 10 辆，5 吨载重汽车 5 辆，大客车 8 辆，中型客车 4 辆，小轿车 3 辆；机动船舶 2 艘，其中净吨位 10 000 吨机动船一艘，5 000 吨机动船一艘。当地车船税年税额为：载重汽车每吨 96 元，大客车每辆 600 元，中型客车每辆 480 元，小轿车每辆 420 元；船舶净吨位 201～2 000 吨，每吨 4 元，2 001～10 000 吨，每吨 5 元。试计算 2016 年该公司所拥有的车辆、船舶应缴纳的车船税并下载填报《车船税纳税申报表》。

# 第八章  行 为 税 类

【学习目标】

**1. 知识目标**

➤ 了解印花税的概念和特点。

➤ 掌握印花税的纳税人、征税范围、计税依据、税率、减免税、计算和申报缴纳。

➤ 掌握车辆购置税的纳税人、征税范围、税率、减免税、计算和申报缴纳。

➤ 掌握城市维护建设税的纳税人、征税范围、计税依据、税率、减免税、计算和申报缴纳。

➤ 了解教育费附加的纳税人、征税范围、计税依据、税率、减免税、计算和申报缴纳。

**2. 能力目标**

➤ 能够熟练表述印花税、车辆购置税和城市维护建设税的征税范围及计算方法。

➤ 作为一名优秀的办税员能够熟练进行行为税类的申报与缴纳工作。

**3. 情感目标**

➤ 培养良好的职业道德习惯。

➤ 争做一名知法守法、按时纳税的优秀办税员。

【本章重点】

➤ 印花税的征税范围、计税依据、计算和纳税方法。

➤ 车辆购置税的征税范围、税率和计算。

➤ 城市维护建设税的纳税人、计税依据、税率和计算。

【本章难点】

➤ 印花税的征税范围、计算和纳税方法。

➤ 车辆购置税的征税范围和相关计算。

➤ 纳税申报表的填写与使用。

## 第一节 印 花 税

**拓展阅读**

印花税是世界上各国普遍征收的一个税种。它历史悠久，最早始于 1624 年的荷兰。旧中国，北洋军阀政府曾颁布过《印花税法》，并于 1913 年正式开征印花税。新中国成立后，中央人民政府政务院于 1950 年 1 月发布《印花税法》，规定印花税为全国统一开征的 14 个税种之一。1958 年简化税制时，将印花税并入工商统一税，印花税不再单独征收。

党的十一届三中全会以来，随着改革开放政策的贯彻实施，我国国民经济得到迅速发展，经济活动中依法书立各种凭证已成为普遍现象。根据经济发展和建设社会主义经济法制的需要，国家相继颁布了《经济合同法》、《商标法》、《工商企业登记管理条例》等一系列经济法规。为了在税收上适应不断变化的客观经济情况，广泛筹集财政资金，维护经济凭证书立、领受人的合法权益，1988年8月，国务院公布了《中华人民共和国印花税暂行条例》，于同年10月1日起恢复征收印花税。

中国不同时期的印花税票样

## 一、印花税的概念

印花税是对经济活动和经济交往中书立、使用、领受应税凭证的单位和个人征收的一种税。由于该税的纳税人是通过在应税凭证上粘贴"印花税票"来完成纳税义务的，故名印花税。

印花税票是缴纳印花税的完税凭证，由国家税务总局负责监制。其票面金额以人民币为单位，分为壹角、贰角、伍角、壹元、贰元、伍元、拾元、伍拾元、壹佰元9种。

## 二、印花税的主要内容

### （一）纳税人

印花税的纳税人，是在我国境内书立、使用、领受属于征税范围内所列凭证的单位和个人。包括各类企业、事业、机关、团体、部队，以及中外合资经营企业、合作经营企业、外资企业、外国公司企业和其他经济组织及其在华机构等单位和个人。根据书立、使用、领受凭证的不同，印花税的纳税人分别称为立合同人、立据人、立账簿人、领受人和使用人5种。

（1）立合同人。书立各类经济合同的，以立合同人为纳税人。

所谓立合同人，是指合同的当事人。不包括担保人、证人、鉴定人。如果应税凭证是由当事人的代理人代为书立的，则由代理人代为承担纳税义务。

（2）立据人。订立各种财产转移书据的，以立据人为纳税人。

（3）立账簿人。设立并使用营业账簿的，以立账簿人为纳税人。

（4）领受人。领取权利、许可证照的，以领受人为纳税人。

（5）使用人。在国外书立、领受，但在国内使用的应税凭证，其纳税人为使用人。

> **小提示** 对于同一凭证，凡是由两方或者两方以上当事人共同书立的，各方均为印花税的纳税人，应当由各方就所持凭证的计税金额履行纳税义务。

### （二）征税范围

印花税的征税范围为《税法》列举的应税凭证，《税法》未列举的不纳税。现行《税法》列举的应税凭证包括经济合同，产权转移书据，营业账簿，权利、许可证照和经财政部批准的

其他凭证五大类。具体范围如下:

> **想一想** 哪些经济活动要交纳印花税呢?

**1. 经济合同**

印花税只对依法订立的经济合同,以及具有合同性质的凭证征收。这里的经济合同,是指依据《中华人民共和国合同法》的有关规定订立的合同;对于具有合同性质的凭证,是指具有合同效力的协议、契约、合约、单据、确认书及其他各种名称的凭证。在《印花税税目税率表》中列举了10类合同和具有合同性质的应税凭证。

合同具体包括以下几种。

(1)购销合同,包括供应、预购、采购、购销结合及协作、调剂、补偿、易货等合同,还包括各出版单位与发行单位(不包括订阅单位和个人)之间订立图书、报纸、期刊和音像制品的应税凭证。

(2)加工承揽合同,包括加工、定做、修缮、修理、印刷、广告、测绘、测试等合同。

(3)建设工程勘察设计合同,包括勘察、设计合同的总承包合同、分包合同和转包合同。

(4)建筑安装工程承包合同,包括建筑、安装工程承包合同的总承包合同、分包合同和转包合同。

(5)财产租赁合同,包括租赁房屋、船舶、飞机、机动车辆、机械、器具、设备等合同,还包括企业、个人出租门店、柜台等所签订的合同,但不包括企业与主管部门签订的租赁承包合同。

(6)货物运输合同,包括民用航空、铁路运输、海上运输、内河运输、公路运输和联运合同,以及作为合同使用的单据。

(7)仓储保管合同,包括仓储、保管合同,以及作为合同使用的仓单、栈单(或称入库单)。对某些使用不规范的凭证不便计税的,可就其结算单据作为计税贴花的凭证。

(8)借款合同,包括银行及其他金融组织和借款人(不包括银行同业拆借)所签订的借款合同,以及只填开借据并作为合同使用的、取得银行借款的借据。融资租赁合同也属于借款合同。

(9)财产保险合同,包括企业财产保险、机动车辆保险、货物运输保险、家庭财产保险和农牧业保险五类保险合同,以及作为合同使用的单据。

(10)技术合同,包括技术开发、转让、咨询、服务等合同,以及作为合同使用的单据。其中:技术转让合同包括专利申请转让、非专利技术转让所书立的合同,但不包括专利权转让、专利实施许可所书立的合同,后者适用于"财产转移书据"合同。技术咨询合同是合同当事人就有关项目的分析、论证、评价、预测和调查订立的技术合同。而一般的法律会计、审计方面的咨询不属于技术咨询,其所立合同不纳印花税。

**2. 产权转移书据**

产权转移书据是产权所有人和产权受让人之间所订立的民事法律文书,是单位和个人产权的买卖、继承、赠与、交换、分割等所书立的书据,包括财产所有权(含股权转移书据)、版权、商标专用权、专利权、专有技术使用权等转移书据。其中：财产所有权转移书据，是指经政府管理机关登记注册的动产、不动产的所有权转移所书立的书据，包括股份制企业向社会公开发行的股票，因购买、继承、赠与所书立的产权转移书据。

**3. 营业账簿**

这里的营业账簿是指单位和个人按照财务会计制度的要求设置的财务会计账簿。按照营业账簿反映的内容不同，分为记载资金的账簿和其他账簿两类。

（1）记载资金的账簿：反映生产经营单位资本金数额增减变化的账簿，包括"实收资本"和"资本公积"账簿。

（2）其他账簿：除上述账簿以外的反映有关其他生产经营活动内容的账簿，包括日记账簿、各种明细账簿和总账账簿。

**4. 权利、许可证照**

权利、许可证照是指政府授予单位、个人某种法定权利和准予从事特定经济活动的各种证照的统称。包括政府部门发给的房屋产权证、工商营业执照、商标注册证、专利证、土地使用证等。

**5. 其他凭证**

其他凭证是指经财政部门确定征税的其他凭证。

> **小提示** 对于合法的涉及财产、货币的合同、账簿及各类权利证书、凭证，都要交纳印花税。

**（三）税率**

印花税税率的设计，遵循"税负从轻，共同负担"的原则，设有比例税率和定额税率两种形式。印花税的税目、税率如表8-1所示。

**1. 比例税率**

在印花税13个税目中，各类合同和具有合同性质的凭证、产权转移书据、营业账簿中记载资金的账簿，适用比例税率，共4个档次，分别为0.05‰、0.3‰、0.5‰、1‰。

**2. 定额税率**

在印花税13个税目中，权利、许可证照和营业账簿税目中的其他账簿，适用定额税率，均为按件贴花，税额为5元。

**（四）印花税的税收优惠**

印花税的税负较轻，按规定税务部门一般不受理纳税人的减免申请，但下列几类凭证可以减免印花税：

（1）对已纳印花税的凭证的副本或者抄本，免税；

（2）对财产所有人将财产赠给政府、社会福利单位、学校所立的书据，免税；

（3）对国家指定的收购部门与村民委员会、农民个人书立的农副产品收购合同，免税；

表 8-1 印花税税目税率表

| 类 别 | 税 目 | 范 围 | 税 率 | 纳税人 |
|---|---|---|---|---|
| 一、合同或具有合同性质的凭证 | 1. 购销合同 | 包括供应、预购、采购、购销结合及协作、调剂、补偿、易货等合同 | 按购销金额 0.3‰贴花 | 立合同人 |
| | 2. 加工承揽合同 | 包括加工、定做、修缮、修理、印刷、广告、测绘、测试合同 | 按加工或承揽收入 0.5‰贴花 | 立合同人 |
| | 3. 建设工程勘察设计合同 | 包括勘察、设计合同 | 按收取费用 0.5‰贴花 | 立合同人 |
| | 4. 建筑安装工程承包合同 | 包括建筑、安装工程承包合同 | 按承包金额 0.3‰贴花 | 立合同人 |
| | 5. 财产租赁合同 | 包括租赁房屋、船舶、飞机、机动车辆、机械、器具、设备等合同 | 按租赁额 1‰贴花。税额不足 1 元的按 1 元贴花 | 立合同人 |
| | 6. 货物运输合同 | 包括民用航空、铁路、运输、渔业运输、内河运输、公路运输和联运的合同 | 按运输费用 0.5‰贴花 | 立合同人 |
| | 7. 仓储保管合同 | 包括仓储、保管合同 | 按仓储保管费用 1‰贴花 | 立合同人 |
| | 8. 借款合同 | 包括银行及其他金融组织和借款人（不包括银行同业拆借）所签订的借款合同 | 按借款金额 0.05‰贴花 | 立合同人 |
| | 9. 财产保险合同 | 包括财产、责任、保证、信用等保险合同 | 按收取保险费收入 1‰贴花 | 立合同人 |
| | 10. 技术合同 | 包括技术开发、转让、咨询、服务等合同 | 按所载金额 0.3‰贴花 | 立合同人 |
| 二、书据 | 11. 产权转移书据（含股权转让书据） | 包括财产所有权和版权、商标专用权、专利权、专有技术使用权等转移书据 | 按所载金额 0.5‰贴花 | 立据人 |
| | | 包括上市股票和企业内部股票的买卖、继承、赠与等转让书据 | 按转让书据书立时证券市场当日的实际成交价格计算金额的 1‰贴花 | |
| 三、账簿 | 12. 营业账簿 | 包括生产经营账册 | 记载资金的账簿按实收资本和资本公积的合计金额 0.5‰贴花，其他账簿按件贴花 5 元 | 立账簿人 |
| 四、证照 | 13. 权利、许可证照 | 包括政府部门发给的房屋产权证、工商营业执照、商标注册证、专利证、土地使用证 | 按件贴花 5 元 | 领受人 |

（4）对无息、贴息贷款合同，免税；

（5）对外国政府或国际金融组织向我国政府及国家金融机构提供优惠贷款所书立的合同，免税；

（6）对房地产管理部门与个人签订的用于生活居住的租赁合同，免税；

（7）对农牧业保险合同，免税；

（8）对特殊货运凭证，免税。这类特殊货运凭证包括军事物资运输凭证，抢险救灾物资运输凭证，新建铁路的工程临管线运输凭证。

## 三、印花税的计算

印花税税额的计算分别采用从价定率和从量定额两种方法。

### （一）从价定率计算方法

#### 1. 计税依据

（1）各类经济合同，以合同上记载的金额、收入或费用为计税依据。具体有以下几点。

① 购销合同的计税依据为合同记载的购销金额。在商品购销活动中，采用以货换货方式进行商品交易签订的合同，是反映既购又销双重经济行为的合同，对此，应按合同所载的购、销合计金额计税贴花。

② 加工承揽合同的计税依据为加工或承揽收入金额。

③ 建设工程勘察设计合同的计税依据为勘察、设计收取的费用。

④ 建筑安装工程承包合同的计税依据为承包金额。

⑤ 财产租赁合同的计税依据为租赁金额。

⑥ 货物运输合同的计税依据为取得的运输费金额（即运费收入）。

⑦ 仓储保管合同的计税依据为仓储保管费用。

⑧ 借款合同的计税依据为借款金额。

⑨ 财产保险合同的计税依据为保险费金额。

⑩ 技术合同的计税依据为合同所载的价款、报酬或使用费。

（2）产权转移书据的计税依据为书据所载金额。股份制试点企业向社会公开发行的股票，因购买、继承、赠与所书立的股权转移书据，其计税依据为证券市场当日成交价格。

（3）记载资金的营业账簿的计税依据为"实收资本"和"资本公积"的两项合计金额。对跨地区经营的分支机构的营业账簿在计税贴花时，为了避免对同一资金重复计税，规定上级单位记载资金的账簿，应按扣除拨给下属机构资金数额后的其余部分计算贴花。

### 2. 应纳税额的计算

从价定率计征的印花税应缴纳税额的计算公式为：

$$应纳税额=应税凭证计税金额×适用税率$$

> **小提示** 如果同一凭证，载有两个或两个以上的经济事项而适用不同税率的，应按分别记载的金额计算纳税，未分别记载金额的，从高适用税率。

### （二）从量定额计算方法

#### 1. 计税依据

对于除了记载资金账簿之外的其他营业账簿和权利、许可证照，以计税凭证的数量为计税依据。

#### 2. 计税依据的特殊规定

（1）以"金额""收入""费用"作为计税依据的应当全额计税，不得作任何扣除。

（2）同一凭证，载有两个或两个以上经济事项而适用不同税目税率，如分别记载金额的，应分别计算应纳税额，相加后按合计税额贴花；如未分别记载金额的，按税率高的计税贴花。

（3）按金额比例贴花的应税凭证，未标明金额的，应按照凭证所载数量及国家牌价计算金额；没有国家牌价的，按市场价格计算金额，然后按规定税率计算应纳税额。

（4）应纳税额不足1角的，免纳印花税；1角以上的，其税额尾数不满5分的不计，满5分的按1角计算。

（5）有些合同（如技术转让、财产租赁等合同），在签订时无法确定计税金额，可先按定额5元贴花，以后结算时再按实际金额计税。

（6）应税合同在签订时纳税义务即已产生，应计算应纳税额并贴花。

（7）对有营业收入的事业单位，凡属由国家财政拨付事业经费，实行差额预算管理的单位，其记载经营业务的账簿，按其他账簿定额贴花，不记载经营业务的账簿不贴花；凡属经费来源实行自收自支的单位，应对记载资金的账簿和其他账簿分别计算应纳税额。

（8）采用以货换货方式进行商品交易签订的合同，应按合同所载的购、销合计金额计税贴花；合同未列明金额的，应按合同所载购、销数量依照国家牌价或者市场价格计算应纳税额。

（9）施工单位将自己承包的建设项目分包或转包给其他施工单位所签订的分包合同或者转包合同，应按新的分包合同或转包合同所载的金额计算应纳税额。

（10）对国内各种形式的货物联运，凡在起运地统一结算全程运费的，应以全程运费作为计税依据，分别由办理运费结算的各方缴纳印花税。

**3. 应纳税额的计算**

从量定额计征的印花税应缴纳税额的计算公式为：

$$应纳税额 = 凭证数量 \times 单位税额$$

【例8-1】 吉祥物资公司2016年1月开业，当年发生以下有关业务事项：领受房屋产权证、工商营业执照、土地使用证各1件；与其他企业订立专利技术使用权书据1件，所载金额1 000万元；订立产品购销合同1份，所载金额为500万元；订立借款合同1份，所载金额200万元；企业记载资金的账簿中，"实收资本""资本公积"账户记载资金为2 000万元，其他营业账簿8本。

问：吉祥物资公司2016年应交纳的印花税税额是多少？

**解** （1）企业领受权利、许可证照应纳税额：

应纳税额 = 3×5 = 15（元）

（2）企业订立产权转移书据应纳税额：

应纳税额 = 10 000 000×0.5‰ = 5 000（元）

（3）企业订立购销合同应纳税额：

应纳税额 = 5 000 000×0.3‰ = 1 500（元）

（4）企业订立借款合同应纳税额：

应纳税额 = 2 000 000×0.05‰ = 100（元）

（5）企业记载资金账簿应纳税额：

应纳税额 = 20 000 000×0.5‰ = 10 000（元）

（6）企业其他营业账簿应纳税额：

应纳税额 = 8×5 = 40（元）

（7）2016年该企业应纳印花税总额：

应纳印花税总额 = 15+5 000+1 500+100+10 000+40 = 16 655（元）

> **小提示** 对于记载资金的账簿，如资金发生变化，应按增加额补贴印花税票。

**拓展阅读**

**印花税的由来**

印花税是世界各国普遍征收的一个税种。它历史悠久，最早始于 1624 年的荷兰。

公元 1624 年，荷兰政府陷入了严重的经济危机，财政十分困难。当时执掌政权的统治者摩里斯打算增税解决财政困难，但又怕遭到人民的反对，便要求大臣们出谋献策。众大臣议来议去，就是想不出两全其美的办法来。

万般无奈，荷兰统治者决定采用公开招标的办法，用重赏寻求新税的设计方案。方案中选的条件是：一是税源要可观，收入应基本能弥补财政缺口；二是要保证不至于引起民愤，出现难以控制的局面；三是要保证不会导致经济状况进一步恶化；四是手续简便易行，税收成本低廉。

荷兰政府从成千上万个应征者设计的方案中，筛选出一个"完美方案"——印花税。其设计方案可谓匠心独具：第一，考虑到人们在日常生活中经常使用契约、借贷凭证之类单据的事实，所以一旦征税，税源将很大；第二，顺应了人们的心理，人们认为在凭证、单据上由政府盖个印戳而成为合法凭证是理所当然的，在诉讼时可以有法律保障，因而也乐于缴纳印花税。

正是这样，印花税被誉为税负轻微、税源畅旺、手续简便、成本低廉的"良税"。

## 四、印花税的纳税申报

### （一）纳税环节

印花税应当在书立或领受时贴花。具体是指在合同签订时、账簿启用时和证照领受时贴花。如果合同是在国外签订的，并且不便在国外贴花的，应在将合同带入境内时办理贴花纳税手续。

### （二）纳税方法

印花税的纳税办法，根据税额大小、贴花次数，以及税收征收管理的需要，分别采用以下三种纳税办法。

**1. 自行贴花**

纳税人书立、领受或者使用应税凭证的同时，纳税义务即已产生，即应根据应纳税凭证的性质和适用的税率，自行计算应纳税额，自行购买印花税票，自行一次贴足印花税票并加以注销或画销。这种办法一般适用于应税凭证较少或同一凭证纳税次数较少的纳税人。

对已经贴花的凭证，修改后所载金额增加的，其增加部分应当补贴印花税票。凡多贴印花税票者，不得申请退税或者抵用。

**小提示**

少贴要补，多贴不退。

**2. 汇贴或汇缴**

对一份凭证应纳税额超过 500 元的，应当向当地税务机关申请填写缴款书或者完税凭证，将其中一联粘贴在应税凭证上或者由税务机关在凭证上加注完税标记代替贴花。这种办法一般适用于应纳税额较大或者贴花次数频繁的纳税人。

**3. 委托代征**

委托代征是指通过税务机关的委托，经由发放或者办理应税凭证的单位代为征收印花税税款。工商行政管理机关核发的各类营业执照和商标注册证的同时，负责代售印花税票，并监督领受单位或个人负责贴花。税务机关委托工商行政管理机关代售印花税票，按代售金额 5% 的比例支付代售手续费。

> **小提示**　纳税人不论采用哪一种纳税办法，均应对纳税凭证妥善保存。凭证的保存期限，凡国家已有明确规定的，按规定办理；其余凭证均应在履行完毕后保存一年。

**（三）纳税地点**

印花税一般实行就地纳税。对于全国性商品物资订货会（包括展销会、交易会等）上所签订合同应纳的印花税，由纳税人回其所在地后及时办理贴花手续；对地方主办、不涉及省际关系的订货会、展销会上所签合同的印花税，其纳税地点由各省、自治区、直辖市人民政府自行确定。

**（四）纳税申报综合实训**

《印花税纳税申报（报告）表》的格式如表 8-2 所示。

**【案例材料】**

美凯有限责任公司（纳税人识别号：3701030000002071111）2017 年 1 月开业领受房屋产权证、工商营业执照、商标注册证、土地使用证各一件；与其他企业订立转移专用技术使用权证书一件，所载金额 90 万元；订立产品购销合同两份，所载金额为 160 万元；订立借款合同一份，所载金额 50 万元；订立财产保险合同一份，保险费 5 万元。此外，公司的营业账簿中，"实收资本"科目载有资金 200 万元，其他账簿 5 本。

分析计算该公司 1 月应纳印花税，并填制《印花税纳税申报（报告）表》（见表 8-2）。

**【计算与解析】**

（1）权利、许可证照包括政府部门发给的房屋产权证、工商营业执照、商标注册证、专利证和土地使用证。

企业领受权利、许可证照应纳税额 = 4×5 = 20（元）

（2）企业订立产权转移书据应纳税额 = 900 000×0.5‰ = 450（元）

（3）企业订立购销合同应纳税额 = 1 600 000×0.3‰ = 480（元）

（4）企业订立借款合同应纳税额 = 500 000×0.05‰ = 25（元）

（5）企业订立财产保险合同应纳税额=50 000×1‰=50（元）

（6）企业营业账簿中"实收资本"应纳税额=2 000 000×0.5‰=1 000（元）

（7）企业其他营业账簿应纳税额=5×5=25（元）

（8）1月应纳印花税税额=20+450+480+25+50+1 000+25=2 050（元）

**【申报与填写】**

表8-2 印花税纳税申报（报告）表

税款所属期限：自2017年01月01日至2017年01月31日 填表日期：2017年01月31日 金额单位：元至角分

| 纳税人识别号 | | | | | | | | | | | | | | | | | |

| 纳税人信息 | 名称 | | | | | | □单位 □个人 | |
|---|---|---|---|---|---|---|---|---|
| | 登记注册类型 | | | | 所属行业 | | | |
| | 身份证件类型 | | | | 身份证件号码 | | | |
| | 联系方式 | | | | | | | |

| 应税凭证 | 计税金额或件数 | 核定征收 | | 适用税率 | 本期应纳税额 | 本期已缴税额 | 本期减免税额 | | 本期应补（退）税额 |
|---|---|---|---|---|---|---|---|---|---|
| | | 核定依据 | 核定比例 | | | | 减免性质代码 | 减免额 | |
| | 1 | 2 | 3 | 4 | 5=1×4+2×3×4 | 6 | 7 | 8 | 9=5-6-8 |
| 购销合同 | 1 600 000 | | | 0.3‰ | 480.00 | | | | 480.00 |
| 加工承揽合同 | | | | 0.5‰ | | | | | |
| 建设工程勘察设计合同 | | | | 0.5‰ | | | | | |
| 建筑安装工程承包合同 | | | | 0.3‰ | | | | | |
| 财产租赁合同 | | | | 1‰ | | | | | |
| 货物运输合同 | | | | 0.5‰ | | | | | |
| 仓储保管合同 | | | | 1‰ | | | | | |
| 借款合同 | 500 000 | | | 0.05‰ | 25.00 | | | | 25.00 |
| 财产保险合同 | 50 000 | | | 1‰ | 50.00 | | | | 50.00 |
| 技术合同 | | | | 0.3‰ | | | | | |
| 产权转移书据 | 900 000 | | | 0.5‰ | 450.00 | | | | 450.00 |
| 营业账簿（记账资金的账簿） | 2 000 000 | — | | 0.5‰ | 1 000.00 | | | | 1 000.00 |
| 营业账簿（其他账簿） | 5 | — | | 5 | 25.00 | | | | 25.00 |
| 权利、许可证照 | 4 | — | | 5 | 20.00 | | | | 20.00 |
| 合计 | —— | — | | —— | 2025.00 | | | | 2025.00 |

| 以下由纳税人填写： | |
|---|---|
| 纳税人声明 | 此纳税申报表是根据《中华人民共和国印花税暂行条例》和国家有关税收规定填报的，是真实的、可靠的、完整的。 |
| 纳税人签章 | 代理人签章 代理人身份证号 |
| 以下由税务机关填写： | |
| 受理人 | 受理日期 年 月 日 受理税务机关签章 |

注：本表一式二份，一份纳税人留存，一份税务机关留存；减免性质代码：减免性质代码按照税务机关最新制发的减免税政策代码表中的最细项减免性质代码填报。

**【思考】**

同学们，通过了解印花税的由来，能试着总结一下印花税的特点吗？

**拓展阅读**

印花税的特点

1．具有行为税和凭证税双重性质

印花税是对单位和个人书立、使用、领受的应税凭证征收的一种税，具有凭证税性质。同时，由于任何一种应税经济凭证反映的都是某种特定的经济行为，因此，对凭证征税在实质上是对经济行为的课税。

2．征税范围广

凡书立、使用和领受凭证的单位和个人，都要缴纳印花税，现行印花税的应税凭证共分为5大类13个税目，其征税范围是极其广泛的。同时，随着经济的发展和法制的健全，依法书立经济凭证的现象将会愈来愈普遍，涉及经济生活的各个方面。

3．税率低，税负轻

印花税的最高税率只有1%，最低税率仅为0.05%，与其他税种相比，税率要低得多，其税负较轻。

4．纳税人自行完税

印花税实行"三自"的纳税办法，即纳税人自行计算应纳税额，自行购买并粘贴印花税票，并在印花税票上自行注销或画销。这是印花税与其他税种在缴纳方法上的不同之处。

# 第二节　车辆购置税

**拓展阅读**

"费改税"是我国财税改革的重点，也是我国积极财政政策的重要内容。车辆购置税就是由车辆购置附加费改革而来的。我国于1985年5月1日开征了车辆购置附加费，专项用于国家公路建设。2000年10月22日，国务院颁布《中华人民共和国车辆购置税暂行条例》，将征收车辆购置附加费改为开征车辆购置税，自2001年1月1日起施行。2005年10月25日国家税务总局颁布《车辆购置税征收管理办法》，自2006年1月1日起施行，2011年12月国家税务总局决定对该管理办法的有关条款进行了修改完善。

## 一、车辆购置税的概念

车辆购置税是在我国境内，对购置应税车辆征收的一种税。

## 二、车辆购置税的主要内容

### （一）纳税人

车辆购置税的纳税人是指在中华人民共和国境内购置应税车辆的所有单位和个人。

（1）确定车辆购置税的纳税人，要符合以下条件：

① 发生了购置车辆的行为（即应税行为）；

② 这种行为发生在中国境内（即征税区域）；

③ 所购置的车辆属于条例规定征税的车辆。

（2）这里的购置行为，包括购买、进口、自产、受赠、获奖或者以其他方式取得并自用应税车辆的行为。

## （二）征税范围

车辆购置税的征税范围包括汽车、摩托车、电车、挂车、农用运输车。具体征税范围如表 8-3 所示。

表 8-3　车辆购置税征税范围表

| 应 税 车 辆 | 具 体 车 辆 | 标　　准 |
|---|---|---|
| 汽车 | 各类汽车 | |
| 摩托车 | 轻便摩托车 | 最高设计时速不大于 50km/h，发动机气缸总排量不大于 50 cm³ 的两个或者三个车轮的机动车 |
| | 两轮摩托车 | 最高设计时速不大于 50km/h，发动机气缸总排量不大于 50 cm³ 的两个车轮的机动车 |
| | 三轮摩托车 | 最高设计时速不大于 50km/h，发动机气缸总排量不大于 50 cm³、空车重量不大于 400kg 的三个车轮的机动车 |
| 电车 | 无轨电车 | 以电能为动力，由专用输电电缆线供电的轮式公共车辆 |
| | 有轨电车 | 以电能为动力，在轨道上行驶的公共车辆 |
| 挂车 | 全挂车 | 无动力设备，独立承载，由牵引车辆牵引行驶的车辆 |
| | 半挂车 | 无动力设备，与牵引车辆共同承载，由牵引车辆牵引行驶的车辆 |
| 农用运输车 | 三轮农用运输车 | 柴油发动机，功率不大于 7.4kw，载重量不大于 500kg，最高车速不大于 40km/h 的三个车轮的机动车 |
| | 四轮农用运输车 | 柴油发动机，功率不大于 28kw，载重量不大于 1 500kg，最高车速不大于 50km/h 的四个车轮的机动车 |

注：自 2004 年 10 月 1 日起对农用三轮车免征车辆购置税。

## （三）税率

现行车辆购置税的税率为 10%。

> **小提示**　曾对 1.6L 及以下排量乘用车减按 7.5%的税率征收车辆购置税的政策于 2010 年 12 月 31 日停止执行，自 2011 年 1 月 1 日起，对 1.6L 及以下排量乘用车统一按 10%的税率征收车辆购置税。

## （四）车辆购置税的税收优惠

我国车辆购置税实行法定减免税，具体范围有以下四点。

（1）外国驻华使馆、领事馆和国际组织驻华机构及其外交人员自用的车辆，免税。

（2）中国人民解放军和中国人民武装警察部队列入军队武器装备订货计划的车辆，免税。

（3）设有固定装置的非运输车辆，免税。

（4）有国务院予以减税或者免税的其他情形的，按照规定减税或者免税。

## 三、车辆购置税的计算

车辆购置税实行从价定率、价外征收的方法计征。其计算公式为：

$$应纳税额=计税价格×税率$$

计税价格根据不同情况，按照下列规定确定。

### 1. 购买自用应税车辆的计税价格

纳税人购买自用应税车辆的计税价格，为纳税人购买应税车辆而支付给销售者的全部价款和价外费用，不包括增值税税款；纳税人购车发票的价格未扣除增值税税款的，在确定车辆购置税计税依据时，应将其换算为不含增值税的销售价格，即：

计税价格=含增值税的销售价格÷（1+17%）

=（全部价款+价外费用）÷（1+17%）

【例8-2】 李云2016年9月购买长安铃木牌（排气量1.6L）轿车一辆自用，支付价款（含增值税）109 800元，支付购买工具件价款7 200元。国家税务总局对该同类型车辆核定的最低计税价格为80 000元。

问：李云应纳车辆购置税税额是多少？

**解** 计税价格=（109 800+7 200）÷（1+17%）=100 000（元）

李云应纳税额=100 000×10%=10 000（元）

在例8-2中，计税价格高于最低计税价格（100 000＞80 000），所以应按实际计税价格计算应纳税额。

【例8-3】 假设在例8-2中，国家税务总局对同类型车辆核定的最低计税价格为110 000元。

问：李云应纳车辆购置税多少元？

**解** 计税价格=（109 800+7 200）÷（1+17%）=100 000（元）

李云所购车辆的计税价格低于最低计税价格：110 000元，所以应按最低计税价格计税。

应纳车辆购置税额=110 000×10%=11 000（元）

> **知识链接**
>
> 购买自用应税车辆的计税价格为支付的全部价款和价外费用，但不包括增值税税款。"价外费用"是指销售方价外向购买方收取的基金、集资费、返还利润、补贴、违约金（延期付款利息）和手续费、包装费、储存费、优质费、运输装卸费、保管费、代收款项、代垫款项，以及其他各种性质的价外收费。
>
> 国家税务总局参照应税车辆市场平均交易价格，规定不同类型应税车辆的最低计税价格，也就是确定车辆购置税的征税低限。纳税人购买自用或者进口自用应税车辆，如果计税价格低于最低计税价格，则按最低计税价格计算应纳税额；如果实际价格高于最低计税价格，则按发票上的实际价格计算应纳税额。

**2. 纳税人进口自用的应税车辆的计税价格**

纳税人进口自用应税车辆的计税价格计算公式为：

$$计税价格=关税完税价格+关税+消费税$$

**【例8-4】** 王冰从国外进口购买一辆名牌小轿车，关税完税价格为 50 万元，关税税率为 40%，消费税税率为 5%，车辆购置税税率为 10%。

问：王冰应纳车辆购置税多少元？

**解** 进口车辆的计税价格=500 000+500 000×40%+（500 000+500 000×40%）÷（1-5%）×5%= 736 842.11（元）

应纳车辆购置税税额=736 842.11×10%=73 684.21（元）

**3. 其他方式取得并自用应税车辆计税价格的确定**

纳税人自产、受赠、获奖和以其他方式取得并自用应税车辆的计税价格，由征收机关参照国家税务总局规定的最低计税价格核定。

**【例8-5】** 同福汽车制造厂将一辆自产轿车用于本厂办公，该厂在办理车辆上牌落户时，出具该车的发票注明轿车价值为 70 000 元，国家税务总局对同类型车辆核定的最低计税价格为 90 000 元，该厂对作价问题提不出正当理由。

问：该汽车制造厂应纳车辆购置税税额是多少？

**解** 该厂应纳车辆购置税税额=90 000×10%=9 000（元）

# 四、车辆购置税的纳税申报

## （一）纳税环节

纳税人应当在向公安机关等车辆管理机构办理车辆登记注册手续前，缴纳车辆购置税。

车辆购置税选择单一环节，实行一次课征制度：购置已征车辆购置税的车辆，不再征收车辆购置税。这就是说，应税车辆在课征车辆购置税后再发生转售、赠送，购买者或受赠者在车辆过户、转籍手续时，不再征收车辆购置税。但减免税车辆因转售、赠送后减免税条件消失的，仍应按规定补征车辆购置税。

> **小提示** 每辆车辆只征一次车辆购置税！

## （二）纳税期限

（1）纳税人购买自用的应税车辆，应当自购买之日起 60 日内申报纳税；

（2）进口自用应税车辆，应当自进口之日起 60 日内申报纳税；

（3）自产、受赠、获奖和以其他方式取得并自用应税车辆的，应当自取得之日起 60 日内申报纳税；

（4）减税、免税车辆因转让、改变用途等原因不再属于减税、免税范围的，应当在办理车辆过户手续前或者办理变更车辆登记注册手续前缴纳车辆购置税。车辆购置税税款于纳税人办理纳税申报时一次缴清。

### （三）纳税地点

纳税人购置应税车辆，应当向车辆登记注册地的主管税务机关申报缴纳；购置不需办理车辆登记注册手续的应税车辆，应当向纳税人所在地的主管税务机关申报纳税。

## 四、纳税申报综合实训

《车辆购置税纳税申报表》的格式如表 8-4 所示。

**表 8-4 车辆购置税纳税申报表**

填表日期：2016 年 10 月 01 日　　　　　　行业代码：　　　　　　　　　注册类型代码：

纳税人名称：王 军　　　　　　　　　　　　　　　　　　　　　　　　　　金额单位：元

| 纳税人证件名称 | 居民身份证 | | 证件号码 | | 370205196909170035 | |
|---|---|---|---|---|---|---|
| 联系电话 | 13005317777 | 邮政编码 | 250001 | 地址 | 山东省济南市明湖路 37 号 | |
| 车辆基本情况 | | | | | | |
| 车辆类别 | 1. 汽车 ☑　2. 摩托车 ☐　3. 电车 ☐　4. 挂车 ☐　5. 农用运输车 ☐ | | | | | |
| 生产企业名称 | 一汽奥迪汽车公司 | | 机动车销售统一发票（或有效凭证）价格 | | 409 500 | |
| 厂牌型号 | 奥迪 FV7741CVI | | 关税完税价格 | | | |
| 发动机号码 | BDW 087597 | | 关税 | | | |
| 车辆识别代号（车架号码） | LFV6P24F653006906 | | 消费税 | | 3 150 | |
| 购置日期 | 2016 年 10 月 1 日 | | 减（免）税条件 | | | |
| 申报计税价格 | 计税价格 | | 税率 | 减税、免税额 | 应纳税额 | |
| 1 | 2 | | 3 | 4=2×3 | 5=1×3 或 2×3 | |
| 350 000 | | | 10% | | 35 000 | |
| | | | | | | |

| 申报人声明 | 授权声明 |
|---|---|
| 此纳税申报表是根据《中华人民共和国车辆购置税暂行条例》的规定填报的，我相信它是真实的、可靠的、完整的。<br>声明人签字：王军 | 如果你已委托代理人申报，请填写以下资料：<br>为代理一切税务事宜，现授权____，地址____为本纳税人的代理申报人，任何与本申报表有关的往来文件，都可寄予此人。<br>授权人签字： |

| 纳税人签名或盖章 | 如委托代理人的，代理人应填写以下各栏 | | |
|---|---|---|---|
| | 代理人名称 | | 代理人（章） |
| | 地　址 | | |
| | 经办人 | | |
| | 电　话 | | |

**【案例材料】**

王军（身份证号码：370205196909170035）于 2016 年 10 月 1 日从一汽奥迪汽车经销公司购买一辆型号为奥迪 A6L（排气量：2.4L）的轿车（厂牌型号：奥迪 FV7741CVI；发动机号码：BDW 087597；车辆识别代号：LFV6P24F653006906）供自己使用，支付含增值税车价款40.5 万元，另支付代收临时牌照费 200 元，代收保险费 800 元，支付购买工具和零配件价款 3 000

元，车辆装饰费 500 元。支付的各项价费款均由大众公司开具"机动车销售统一发票"和有关票据。该车适用的车辆购置税税率为 10%，消费税税率为 9%。

计算王军应缴纳的车辆购置税及消费税，并填制《车辆购置税纳税申报表》（见表8-4）。

**【计算与解析】**

计税价格＝（405 000+200+800+3000+500）÷（1+17%）= 350 000（元）

应纳车辆购置税= 350 000×10%=35 000（元）

应纳消费税= 350 000×9%=3 150（元）

**【注意】**

购置小汽车属于消费税的征税范围。

> **想一想**
>
> 你最喜欢什么牌子什么款式的小汽车？现在价格是多少？最低计税价格是多少？如果你要购买的话，需要缴纳的车辆购置税是多少？到哪里去缴？

# 第三节　城市维护建设税

**拓展阅读**

政府兴办公用事业，钱还得由受益者出。开征城市维护建设税，便体现了"谁受益，谁上税"的原则。1979 年以前，我国用于城市维护建设的资金来源由当地的工商税附加、城市公用事业附加和国拨城市维护费组成。1979 年国家开始在部分大中城市试行从上年工商利润提取 5%用于城市维护和建设的办法。1981 年开始提出根据城市建设的需要开征城市维护建设税，作为县以上城市和工矿区市政建设的专项资金。1985 年 2 月，国务院颁布了《中华人民共和国城市维护建设税暂行条例》，并于 1985 年 1 月 1 日在全国范围内施行。近 25 年的实践证明，城市维护建设税在城市维护、城市建设中功不可没。

## 一、城市维护建设税的概念

城市维护建设税（简称城建税），是国家制定的用以调整城市维护建设税征收与缴纳权利及义务关系的法律规范。它属于特定目的税，是国家为加强城市的维护建设，扩大和稳定城市维护建设资金的来源而采取的一项税收措施。同时具有附加税性质。

## 二、城市维护建设税的主要内容

### （一）纳税人

城建税的纳税人，是指负有缴纳"三税"义务的单位和个人，包括国有企业、集体企业、私营企业、股份制企业、外商投资企业、外国企业、行政事业单位、军事单位、社会团体及个体工商户和其他个人（含外籍个人）。

## （二）税率

城建税的税率，是指纳税人应缴纳的城建税税额与纳税人实际缴纳的"三税"税额之间的比率。城建税按纳税人所在地的不同，设置了三档地区差别比例税率，即：

（1）纳税人所在地为市区的，税率为7%；

（2）纳税人所在地为县城、镇的，税率为5%；

（3）纳税人所在地不在市区、县城或者镇的，税率为1%。

> **想一想**
>
> 同学们现在的所在地，纳税人应适用哪种税率？

应当注意的是，确定城建税的适用税率时，应当以纳税人所在地为依据来确定适用税率。但是，对下列两种情况，可按缴纳"三税"所在地确定适用税率，并就地缴纳城建税：

（1）由受托方代征代扣"三税"的单位和个人，按受托方所在地适用税率计算代扣代缴的城建税；

（2）流动经营等无固定纳税地点的单位和个人，在经营地缴纳"三税"的，按经营地适用税率计算缴纳城建税。

### （三）城市维护建设税的税收优惠

城建税原则上不单独减免，但因城建税又具附加税性质，当减免主税（增值税、消费税、营业税）时，相应的城建税也要减免。具体有以下几种情况：

（1）城建税随"三税"的减免而减免；

（2）对于因减免"三税"而发生的退税，同时退还已纳的城建税；

（3）海关对进口产品代征的增值税、消费税，不征收城建税。但出口产品退还增值税、消费税的，不退还已缴纳的城建税。即城建税进口不征，出口不退；

（4）为支持三峡工程建设，对三峡建设资金，自2004年1月1日至2009年12月31日期间，免征城建税和教育费附加；

（5）对"三税"实行先征后返、先征后退、即征即退办法的，除另有规定外，对随"三税"附征的城建税和教育费附加，一律不予退（返）还。

> **小提示**
>
> 自2010年12月1日起，将外商投资企业、外国企业及外籍个人（简称外资企业）纳入城市维护建设税和教育费附加的征收范围。

## 三、城市维护建设税的计算

### （一）计税依据

全面营业税改征增值税前，城建税的计税依据，是指纳税人实际缴纳的增值税、消费税、营业税税额相加之和，即实际缴纳的"三税"税额之和。城建税没有独立的计税依据。

在具体确定时需要注意下面三点。

（1）城建税计税依据只是纳税人实际缴纳的"三税"税额，不包括非应税款项。

（2）纳税人违反"三税"有关规定，被查补"三税"和被处以罚款时，应同时对其偷漏的城建税进行补税和罚款。

（3）纳税人违反"三税"有关税法而加收的滞纳金和罚款，不作为城建税的计税依据。

## （二）计算方法

城建税纳税人的应纳税额大小是由纳税人实际缴纳的"三税"税额决定的。其计算公式为：

应纳税额=实际缴纳的增值税、消费税、营业税之和×适用税率

【例8-6】 北京兴隆公司2016年9月实际缴纳增值税218万元，缴纳消费税57万元，营业税15万元。

问：该公司2016年9月应纳城市维护建设税税额是多少？

**解** 应纳税额=（218+57）×7% = 19.25（万元）

> **小提示** 城建税实行纳税人所在地差别比例税率，应根据纳税人所在地来确定适用税率。

# 三、城市维护建设税的纳税申报

## （一）纳税环节

城建税的纳税环节，是指城建税法规定的纳税人应当缴纳城建税的环节。城建税的缴纳环节，实际就是纳税人缴纳"三税"的环节。纳税人只要发生"三税"的纳税义务，就要在同样的环节，分别计算缴纳城建税。

## （二）纳税期限

由于城建税是由纳税人在缴纳"三税"的同时缴纳的，所以其纳税期限分别与"三税"的纳税期限一致。

由于城建税暂行条例是在1994年分税制前制定的，1994年后，增值税、消费税由国家税务局征收管理，而城市维护建设税由地方税务局征收管理，因此，在缴纳入库的时间上不一定一致。

## （三）纳税地点

城建税以纳税人实际缴纳的增值税、消费税、营业税税额为计税依据，分别与"三税"同时缴纳。所以纳税人缴纳"三税"的地点，就是该纳税人缴纳城建税的地点。但是属于下列情况的，纳税地点为：

（1）代征代扣"三税"的单位和个人，其城建税的纳税地点在代征代扣地；

（2）对流动经营无固定纳税地点的单位和个人，应随同"三税"在经营地按适用税率缴纳。

## （四）纳税申报综合实训

《城市维护建设税纳税申报表》的格式如表 8-5 所示。

### 【案例材料】

凯悦化妆品有限公司（纳税人识别号：370103067000011111）位于济南市市区，开户行为中国工商银行济南花园路支行，账号 951234587665782；属于增值税一般纳税人，适用增值税税率为 17%，消费税税率为 30%，2016 年 9 月有关生产经营业务如下：

（1）销售 A 化妆品给某大商场，开具增值税专用发票，取得不含税销售额 800 万元；

（2）销售 B 化妆品，开具普通发票，取得含税销售额为 58.5 万元；

（3）购进原材料取得增值税专用发票，注明支付的货款 90 万元，另外，支付购货的运输费用 1 万元，取得运输公司开具的增值税专用发票。

计算该企业 2016 年 9 月应纳增值税、消费税、城市维护建设税及教育费附加，并填制《城建税纳税申报表》（见表 8-5）。

### 【计算与解析】

（1）应纳增值税：

应纳增值税销项税 = $[8\ 000\ 000+585\ 000\div(1+17\%)]\times17\%$

　　　　　　　　 = 1 445 000（元）

应纳增值税进项税 = $900\ 000\times17\%+10\ 000\times11\%$

　　　　　　　　 = 153 000+1 100 = 154 100（元）

应纳增值税 = 1 445 000−154 100 = 1 290 900（元）

（2）应纳消费税 = $[8\ 000\ 000+585\ 000\div(1+17\%)]\times30\%$

　　　　　　 = 2 550 000（元）

（3）应纳城市建设维护税 = $(1\ 290\ 900+2\ 550\ 000)\times7\%$

　　　　　　　　　　　 = 268 863（元）

表 8-5　城市维护建设税纳税申报表

填表日期：　2016 年 10 月 10 日　　　　开户银行：中国工商银行济南花园路支行　　　账　　号：951234587665782

纳税人识别号：370103067000011111　　　　　　　　　　　　　　　金额单位：元（列至角分）

| 纳税人名称 | | 凯悦化妆品有限公司 | | | 税款所属时期 | | 2012 年 9 月 |
|---|---|---|---|---|---|---|---|
| 计税依据 | 计税金额 | 税率 | 应纳税额 | | 已纳税额 | | 应补（退）税额 |
| 1 | 2 | 3 | 4=2×3 | | 5 | | 6=4−5 |
| 增值税 | 1 290 900.00 | 7% | 90 363.00 | | | | 90 363.00 |
| 消费税 | 2 550 000.00 | 7% | 178 500.00 | | | | 178 500.00 |
| | | | | | | | |
| 合计 | 3 840 900.00 | | 268 863.00 | | | | 268 863.00 |
| 如纳税人填报，由纳税人填写以下各栏 | | | 如委托代理人填报，由代理人填写以下各栏 | | | | 备注 |
| 会计主管（签章） | | 纳税人（公章） | 代理人名称 | | | 代理人（公章） | |
| | | | 代理人地址 | | | | |
| | | | 经办人姓名 | | | 电话 | |

**【思考】**

同学们，通过我们学习"城市维护建设税"的有关知识，能试着总结一下"城市维护建设税"的特点吗？

✂ **拓展阅读** - - - - - - - - - - - - - - - - - - - - - - - - - - - - - - - - - - - - - - - - - - - - - - - - -

### 城市维护建设税的特点

1. 具有附加税性质

城建税与其他税种的显著不同，在于它没有自己独立的征税对象，而是以纳税人实际缴纳的"三税"税额为计税依据，附加于"三税"税额，随"三税"同时征收，其征管方法也完全比照"三税"的有关规定办理。

2. 具有特定目的

城建税税款专门用于城市的公用事业和公共设施的维护建设。城建税为开发建设新兴城市，扩展、改造旧城市，发展城市公用事业，以及维护公共设施等提供了稳定的资金来源，使城市的维护建设随着经济的发展而不断发展，体现了对受益者课税，权利与义务相一致的原则。

3. 采用差别比例税率

城市维护建设税的负担水平，不是依据纳税人获取的利润水平或经营特点，而是根据纳税人所在城镇的规模及其资金需要设计的，采用差别比例税率。城镇规模大的，税率高一些；反之，就要低一些。应能够使市政建设任务及其资金需求量不同地区，获得相应的城市维护与建设资金，因地制宜地进行城市的维护与建设。

4. 征收范围较广

消费税、增值税、营业税是我国税制的主体税种，其征税范围基本包括了我国境内所有有经营行为的单位和个人。城市维护建设税以"三税"税额作为税基，意味着对所有纳税人都要征收城市维护建设税。因此，它的征税范围比其他任何税种的征税范围都要广。

- - - - - - - - - - - - - - - - - - - - - - - - - - - - - - - - - - - - - - - - - - - - - - - - - - - -

# 第四节 教育费附加

## 一、教育费附加的概念

教育费附加是对缴纳增值税、消费税、营业税的单位和个人，就其实际缴纳的"三税"税额为计算依据而征收的一种附加费。教育费附加是为加快地方教育事业的发展，扩大地方教育经费的资金而征收的一项有专门用途的基金。国务院于1986年4月28日颁布了《征收教育费附加的暂行规定》，决定从同年7月1日开始在全国范围内征收教育费附加，目的是为了多渠道筹集教育经费，改善中小学办学条件，促进地方教育事业的发展。

## 二、教育费附加的主要内容

### （一）征税范围及计征依据

教育费附加对缴纳增值税、消费税、营业税的单位和个人征收，并以其实际缴纳的"三税"

税额为计征依据，分别与增值税、消费税、营业税同时缴纳。

> **小提示** 教育费附加的计征依据与城建税的计税依据是一致的。

### （二）教育费附加率

现行教育费附加率为3%。

### （三）教育费附加的减免规定

（1）对海关进口的产品征收的增值税、消费税不征收教育费附加。

（2）对由于减免增值税、消费税和营业税而发生退税的，可同时退还征收的教育费附加。但对出口产品退还增值税、消费税的，不退还已征的教育费附加。

## 三、教育费附加的计算

教育费附加额的大小是由纳税人实际缴纳的"三税"税额决定的。其计算公式为：

应缴教育费附加额=实际缴纳增值税、纳消费税、营业税税额之和×教育费附加率

**【例8-7】** 兴隆公司2016年9月实际缴纳增值税218万元，缴纳消费税57万元。

问：该公司6月应缴教育费附加为多少？

**解** 应缴教育费附加额=（218+57）×3%=8.25（万元）

## 四、教育费附加的纳税申报

### （一）纳税环节、纳税期限、纳税地点

教育费附加的纳税环节、纳税期限、纳税地点与城市维护建设税相同。

### （二）纳税申报综合实训

《教育费附加申报表》的格式如表8-6所示。

**【案例材料】**

材料为本章第三节城市维护建设税纳税申报实训中"凯悦化妆品有限公司"的有关资料。试计算应缴教育费附加，并填制《教育费附加申报表》（见表8-6）。

**【计算与解析】**

应缴教育费附加=（1 291 300+2 550 000+5 000）×3%=115 389（元）

**表 8-6　教育费附加申报表**

填表日期：　2016 年 10 月 10 日　　　　开户银行：中国工商银行济南花园路支行　　账　　号：951234587665782

纳税人识别号：370103067000011111　　　　　　　　　　　　　　　　　金额单位：元（列至角分）

| 纳税人名称 | 凯悦化妆品有限公司 | | | 税款所属时期 | 2012 年 9 月 |
|---|---|---|---|---|---|
| 计税依据 | 计税金额 | 税率 | 应纳税额 | 已纳税额 | 应补（退）税额 |
| 1 | 2 | 3 | 4=2×3 | 5 | 6=4-5 |
| 增值税 | 1 290 900.00 | 3% | 38 727.00 | | 38 727.00 |
| 消费税 | 2 550 000.00 | 3% | 76 500.00 | | 76 500.00 |
| | | | | | |
| 合计 | 3 840 900.00 | | 115 227.00 | | 115 227.00 |
| 如纳税人填报，由纳税人填写以下各栏 | | 如委托代理人填报，由代理人填写以下各栏 | | | 备注 |
| 会计主管<br>（签章） | 纳税人<br>（公章） | 代理人名称 | | 代理人<br>（公章） | |
| | | 代理人地址 | | | |
| | | 经办人姓名 | | 电话 | |

# 强化训练

## 一、单项选择题

1. 下列关于印花税的论述中，正确的是（　　）。
   A．印花税是对经济活动和经济交往中书立、领受的应税经济凭证所征收的一种税
   B．印花税最早起源于法国
   C．印花税税负较重
   D．印花税兼有财产税和行为税的性质

2. 应纳印花税的凭证应当于（　　）贴花。
   A．年终汇算时　　　　　　　　　　　B．按季汇总后
   C．书立或领受时　　　　　　　　　　D．开始履行时

3. 对于下列关于印花税纳税人的叙述中，错误的有（　　）。
   A．书立各类经济合同时，以合同的当事人为纳税人
   B．所谓当事人，是指对凭证负有直接或间接权利义务关系的单位和个人
   C．现行印花税纳税人包括外商投资企业和外国企业
   D．建立营业账簿的，以立账簿人为纳税人

4. 车辆购置税的纳税义务人不包括（　　）。
   A．购买者　　　　　　　　　　　　　B．获奖者
   C．馈赠人　　　　　　　　　　　　　D．受赠人

5. 纳税人购买自用或者进口自用应税车辆，申报的计税价格低于同类型应税车辆的最低计税价格，又无正当理由的，按照（　　）征收车辆购置税。

　　A．最低计税价格　　　　　　　　　　B．市场价格

　　C．发票价格　　　　　　　　　　　　D．评估价格

6. 根据车辆购置税的征管规定，下列说法正确的是（　　　）。

　　A．纳税人购置应税车辆，向购买车辆所在地的税务机关申报纳税

　　B．纳税人购置应税车辆，向车辆登记注册地的税务机关申报纳税

　　C．纳税人购置应税车辆，自购买之日起 50 日内申报纳税

　　D．纳税人进口应税车辆，自进口之日起 90 日内申报纳税

7. 不缴纳城市维护建设税的是（　　　）。

　　A．国有企业　　　　　　　　　　　　B．机关

　　C．私营企业　　　　　　　　　　　　D．外国企业

8. 由受托方代征代扣"三税"的单位和个人，其代征代扣的城建税按（　　　）税率执行。

　　A．委托方所在地　　　　　　　　　　B．受托方所在地

　　C．由税务机关决定　　　　　　　　　D．双方协商

9. 城建税按（　　　）的不同，设置三档适用税率。

　　A．纳税人体制　　　　　　　　　　　B．纳税人利润

　　C．纳税人所在地区　　　　　　　　　D．税务机关的要求

10. 现行教育费附加的征收率为（　　　）。

　　A．1%　　　　　　　　　　　　　　　B．3%

　　C．5%　　　　　　　　　　　　　　　D．7%

## 二、多项选择题

1. 下列合同中，应作为印花税征税对象的包括（　　　）。

　　A．仓储、保管合同

　　B．企业或个人出租门店、柜台所签订的租赁合同

　　C．银行同业拆借所签订的借款合同

　　D．会计师事务所所签订的会计咨询合同

2. 印花税的税率形式有（　　　）。

　　A．定额税率　　　　　　　　　　　　B．超额累进税率

　　C．比例税率　　　　　　　　　　　　D．全额累进税率

3. 印花税中规定记载资金的账簿是指记载（　　　）。

　　A．现金的账簿　　　　　　　　　　　B．银行存款

　　C．实收资本　　　　　　　　　　　　D．资本公积

4. 某单位有（　　　）等权利、许可证照，应贴印花税票。

　　A．房屋产权证　　　　　　　　　　　B．工商营业执照

　　C．商标注册证　　　　　　　　　　　D．税务登记证

5. 车辆购置税的征收范围包括（　　　）。

　　A．摩托车　　　　　　　　　　　　　B．电车

　　C．农用运输车　　　　　　　　　　　D．汽车

6. 车辆购置税的特点是（　　　）。
    A．征收范围单一                B．征收环节单一
    C．税率单一                    D．征收方法单一

7. 下列单位中，不属于城市维护建设税纳税人的是（　　　）。
    A．社会团体                 B．国有企业
    C．外国企业                 D．外商投资企业

8. 城市维护建设税具有下列哪些特点（　　　）。
    A．广泛征收                 B．属于特定目的的税
    C．是一种附加税            D．用于资源开发设施建设

9. 开征教育费附加的目的是（　　　）。
    A．多渠道筹集教育经费       B．改善中小学办学条件
    C．改善大中专院校办学条件    D．促进地方教育事业的发展

10. 下列说法符合教育费附加规定的是（　　　）。
    A．纳税人缴纳"三税"的地点，就是该纳税人缴纳教育费附加的地点
    B．只要缴纳增值税、消费税、营业税的企业都应缴纳教育费附加
    C．海关对进口产品代征的增值税、消费税、不征收教育费附加
    D．纳税人因延迟缴纳而补缴"三税"的，教育费附加应同时补缴

## 三、判断题

1. 如果一份合同由两方或两方以上当事人共同签订，签订合同的各方都是印花税的纳税人。（　　　）

2. 根据《印花税暂行条例》的规定，书立应税合同应当贴花，但是，如果已按规定贴花的合同没有兑现，税务机关应将印花税退还给纳税人。（　　　）

3. 车辆购置税的特点是：征收范围单一，征收环节单一，税率单一，征收方法单一。（　　　）

4. 自产、受赠、获奖和以其他方式取得并自用应税车辆的，应当自取得之日起6个月内申报纳税。（　　　）

5. 城建税的纳税义务发生时间及纳税期限与"三税"一致。（　　　）

6. 进口商品需要缴纳增值税、消费税，但不缴纳城市维护建设税。（　　　）

7. 城建税的征税范围不包括农村。（　　　）

8. 对出口商品退还增值税、消费税的，不退还已缴纳的城市维护建设税。但如果免征或减征"三税"，也就同时免征或减征城市维护建设税。（　　　）

9. 教育费附加的计税依据为纳税人已纳的增值税、消费税、营业税和城建税。（　　　）

10. 对"三税"实行先征后返、先征后退、即征即退办法的，除另有规定外，对随"三税"附征的城市维护建设税和教育费附加，应该一并予以退（返）还。（　　　）

## 四、简答题

1. 印花税的征税范围包括哪五类？

2. 印花税的纳税人分为哪些？

3. 车辆购置税的纳税人是谁？其计税价格如何确定？

4. 城市维护建设税的征税范围、纳税人及税率是如何规定的？

5. 怎样确定城市维护建设税的计税依据，如何计算应纳税额？

6. 教育费附加的征收范围、计税依据及征收率是如何规定的？

7. 城市维护建设税和教育费附加如何进行申报与缴纳？

**五、综合实训题（计算结果保留两位小数）**

1. 同福经贸有限公司 2016 年初总分类账记载的实收资本为 1 200 万元，2016 年增加的实收资本 20 万元，另设置其他营业明细账 12 本、企业法人营业执照 1 个、土地使用证 1 个。试计算该企业 2016 年度应缴纳的印花税。

2. 万达公司 2017 年 6 月发生下列购车行为：

（1）从济南重汽公司购入卡车一辆，发票总金额为 234 000 元；

（2）进口一辆丰田牌小汽车，到岸价格为 800 000 元，已知关税税率为 50%，消费税税率为 8%。试计算该公司应纳的车辆购置税税额。

3. 张洪明（身份证号：370205197809220035）2017 年 7 月 20 日购入宝马牌轿车（排气量 3.0L）一辆自用，所付的价款（含增值税）共 585 000 元。试计算该人应缴纳的车辆购置说。

4. 兴达公司位于上海市的市区，2017 年 7 月实际缴纳的增值税 36 万元，同时缴纳的消费税为 18 万元。宏发公司位于上海市的青浦（为上海郊区县城），2017 年 7 月缴纳增值税 10 万元。试计算兴达公司和宏发公司 2017 年 7 月应纳的城市建设税和教育费附加。

5. 澳美公司（纳税人识别号：370103450000202222）2017 年 5 月开业，当月发生了下列经济活动：

（1）领受工商执照、房产证、土地使用证和税务登记证各 1 件；

（2）订立购货合同 1 份，注明为金额 40 万元的材料；

（3）订立租房合同 1 份，租期 2 年，每年租金 10 万元；

（4）与市工商行签订借款合同，合同总金额为 100 万元；

（5）与某建筑公司签订一项建筑工程承包合同，金额 600 万元；

（6）与宏远公司签订非专利技术转让合同，价款 80 万元；

（7）企业记载资金的账簿中，"实收资本""资本公积"账户记载资金为 1 000 万元，其他营业账簿 10 本。

试计算该公司应纳印花税，并下载填制《印花税纳税申报表》。

6. 李建国（身份证号码：370105197211170057）于 2017 年 12 月 10 日从一汽大众汽车经销公司购买一辆型号为宝来自动豪华型（排气量：1.8L）轿车（厂牌型号：宝来 AB3329YKI；发动机号码：BLC020711；车辆识别代号：KMN9U36X201210689）供自己使用，支付含增值税车价款 17 万元，另支付代收临时牌照费 200 元，代收保险费 1 200 元，支付购买工具和零配件价款 2 800 元，车辆装饰费 1 300 元。支付的各项价费款均由大众公司开具"机动车销售统一发票"。该车适用的消费税税率为 5%。

试计算李建国应缴纳的消费税和车辆购置税，并下载填制《车辆购置税纳税申报表》。

7. 金龙有限责任公司（纳税人识别号：370103450000201211）是一家位于济南市市区的轮胎生产企业，属于增值税一般纳税人，适用增值税税率为 17%，消费税税率为 10%。2017

年9月有关生产经营业务如下：

（1）销售A型轮胎，开具增值税专用发票，取得不含税销售额220万元；

（2）销售B型轮胎，开具普通发票，取得含税销售额为40.95万元；

（3）购进原材料取得增值税专用发票，注明支付的货款100万元，另外，支付购货的运输费用5万元，取得运输公司开具的普通发票。

试计算该企业2017年9月应纳增值税、消费税、城市维护建设税及教育费附加，并分别下载填写《城市维护建设税纳税申报表》和《教育费附加申报表》。

# 反侵权盗版声明

电子工业出版社依法对本作品享有专有出版权。任何未经权利人书面许可，复制、销售或通过信息网络传播本作品的行为；歪曲、篡改、剽窃本作品的行为，均违反《中华人民共和国著作权法》，其行为人应承担相应的民事责任和行政责任，构成犯罪的，将被依法追究刑事责任。

为了维护市场秩序，保护权利人的合法权益，我社将依法查处和打击侵权盗版的单位和个人。欢迎社会各界人士积极举报侵权盗版行为，本社将奖励举报有功人员，并保证举报人的信息不被泄露。

举报电话：（010）88254396；（010）88258888

传　　真：（010）88254397

E-mail：　dbqq@phei.com.cn

通信地址：北京市万寿路南口金家村 288 号华信大厦

　　　　　电子工业出版社总编办公室

邮　　编：100036